MARIANO MUNIESA

Eso no estaba en mi libro de historia del blues

ALMUZARA

Primera edición: mayo de 2025

Editorial Almuzara • Colección Historia
Editora: Ángeles López
Corrección: Javier Alvaredo
Maquetación: Joaquín Treviño

www.editorialalmuzara.com
pedidos@almuzaralibros.com - info@almuzaralibros.com

Editorial Almuzara
Parque Logístico de Córdoba. Ctra. Palma del Río, km 4
C/8, Nave L2, nº 3. 14005 - Córdoba

Imprime: Liberdúplex
ISBN: 978-84-10528-02-4
Depósito legal: CO-723-2025
Hecho e impreso en España - *Made and printed in Spain*

A Neus Jaumot Serra

Mujer de silencios impenetrables
Corazón caliente y ardoroso aunque a veces encerrado en sí mismo
Mirada evocadora y manos llenas de generosa belleza y calidez
Esquiva y ausente en sus interludios, ensoñación implacable de mis madrugadas

Poética y tierna, hiriente y dura…
… como cualquier blues.

(Por eso se la ama…)

NOTA DE LA EDITORA

Con el fin de facilitar una lectura más fluida, en el presente libro se ha optado —de manera excepcional— por dejar en redonda los nombres de géneros y estilos musicales, en lugar de utilizar la cursiva que suele emplearse para estos términos. Esta decisión responde a criterios de claridad tipográfica y coherencia editorial dentro del texto.

Índice

¿Introducción? Bueno, tal vez…

Mientras estoy junto a tu llama, siento que me quemo una vez más. Mientras me siento junto al fuego de tu cálido deseo, tengo un blues para ti…

¿En quién estaré pensando…?

Tengo una foto en mi estudio con la cara de Keith Richards sonriendo socarronamente y medio oculta entre el humo de un cigarrillo. Siempre que le echo un vistazo, tengo la impresión de que me mira y la mayoría de las veces se da cuenta de lo que estoy haciendo, y hasta sabe cuándo la estoy cagando. Aunque la sensación es recíproca, ¿eh? Muchas veces escucho música de los Stones, miro ese póster y le digo: «Aquí no estuviste fino, ¿eh, jefe?».

Esa mirada que atesora décadas de cicatrices, de noches tan amargas y oscuras como llenas de placer y satisfacción, de tragos de bourbon y vodka, de kilómetros y kilómetros de carretera, de vida y de muerte, es sencillamente blues. Y así me lo dijo la tarde de viernes de septiembre de 2024, recién vuelto de vacaciones, en la que empecé a escribir este libro. Lo capté a la primera. Poner un vinilo de Muddy Waters, abrir un Word y servirme un Jack Daniels. Ahora estaba en modo blues y podía contar esta historia. Y la eterna mujer de las nieves también estaba. Ella no lo sabía ni lo sospechaba, pero también estaba. ¡Ah! ¿Qué no te avisé? *Sorry, darling…*

Madrugadas entre libros y viejas revistas. Mañanas resacosas llenas de —*mucho*— café solo y discos de B. B. King, Elmore James y Bessie Smith. Scorsese y sus historias sobre el blues cada noche de jueves, alguna noche más en La Coquette y conciertos de la Vargas Blues Band y Susan Santos.

Un viaje a Nueva Orleans que resultó ser un bautismo laico para adentrarme en una religión negra en la que la Bourbon Street dejó a un lado todos los caducos y decadentes templos de otras épocas y en las que, una vez más, los Stones estaban allí arrancándome de las entrañas el recuerdo de 1982 de *Time Is On My Side*, con su autora original.

Meses dedicados a entrar en un mundo que a veces he olvidado que tenía dentro de mí mismo y que me envenenó —dulce veneno, paradisíaca droga— hace ya más de 40 años. Noches disfrutando de una forma de vida que quería contar de otra manera, sentir, compartir y comunicar en otra clave. Música que desnuda los sentimientos, guitarras que cortan el alma como cuchillas. Historias a veces tristes y duras, a veces cargadas de un sentimiento que alimenta la voluntad de mirar al fondo del túnel sin importarme si hay una luz al final o no y riendo a carcajadas. Redescubrir que el futuro solo son las próximas 24 horas.

Historias de generaciones enteras de hombres y mujeres que fueron convertidos en esclavos, mujeres que se atrevieron a romper los muros del machismo y la tradición, vagabundos, aventureros, delincuentes, marginados, héroes anónimos, juglares del siglo XX, predicadores alcoholizados, tahúres de póker e hijos de una posguerra que se atrevieron a decir no, a quemar sus cartillas militares, a no cortarse el pelo y a cantar a más de 400 vatios los desesperados gritos de protesta de quienes vieron pasar su vida en las plantaciones del sur de la América profunda.

Como otras veces, contando una historia que nunca pretenderá ser exacta ni enciclopédica. Que como toda historia que tiene que encajar en un número determinado de caracteres, tendrá omisiones que tal vez no sean entendidas y un enfoque que quizá no le darían expertos con mucho mayor conocimiento, al menos a nivel académico. Pero ya saben, esto se trata de contar una historia tal vez ya conocida —o no— de otra manera. Para otros menesteres, las bibliotecas de las universidades ya disponen de una inagotable bibliografía. En cualquier caso, desde aquí un abrazo, una sonrisa y un guiño a Eugenio Moirón, La Taberna del Blues, Roser Blues, Manuel López Poy, las Sociedades de Blues de Barcelona y Madrid, a Óscar Cubillo y a quienes me han aportado la base histórica y documental de mucho de lo que se contiene en estas páginas. Maestros y maestras a quienes espero poder aproximarme algún día... mejor, alguna noche.

En cuanto a lo demás... las noches de Madrid, los atardeceres de Barcelona, las calles de Nueva Orleans, las notas tomadas en las salas de espera de los aeropuertos y estaciones de tren, las memorias de Chicago y Los Ángeles y los discos de Cream, Led Zeppelin, Rolling Stones, Janis Joplin, Ma Rainey, Howlin' Wolf, Big Mama Thornton y Albert Collins. Las miradas a un horizonte que siempre me lleva a Clarksdale. Los sábados sin teléfono móvil. Y tú también.

El blues me sonríe en una lluviosa noche de marzo. Aún tendremos 24 horas más. Seguiré teniendo un blues para ti mientras el fuego se apaga. Estoy a punto de guardar este documento. Keith aspira otra calada, expulsa el humo y desde la pared me dice: «Misión cumplida, muchacho».

Ojalá Keith tenga razón.

MARIANO MUNIESA
Madrid, marzo de 2025.

Donde todo empezó: los (controvertidos) orígenes del blues

> *«Escucha, muchacho. La historia de los Estados Unidos es la siguiente… Un chico, sin un centavo en el bolsillo, sale de su casa, camina por la calle con nada más que una guitarra y conquista el mundo. Y lo hemos hecho una y otra vez: Johnny Cash, Hank Williams, Bob Dylan, Bruce Springsteen, Jimmy Rogers, Howlin' Wolf o Muddy Waters. Esa es la historia de América. Y es también la historia del blues».*
>
> *T-Bone Burnett, compositor, músico de rock y productor discográfico estadounidense.*

Como en otras ocasiones en las que he escrito sobre la historia de determinados géneros musicales, siempre me ha parecido necesario para aproximarnos al concepto más preciso de ese género, y por consiguiente poder analizarlo en toda su dimensión, empezar acotando mínimamente el cómo, el cuándo y el dónde. Es decir, las raíces, los orígenes en este caso del blues tanto como lenguaje y género musical como filosofía de vida, que indudablemente lo es, al igual que el rock'n'roll.

Si bien y como he dicho otras veces, al no ser el blues un producto creado en un laboratorio, sino el producto de toda la evolución de una serie de circunstancias tanto musicales como, sobre todo, históricas y sociales, es imposible y desde luego sería una absoluta falta de rigor señalar de manera exacta un día y un lugar del que pudiéramos decir: aquí empieza la historia del blues. Aunque ciertamente, creo que en muy pocos géneros musicales existe tal controversia acerca de sus orígenes más genuinos. Me parece, por tanto, lo más pertinente recoger las tesis que en principio son las más extendidas, pero en esta ocasión, contrastándolas con otras que no son para nada habituales en la historiografía tradicional.

Existe consenso general en el hecho de que las raíces más primigenias del blues se hunden en las profundidades de las tribus nativas del África negra subsahariana, más concretamente del África Occidental. Estas tribus, en diversos ceremoniales ancestrales, tanto religiosos como de cualquier otro tipo, siempre utilizaron la música y en especial el canto sobre todo como forma de oración y de invocación a sus deidades.

Cuando a comienzos del siglo XVII muchos hombres y mujeres de estas tribus fueron capturados y llevados a la fuerza para trabajar como esclavos en las grandes plantaciones de tabaco y algodón de los terratenientes del sur de los Estados Unidos, los cánticos tradicionales que los esclavos negros llevaron consigo, al fusionarse en cierto modo con los himnos religiosos cristianos, sobre todo metodistas y baptistas que les inculcaron, ello dio como resultado una nueva forma de música en la que vamos a encontrar varios de los elementos fundamentales, cuando menos a nivel musical del blues.

También hay coincidencia general en señalar el llamado patrón de llamada y respuesta —una técnica de composición variante de la forma verso-estribillo que los estudiosos de las culturas más ancestrales del África negra sitúan como una de sus formas más extendidas de expresión en los cantos ceremoniales— y en sus etapas más evolucionadas, el compás de 4 por 4 y la estructura de doce compases, basada en una progresión de acordes que permite desarrollar otra de sus características más relevantes: la improvisación. La entonación nasal o las llamadas notas azules, alteraciones de notas dentro de una escala mayor o menor que transmiten la típica sensación de anhelo, dolor o desgarro del blues, son otras de las peculiaridades musicales que constituyen su identidad como estilo.

CANTOS DE DOLOR Y OPRESIÓN

«La esclavitud directa es el eje de nuestra industria actual tanto como lo es la maquinaria, el crédito, etc. Sin esclavitud no habría algodón, sin algodón no existiría la industria moderna. Es la esclavitud la que le dio valor a las colonias, son las colonias las que posibilitaron el intercambio mundial y el intercambio mundial es la condición necesaria para el desarrollo capitalista de la industria a gran escala. La esclavitud es, entonces, una categoría económica de gran importancia».

Karl Marx, La miseria de la filosofía, *1846.*

Bien, hasta aquí la caracterización, llamémosla así sí se quiere, «técnica» del blues a la hora de definir su origen sonoro. Pero tanto o más importante, y esto no siempre ha sido estudiado con suficiente profundidad, es el contexto en el que esos cantos, esas primigenias formas musicales que darán forma al blues, se van a desarrollar y van a ser absolutamente claves para otorgarle su personalidad y su carácter, no siempre reivindicado, de música cuya esencia es la lucha contra la esclavitud, el antirracismo, la defensa de la dignidad de la población negra, muy especialmente de la clase trabajadora negra racializada, y la libertad, tanto colectiva como individual.

No puede entenderse el blues, ni su naturaleza musical y social, ni sus orígenes ni su desarrollo posterior sin conocer en toda su dimensión el fenómeno histórico que fue la trata de esclavos, un hecho absolutamente fundamental en la historia de América y en desarrollo del carácter netamente capitalista de su estructura económica y social. En tanto en cuanto el tráfico de esclavos suponía un negocio cuyos ingresos a corto y medio plazo eran cada vez más abundantes al emplear una fuerza de trabajo cuyo coste era poco menos que inexistente, cada nueva remesa de esclavos que llegaba a América generaba la posibilidad de extender las tierras de cultivo, aumentar las cosechas y con ello, continuar la trata de esclavos para hacer producir las nuevas tierras adquiridas. En pocos años, todo el sur de los Estados Unidos se llenó de enormes haciendas y plantaciones que hicieron aumentar la producción agraria a una escala gigantesca y con ello, generar una acumulación de capital sin la que no hubiera sido posible tras la guerra de Secesión el crecimiento industrial y el auge económico de Estados Unidos y de gran parte de Europa occidental, pues esta práctica también fue llevada a cabo por Inglaterra, Francia, España y Portugal.

Dicho de otra forma, no ha existido a lo largo de la historia una mercancía de mayor valor relacionada con las colonias europeas en América que la fuerza humana como capital fijo. La exportación de esclavos tuvo un impacto mayor en la economía global que el de todas las demás materias primas juntas.

A contrario sensu, la esclavitud forzosa está inequívocamente en el origen de la pobreza y el subdesarrollo al que se ha condenado a las naciones de África a vivir desde entonces y hasta la actualidad. Los millones de mujeres y hombres negros que a lo largo de más de 300 años fueron capturados y trasladados a América provocaron un descenso demográfico que tuvo efectos catastróficos sobre amplísimas zonas del continente africano, que se verían incrementados después los procesos de colonización del siglo XIX. Actividades fundamentales para el desarrollo económico y social, como la agricultura, la minería, la artesanía, la alfarería o el comercio local fueron prácticamente abandonados y sustituidos por el comercio de esclavos. Esta situación condenaría a África a una dependencia casi total de los países donde se había desarrollado una fase avanzada del capitalismo —el imperialismo, que definió perfectamente Lenin en su tratado *El imperialismo*, fase superior del capitalismo a primeros del siglo XX— y que además de apropiarse de los recursos agrícolas, pesqueros y minerales de sus tierras, impidieron la creación de una mínima estructura económica que permitiera a África salir de su pobreza endémica.

Esas generaciones de negros esclavizados serían los iniciadores del blues. Sus voces, sus corazones, su desesperanza y sus recuerdos serían la base de ese lenguaje, de esa actitud y de esa forma de afrontar la realidad de sus vidas, volcando su dolor en una música autóctona, que encerraba en lo más profundo de sí misma su anhelo de libertad.

Uno de los mayores y más prestigiosos expertos en historia del blues, Manuel López Poy, explica en su libro *Canto a la libertad – Una historia social del Blues* lo siguiente: «En 1705 se promulga en Virginia una ley que considera al esclavo negro un bien mueble, de manera que podían ser heredados de padres a hijos juntos con las tierras y el resto de propiedades e incluso podían ser confiscados para el pago de deudas, con lo cual a causa de una herencia o una venta, podían ser separados los maridos de sus mujeres o los hijos de sus padres. [...] El dolor por la brutal separación forzosa de los esclavos vendidos y enviados lejos de los suyos fue uno de los primeros temas de las canciones del folclore afroamericano. Este es el caso de *Sold Off to Georgy*, un canto tradicional de las plantaciones cuya letra dice: "Adiós, compañeros esclavos / os voy a tener que dejar / voy a dejar el viejo campo / he sido vendido a Georgia / adiós a toda la plantación / adiós al viejo cuartel / a mi padre y a mi madre / a mi querida mujer y a mi hijo / mi pobre corazón se está rompiendo"».

Es decir, que la sensación de desgarro, de dolor, de frustración que está en la base del blues no nace solo del trato inhumano y degradante que los esclavos sufrían en los barcos que los trasladaban de África a América, en travesías donde los encerraban en las bodegas encadenados, con alimentación precaria —según escritos del sacerdote jesuita Alonso de Sandoval, que conoció de primera mano aquellas expediciones, solo comían una escudilla de maíz o mijo crudo y una pequeña jarra de agua al día— hacinados, sin ninguna clase de higiene, siendo con frecuencia azotados y maltratados e incluso muriendo parte de ellos durante el viaje debido a la desnutrición, las infecciones y enfermedades que contraían. Además de la nostalgia por su tierra natal, el sufrimiento en los barcos y la humillación que suponía verse convertidos en esclavos, estar separados de los suyos ya en las plantaciones por traslados forzosos y por las condiciones de vida y trabajo a las que eran obligados a vivir en las plantaciones es lo que siembra la semilla del blues.

Esos primeros blues que los esclavos cantaban mientras trabajaban en el campo —de hecho, se les conoce como *work songs*, «canciones de trabajo»— narran con crudeza y amargura la opresión que los esclavistas blancos y los grandes propietarios agrarios les impusieron, así como la tristeza y la angustia que les provocaba vivir en ese constante estado de miseria y humillación.

EL RACISMO EN LA MÚSICA POPULAR ESTADOUNIDENSE: UN BLUES ADULTERADO PARA LOS BLANCOS CONFORMISTAS

«El juglar en la galería miró las caras sonrientes en la platea
se encontró con sus miradas, observó los espacios.
Entre las risas de los viejos preparó una canción de amor y odio.
Polarizó a los devoradores de calabazas
a los tramposos jefes de fábrica
de cuellos de camisa resplandecientes
y excitó a los hombres de acción
con sus estómagos calentándose
y sus manos todavía frotándose
en las partes que nunca mencionan».

Jethro Tull, Minstrel in the Gallery, 1975

Las primeras canciones de blues, las canciones de trabajo a las que hemos aludido hacia los años 20 del siglo XIX, se popularizaron más allá de las plantaciones, hasta el punto de llegar a ser incorporadas a una forma de espectáculos musicales que en esencia, reproducían de modo bochornoso el racismo que ha impregnado siempre a la sociedad estadounidense.

Antes de la guerra de Secesión, el mundo del espectáculo estadounidense prácticamente excluía a los negros, pero nunca ignoró la cultura negra. De hecho, los espectáculos de juglares, los conocidos como *minstrels shows*, la primera forma de entretenimiento exclusivamente estadounidense, nació cuando los hombres blancos del norte se pintaron la cara de negro, imitaron el acento y la forma de hablar de los negros e interpretaron lo que afirmaban que eran canciones, bailes y chistes negros para entretener a los estadounidenses blancos.

Toda esta pantomima llegó a su cénit ya bien entrado el siglo XX con la estrella Al Jolson y su personaje de la película *The Jazz Singer*, la primera película hablada de la historia en la que iba con la cara pintada de negro y unos guantes blancos, a modo de parodia de un cantante negro. Y es que poco antes de la guerra civil americana no era raro que en ciudades como Nueva Orleans se mantuvieran dos orquestas sinfónicas —una blanca y una criolla— y tres salas de ópera en las que había butacas separadas para blancos, criollos y esclavos, a quienes se les exigía una nota firmada por sus amos que les autorizaba a asistir al teatro.

Una de las primeras fotografías conocidas de los Minstrel Shows.

Nadie se tomaba en serio los *minstrels shows*, ya que se suponía que eran un entretenimiento ligero e intrascendente, pero suponían una insoportable ofensa para el orgullo de los afroamericanos. El abolicionista Frederick Douglass denunció a los artistas que se pintaban la cara de negro como «la escoria inmunda de la sociedad blanca, que nos han robado una tez que les ha negado la naturaleza, con la que ganar dinero y complacer el gusto corrupto de sus conciudadanos blancos». No solamente esclavizaban a los negros y les negaban una vida digna, ahora también se apropiaban de su folclore.

Hacia 1830, el músico y comediante Thomas Dartmouth «Daddy» Rice se convirtió en toda una celebridad, primero en América inventando en sus *minstrels shows* un estereotipado personaje llamado Jim Crow, cuya canción *Jump Jim Crow* puede decirse que se convirtió en el primer *hit-single* de la historia de la música popular: el escritor Bayard Taylor afirmó haber escuchado *Jump Jim Crow* cantado por artistas callejeros en la India. Sin embargo, «*Jim Crow*» llegó a convertirse en una forma despectiva y racista de referirse a una mujer o un hombre negro, hasta el punto de que por razones que no están del todo claras, se llamó leyes «*Jim Crow*» a toda la legislación segregacionista que se impuso en muchos estados del sur después de la derrota de los confederados sudistas en la guerra de Secesión.

Cartel publicitario de un Minstrel Show fechado en 1843.

Paradójicamente, con el paso del tiempo esta clase de espectáculos, aunque ofrecían una visión caricaturesca y supremacista de la cultura y las tradiciones afroamericanas, tras la derogación de la esclavitud fueron los primeros espectáculos en los que artistas negros pudieron subirse a un escenario, ya fuera de la parodia, y su difusión posibilitó que el blues comenzara a ser conocido más allá del Misisipi. El público blanco se interesó por la música de los negros, exactamente igual que pasaría después con el jazz, el propio blues, el rock'n'roll, la world music o el hip-hop.

Ello fue posible en gran medida merced a que no pocos artistas de los *minstrels shows*, interesados en mejorar sus interpretaciones, realizaron un trabajo de campo primitivo entre la gente negra. Billy Whillock, que recorrió el sur con circos en la década de 1840, según recordaba el historiador y periodista del *American Heritage* Robert Toll, «se escabullía a alguna cabaña de negros para escucharlos cantar, verlos bailar e invitarlos a unos tragos de whisky de la botella que siempre llevaba consigo». Ben Cotton, otra estrella con la cara pintada de negro, también recordó haber estudiado la cultura negra en su origen desde el respeto y el interés musical: «Solía sentarme con ellos frente a sus cabañas y empezábamos a bailar. Tocaban el violín, el banjo y la guitarra y sus canciones, los blues, eran fascinantes. Nunca antes había escuchado una música tan profunda, tan penetrante y tan sincera». De manera similar, E. P. Christy, más tarde el líder de los famosos Christy Minstrels, estaba fascinado con las «palabras extrañas y melodías simples pero expresivas de las canciones de blues» que escuchaba de los trabajadores de color del muelle de Nueva Orleans.

Después de la guerra de Secesión, un gran número de artistas negros irrumpieron en el mundo del espectáculo estadounidense como juglares en los *minstrels shows.* Para lograrlo, primero tuvieron que ganarse al público blanco y alejarlo de los juglares blancos y la forma en que lo hicieron estableció un patrón duradero para los artistas negros que vendrían después. Los Georgia Minstrels de Brooker y Clayton, la primera compañía negra que alcanzó éxito a nivel nacional, se anunciaron en 1865-66 como «La única compañía de *minstrels* puramente negra del mundo» y afirmaron que estaba «compuesta por hombres que durante la guerra fueron esclavos en Macon, Georgia, quienes, habiendo pasado su vida anterior en cautiverio, presentarán a sus clientes la vida de las plantaciones en todas sus fases».

Sello de correos conmemorativo emitido en Estados Unidos en memoria de W.C.Handy, el considerado padre del blues americano.

Y en ese mundo dieron sus primeros pasos muchos músicos de jazz, así como, muy significativamente, uno de los pioneros del blues en Estados Unidos, denominado incluso «el padre del blues», W. C. Handy, autor de infinidad de clásicos del género —uno de los más recordados, *St. Louis Blues*—, comenzó su carrera como juglar negro. Sobre los *minstrels shows*, afirmó: «Todo el mejor talento negro de esa generación entró por la misma puerta. Los compositores, los cantantes, los músicos, los oradores, los artistas de escena... el espectáculo de los juglares los atrapó a todos. No tenían otra opción. Pero gracias a los *minstrels* posteriores a la guerra, los negros pasamos a formar parte del mundo del espectáculo estadounidense. Al principio, con muchas limitaciones pero, después, pudiendo dar a conocer nuestra música, nuestros blues».

Every Day I Got the Blues...

FIN DE LA ESCLAVITUD, COMIENZA EL SEGREGACIONISMO... Y ECLOSIONA EL BLUES CONTEMPORÁNEO

El 1 de enero de 1863, a pesar de que aún no había terminado la guerra de Secesión, el presidente Abraham Lincoln firmó la 13º Enmienda a la Constitución de los Estados Unidos. En otras palabras, el acta de abolición legal de la esclavitud en todo el territorio americano. A pesar de que la medida tardó tiempo en aplicarse de manera efectiva, en muchos Estados, incluidos algunos del norte, hubo fuerte resistencia a aplicar la abolición y el racismo institucional no desapareció de la sociedad norteamericana e, incluso, se reforzó con la implementación de la legislación segregacionista y el nacimiento del Ku Klux Klan en la Navidad de 1865, en cualquier caso, al menos la población negra empezó a tener cierta libertad de movimientos y a poder disfrutar de unas mínimas condiciones de vida que le estaban negadas en tanto que ni siquiera se les consideraba ciudadanos norteamericanos.

Un dato si se quiere anecdótico, pero que no debería pasar desapercibido para entender por qué a partir del final de la guerra el blues experimentó una evolución relativamente rápida. Cada compañía y cada regimiento del Ejército confederado tenía su propia banda de música y al ser disueltas todas las unidades del Ejército sudista, todos los instrumentos de esas bandas, clarinetes, trompetas, tambores, etc., fueron vendidos por sus propietarios a precios más que asequibles, con lo cual gran cantidad de población negra tuvo acceso a unos instrumentos que anteriormente les era imposible comprar. Particularmente en el jazz, pero también en el blues, empezó a proliferar bandas de música que, poco a poco, irían haciendo más conocido el blues en todo el país.

Curiosamente, las leyes segregacionistas que los Estados del sur implementaron hacia finales del siglo XIX tendrían un efecto que con el tiempo se revelaría relativamente positivo para la expansión del blues. Durante los primeros años de posguerra, la resistencia de los Estados del sur provocó que el Congreso aprobase las llamadas Enmiendas de Reconstrucción, diseñadas para garantizar la libertad y los derechos civiles de las personas anteriormente esclavizadas. La 14ª Enmienda garantizaba a los negros la ciudadanía y la igualdad de protección ante la ley, y la 15ª Enmienda prohibía negar el derecho al voto por motivos de «raza, color

Imágenes de reclusos negros en una de las muchas «cárceles-plantación» existentes durante la primera mitad del siglo XX en los estados del sur de los Estados Unidos.

o condición previa de servidumbre». De manera casi inmediata, los Estados del sur revirtieron las normas de la reconstrucción estableciendo las llamadas leyes *«Jim Crow»* de discriminación racial, apoyándose en la sentencia de la Corte Suprema de los Estados Unidos favorable a normas de separación entre blancos y negros en toda clase de servicios e instalaciones públicas en el caso Plessy contra Ferguson en 1896.

Hasta ese momento, hubo un cierto sector de la población negra que intentó adaptarse e integrarse en la sociedad blanca, produciéndose un fenómeno de «desclasamiento racial», que cuando se aprobó la legislación segregacionista, les colocó en una situación en la que al perder en la práctica la totalidad de sus derechos civiles y políticos, les hizo volver la mirada hacia sus raíces más puramente negras y volver a reivindicar su cultura, sus tradiciones y evidentemente, su música.

Y esa música, en una parte integral, sobre todo en lo que tenía de reivindicación, de lamento, de protesta, de ira y de tristeza, era el blues. Si bien es cierto que en estos años, en tanto en cuanto muchos negros buscan refugio contra la violencia del Ku Klux Klan, los deseos de venganza de la antigua clase esclavista y contra el ultraconservadurismo de las clases económicamente dominantes en el seno de la Iglesia y de esa comunión nace y adquiere personalidad propia y desarrollo como estilo musical el góspel, una evolución de los cantos primigenios de los esclavos hacia algo parecido a «oraciones cantadas», también existirá una parte de esa población negra siempre proletarizada, pero ahora excluida de sus derechos civiles básicos por ley que no se resignará. Por supuesto, no hará de la música o del blues un lenguaje de protesta y de reivindicación política consciente ni organizada, pero sí hará del blues de una postura de denuncia, al menos individual, de la nueva situación de semiesclavitud y de sus consecuencias que la población negra americana va a sufrir a comienzos del siglo XX y hasta los años 60 de ese mismo siglo.

Dicho de otra forma; desde que en los 80/90 del siglo XIX se implantan en numerosos estados las leyes «*Jim Crow*», aplicadas a una población que en realidad no había experimentado mejoras sustanciales en su nivel de vida desde la abolición de la esclavitud, al mismo tiempo que se comienza a tener la posibilidad de comprar instrumentos musicales, en todo el país se abren clubes y locales de música en el que más allá de los *minstrels shows,* los primeros *bluesman* empiezan a dar a conocer su música y muchos antiguos esclavos o hijos de esclavos del sur emigran y llevan consigo sus blues, nuestra música conoce una expansión magnífica, que además la ayuda a ampliar sus propios horizontes, sus propias fuentes y a entrar en ese proceso evolutivo que le llevará a ser la madre de todas las músicas.

Algo muy importante a reivindicar en este sentido y que nunca se ha plasmado ni reconocido en la historiografía del blues tradicional, por ello lo traigo a este libro: no es el rock, ni el *British Blues* de finales de los 60, ni el blues rock americano de esa misma época el que tira del blues clásico para hacerlo evolucionar y desarrollarse en otras sonoridades, es el blues más primigenio el que desde sus momentos germinales se muestra como un estilo de música cuya capacidad de progresión técnica, su ausencia de prejuicios —no rehúye en ningún momento su adaptación al rock como base y lenguaje en los 60 y 70— el que muestra el camino, el que abre el horizonte de crecer en múltiples lenguajes a los diferentes tipos de música que se originan tomándolo como base de su propia evolución, tanto en su propia música como en sus letras. No al revés. Esto sí que les aseguro que no se dice en ninguno de los libros de historia del blues que puedan haber leído con anterioridad.

PASAPORTE AL FUTURO

Para cimentar sólidamente esta argumentación, cabe acudir sencilla y llanamente a la propia historia del blues en estos cruciales años de comienzos del siglo XX. Lejos de ser el blues un estilo endogámico, cerrado en la vieja historia de la esclavitud y las plantaciones, en estos años va a incorporar a su identidad tanto una nueva instrumentación como unas nuevas influencias y temáticas para elaborar sus canciones, que se convertirán muchas de ellas en auténticos clásicos en muy pocos años.

Empecemos por lo puramente instrumental. Aun siendo lo vocal, el tratamiento de la voz lo que ha dado su naturaleza y su característica fundamental al blues, en los primeros años del siglo XX, al lado del banjo, el piano o el violín, la guitarra va a consolidarse como el instrumento musical del blues por definición. Tanto por la flexibilidad que ofrecía adaptándose a una música en sus orígenes esencialmente vocal, como por el uso de técnicas como el *slide*, que daba ese sonido triste, quejoso, similar al gemido, la guitarra no tardó en ser un instrumento consustancial al blues, llamémosle si se quiere de segunda generación, por cómo adornaba, envolvía, acompañaba dotando de mayor intensidad expresiva esa tristeza, ese desgarro e incluso también esa alegría teñida de rebeldía característica del blues, no tardó en hacerse fundamental en esa nueva fase del si se quiere, blues postesclavista.

Paralelamente a esa modernización instrumental, este periodo se va a caracterizar también por experimentar un cambio en torno a las historias que van a contar las canciones de blues. En un principio, la dureza del trabajo del campo y las penurias diarias fueron la temática casi exclusiva del blues rural y acústico de los campos de algodón del sur, pero en estos primeros años del siglo XX, al cambiar al menos en parte las condiciones de vida de la población negra —*El pueblo del blues*, que definió genialmente en su obra de cabecera LeRoi Jones— con los años acabarán apareciendo otros temas como el dolor de un engaño o una ruptura sentimental, el alcohol, la cárcel, la represión contra los trabajadores en huelga de una fábrica o anécdotas llenas de un sentido del humor inédito en el blues hasta entonces, como la historia que se narra en un tema como *Down in the Alley* de la pionera del blues femenino Memphis Minnie, que trata el encuentro de una prostituta y un hombre en un callejón en singularísimas circunstancias.

En aquellos años, miles de negros van a emigrar desde el campo a las ciudades industriales del norte —de hecho, de ese fenómeno migratorio va a surgir el Chicago Blues— y esa nueva vida, en la que vuelven a vivir en condiciones muy precarias, soportando un racismo quizá no tanto institucional ni segregacionista, pero sí muy enraizado socialmente hasta en la propia clase obrera, o, mejor dicho, en la aristocracia obrera de los trabajadores industriales de Seattle, Nueva York, Detroit o Chicago, les va a llevar una vez más a hacer del blues un canto de rebelión, de protesta, de amargura y dolor, ya no contra el terrateniente de Carolina del Sur o de Georgia, sino contra el patrón de la cadena de montaje, la factoría o el almacén en el que trabajan por sueldos de miseria, viviendo en barrios infradotados en todos los sentidos y sin unas condiciones de vida mínimamente dignas.

De ahí surgirá la asociación del blues de los negros de los suburbios con algo peligroso, sucio, propio de barrios marginales y gentes de mal vivir. La historia se repetiría años más tarde con músicos de jazz y muy especialmente de rock. Si nos atenemos a una ciudad como Madrid, ese mismo estigma es el que sufrieron barrios como San Blas, Vallekas o Carabanchel, barrios de clase obrera en los 70/80 donde el rock era toda una filosofía de vida, en los que junto a la pasión por el rock creció la conciencia política y social reivindicativa y de izquierda, motivo por el cual se les consideraba barrios conflictivos y de navajeros por la derecha política, social y mediática.

Qué poco han cambiado algunas cosas, ¿verdad?

Con el desarrollo de los medios de comunicación, fundamentalmente la radio a partir de los años 20 del siglo XX y el interés de muchos historiadores y sociólogos por documentar mejor sus tesis y trabajos a través de la memoria oral del propio pueblo que producía esas manifestaciones culturales del blues, asistiremos a un proceso en el que, por un lado, la recopilación de grabaciones musicales, testimonios orales y apuesta de la incipiente industria discográfica norteamericana por difundir un sonido y un estilo que no dejaba de sumar adeptos; mientras que, por otro, la propia emergencia de nuevos valores musicales que adoptaban el blues como su forma de expresión, van a ser los factores determinantes de que a partir de los años 20, vivamos unos años en los que el blues se va a consolidar como esa madre de todas las músicas que hoy por hoy todos y todas admiramos, disfrutamos y sentimos en lo más profundo de nuestro corazón.

A partir de la próxima página, entramos en esa fascinante y, sin duda, irrepetible historia.

Los orígenes del blues: las primeras grabaciones y los años de la larga travesía

El blues se desarrolló a través de la compleja tradición oral de la música de origen africano, que cambió rápidamente durante los últimos 40 años del siglo XIX debido a los complejos procesos sociales, políticos y económicos que hemos detallado en páginas anteriores. La transmisión del folk —y el blues es música folk por definición— sería un proceso sumamente complejo visto con la perspectiva de hoy y teniendo en cuenta que su difusión comienza en un mundo sin televisión, radio, CD, discos, casetes ni ningún otro proceso para escuchar música blues grabada, comunicándose esencialmente de boca a boca.

Y no olvidemos un dato con frecuencia no tenido en cuenta, pero sin el cual no es posible entender cómo y por qué el blues evolucionó de la manera en la que lo hizo: hasta que la llegada de las ondas hertzianas y la expansión de la comercialización de aparatos de radio posibilitó que la música dejase de ser un elemento de entretenimiento en los teatros y tabernas como lo era en los *minstrels shows*, por citar un ejemplo cercano, el blues no era más que las canciones, la música autóctona de un pueblo del que ni se conocía ni se quería conocer demasiado. Incluso para los propios afroamericanos, bien fueran esclavos o ciudadanos libres, cuya única preocupación en los primeros años del siglo XX era fundamentalmente la supervivencia material y el trabajo duro, la idea de que la gente de fuera de su localidad inmediata, o incluso de su Estado, pudiera estar interesada en su música era inimaginable.

El desarrollo de los avances tecnológicos posibilitaría que pronto cambiara esa percepción.

THOMAS ALBA EDISON, PIONERO EN LA EVOLUCIÓN Y DIFUSIÓN DEL BLUES (SÍ, COMO LO LEEN)

El fonógrafo, la primera máquina para grabar y reproducir sonidos, fue inventado y patentado en 1877 por Thomas Edison, mientras que el laboratorio Volta de Alexander Graham Bell, inventor del teléfono, realizó varias mejoras en la década de 1880 en este invento e introdujo el grafófono, que basaba en el uso de cilindros de cartón recubiertos de cera y una aguja de corte que se movía de un lado a otro en un surco en zigzag alrededor del disco. En la década de 1890, Emile Berliner inició la transición de los cilindros de fonógrafo a los discos planos con un surco en espiral que iba desde la periferia hasta cerca del centro, acuñando el término gramófono para los reproductores de discos, que se usa predominantemente en muchos idiomas. Las mejoras posteriores a lo largo de los años incluyeron modificaciones al tocadiscos y su sistema de accionamiento en la aguja y los sistemas de sonido y ecualización.

El disco fonográfico, surgido paralelamente a la evolución de la propia fonografía, fue el formato de distribución de audio comercial dominante durante la mayor parte del siglo XX, y los fonógrafos se convirtieron en el primer artículo de reproducción de audio doméstico que las personas poseían y usaban en sus casas.

El término *fonógrafo*, que significa «escritura sonora», se origina de las palabras griegas φωνή (*phonē*, que significa «sonido» o «voz») y γραφή (*graphē*, que significa «escritura»). De manera similar, los términos *gramófono* y *graphophone* tienen raíces en las palabras griegas *γράμμα* (*gramma*, que significa «letra») y φωνή (*phōnē*, que significa «voz»). En inglés británico, *gramófono* puede referirse en cambio a cualquier máquina de reproducción de sonido que utilice discos de vinilo. Estos aparatos fueron introducidos y popularizados en el Reino Unido por la Gramophone Company. Inicialmente, *gramófono* era una marca registrada de la empresa, y cualquier uso del nombre por parte de los fabricantes de discos de vinilo de la competencia era rigurosamente cuestionado en los tribunales. Sin embargo, en 1910, un tribunal inglés dictaminó que el término se había vuelto genérico y podía ser utilizado sin restricciones.

En cuestión de meses tendríamos, ya relativamente extendido el invento, las primeras grabaciones históricas. En 1912, el padre del blues W. C. Handy publicó su primer single, *Memphis Blues*, que sin embargo no es propiamente una canción de blues, sino un instrumental que solo guarda una proximidad muy relativa con el estilo. Anteriormente, la palabra blues se usó en los títulos de las canciones *Dallas Blues*, de Hart Wand, y *Baby Seals' Blues*, de Arthur Seals. De las tres, siempre llamó la atención el hecho de que la primera, el tema que podría ser reconocido y aceptado como el primer blues de la historia registrado en disco de vinilo, fuera grabado por un artista blanco como Hart Wand, aunque tampoco en ese caso estuviéramos hablando de piezas musicales de puro blues.

Esperen un momento, que ahora viene lo bueno.

LA PRIMERA GRABACIÓN DE BLUES PARA EL PRIMER SELLO DISCOGRÁFICO DE BLUES

Durante la tarde del martes 10 de agosto de 1920, los clarinetistas Johnny Dunn y Ernest Elliott, el trombonista Dope Andrews y el violinista y pianista Perry Bradford, un grupo de músicos conocidos colectivamente como The Jazz Hounds, estaban en el estudio en el transcurso de una sesión de grabación en Nueva York. Ni por un segundo pensaron que estaban a punto de hacer historia; simplemente, estaban allí para tocar una canción escrita por Perry Bradford y lista para cantarla con ellos estaba Mamie Smith. Llamada *Crazy Blues*, esta sí es la primera canción de puro blues grabada en la historia y editada por OKeh Records. Más adelante les doy más detalles sobre esta historia.

Para ser lo más rigurosos y objetivos posibles con la historia, hay que explicar que a la altura de 1920 no existía conceptualmente a nivel artístico lo que hoy llamaríamos «cantante de blues». Los artistas blancos y negros que incluían una pieza de blues en sus actuaciones o en las grabaciones de sus discos lo hacían dentro de un repertorio mucho más amplio, a menudo en espectáculos de cabaret o vodevil. El blues fue tomando cuerpo como género musical con un estilo propio a lo largo del tiempo, en estos años en los que se realizan las primeras grabaciones de discos aún no poseía esa entidad.

Cartel publicitario de OKeh Records.

Crazy Blues, dentro de los estándares del incipiente mercado discográfico de esos años, se vendió bien. Hay datos fiables de que se vendieron 75.000 copias en el primer mes y alrededor del doble en el primer año, lo cual indudablemente son cifras excepcionales, pero... poca rentabilidad le proporcionaron a su intérprete, tanto en lo económico como en lo relativo a popularidad. Por aquellos años no existía Billboard y muy probablemente Mamie Smith ni siquiera hubiera firmado un contrato en cuyas cláusulas se le garantizase unas ganancias sobre sus grabaciones. Sin embargo, el éxito de *Crazy Blues* sí proporcionó unas excelentes ganancias a OKeh Records, que si bien no puede considerarse el primer sello de blues de la historia, su trayectoria sí podemos considerar que está íntimamente ligada al blues.

Cuatro meses antes de que Mamie Smith grabara *Crazy Blues*, otro hombre negro grabó una canción con la palabra «blues» en el título, pero no era blues propiamente dicho. Egbert «Bert» Williams fue uno de los artistas negros más importantes de principios del siglo XX y una estrella veterana de la grabación cuando grabó *Unlucky Blues* en abril de 1920 para Columbia Records. De hecho y contrariamente a como se ha dicho en la historiografía del blues tradicional, el primer músico de blues country negro que tuvo la oportunidad de grabar lo hizo como guitarrista, no como cantante. Sylvester Weaver, de Louisville, Kentucky, fue al estudio de OKeh en Nueva York en un día indeterminado de octubre de 1923 para acompañar a Sara Martin en un par de canciones y cuando terminó su trabajo con ella, grabó dos de sus propias canciones, *Guitar Blues* y *Guitar Rag*, siendo esta última sumamente inspiradora tanto para los músicos de blues negros como para los músicos de country blancos.

Muchas veces se ha sugerido en esa historiografía tradicional de que «Papa» Charlie Jackson fue el primer cantante de country-blues en grabar un disco, pero en realidad no es así. «Papa» Charlie Jackson tuvo una carrera muy exitosa, pero el enigmático Ed Andrews grabó tres singles anteriormente, incluyendo *Sing 'Em Blues*, que tenía la misma melodía que una de las piezas incluidas en el álbum de Baby F. Seals de 1912, *Baby Seal's Blues* en octubre de 1923, también por OKeh Records.

EL BLUES DE LA VOZ DE SU AMO

Merece la pena detenerse en esta compañía discográfica, de la que muy poco o nada se ha publicado en la historia de la música y que, sin embargo, hizo una excelente labor de difusión y apoyo de muchísimo talento musical que tal vez de otra manera nunca hubiera trascendido y que en gran medida, debió su relativo éxito a su apuesta por grabar y editar discos de blues. Para que se hagan una idea y salvando las distancias, el equivalente a lo que veinte años después sería la Chess Records.

OKeh Records fue fundada por Otto Karl Erich Heinemann, gerente alemán afincado en Nueva York de la sucursal de Odeon Records, que era propiedad de Carl Lindströem. En 1916, Heinemann constituyó la Otto Heinemann Phonograph Corporation, instaló un estudio de grabación y una planta de prensado en la ciudad de Nueva York y comenzó a producir material bajo etiqueta OKeh Records en 1918.

Los discos comunes de 10 pulgadas se vendían al por menor a 75 centavos y los discos de 12 pulgadas a 1,25 dólares. El director musical de la compañía era Frederick W. Hager, que también figuraba en los créditos bajo el seudónimo de Milo Rega.

OKeh publicó canciones populares, piezas de baile y parodias de vodevil populares en aquella época similares a otros sellos, pero Heinemann, mostrando gran intuición para abastecer el mercado, también quería proporcionar música para audiencias desatendidas por las compañías discográficas más grandes y en coherencia con ese objetivo, produjo y editó varios discos en alemán, checo, polaco, sueco y yiddish para las comunidades inmigrantes en los Estados Unidos de aquellos territorios. OKeh abrió posteriormente un estudio en Chicago, donde grabó a algunos de los primeros artistas de jazz y blues, entre ellos King Oliver, Lucille Bogan, Sidney Bechet, Hattie McDaniel, Louis Armstrong y Duke Ellington.

Primer single de blues interpretado por Mamie Smith editado oficialmente por OKeh Records.

Los primeros lanzamientos de OKeh desde un punto de vista más, llamémosle, comercial para los estándares de la época se orientaron más hacia el mundo del jazz, pero pronto apostaron por el blues, pensando sobre todo en el público afroamericano. Además de la New Orleans Jazz Band, se interesaron por los artistas que se movían en ese mundo, de suerte que entre 1921 y 1932, grabaron a Clarence Williams, Lonnie Johnson, King Oliver y Louis Armstrong entre otros, además de Lillie Delk Christian, Bennie Moten, Frankie Trumbauer y Eddie Lang. Como parte de la Carl Lindström

Company, las grabaciones de OKeh fueron distribuidas por otros sellos propiedad de Lindström, incluido Parlophone en el Reino Unido, algo que con los años reportaría a los autores beneficios que de manera inmediata no lograrían en Estados Unidos.

No obstante, el éxito de Mamie Smith y su *Crazy Blues* los llevó a adoptar una estrategia de primigenio marketing que ayudó mucho a crecer como compañía y a plantearse objetivos más ambiciosos. OKeh imprimió cartelería de calle y anuncios publicitarios con el retrato de Mamie Smith y de su catálogo de novedades discográficas en periódicos como el *Chicago Defender, Atlanta Independent, New York Colored News* y otros extraordinariamente populares entre los afroamericanos, lo cual les llevó a crear dentro de la compañía una división a la que llamaron Race Records, con discos pensados y dirigidos específicamente al público afroamericano, cuyo éxito, que no tardaron en imitar otras compañías de discos, los llevó a planear una iniciativa, gracias a la cual el blues experimentaría el crecimiento exponencial que vivió en los años 20 y 30 del siglo XX.

Músicos afroamericanos como la ya mencionada Sara Martin, Eva Taylor, Shelton Brooks, Esther Bigeou y Handy's Orchestra grabaron para la división de Race Records de OKeh, que muy pronto inició lo que se conocería años más tarde como las «grabaciones de investigación de campo», es decir, discos elaborados a partir de las grabaciones hechas en las granjas, plantaciones o campos donde aún vivían y trabajaban afroamericanos que de manera espontánea, natural —en cierta medida, como los gitanos andaluces en el ámbito del flamenco—, cantaban y tocaban el blues rural y acústico más puro y apegado a sus tradiciones originarias.

A partir de 1923, OKeh envió equipos de grabación móviles para recorrer el país y grabar a intérpretes, muchos de ellos a veces simples campesinos o agricultores que no se escuchaban en Nueva York o Chicago. Se organizaron viajes regulares una o dos veces al año a Nueva Orleans, Atlanta, San Antonio, San Luis, Kansas City y Detroit al tiempo que el estudio que OKeh adquirió en Atlanta también grababa a los emergentes talentos del «Hillbilly», posteriormente conocido y denominado comúnmente como Country.

En 1926, OKeh fue comprada por la Columbia Records, cambió su nombre a American Record Corporation (ARC) en 1934 y, finalmente, CBS se hizo con la compañía en 1938. OKeh se mantuvo como un sello de rhythm and blues durante la década de los 50, pero se siguieron lanzando álbumes de jazz, como los de Wild Bill Davis y Red Saunders.

DE CÓMO EL BLUES SE EXTENDIÓ DE LOS CAMPOS A LAS CIUDADES EN CINTAS DE BOBINA

Los «viajes de grabación de campo» de mediados de los años 20 del siglo XX, como se los conoció, fueron el vehículo a través del cual muchas de las compañías discográficas establecidas en el norte de Estados Unidos llegaron a conocer el blues y a ver en este estilo musical un determinado potencial. Victor, etiqueta adquirida por RCA en 1929, había grabado a The Memphis Jug Band, Luke Jordan, Blind Willie McTell, Canon's Jug Stompers, Frank Stokes, Ishman Bracey, Furry Lewis y Robert Wilkins durante los tres años anteriores. Durante un periodo de tiempo similar, Columbia, que como hemos señalado anteriormente compró OKeh en 1929, grabó a Peg Leg Howell, Barbecue Bob, Blind Willie Johnson y Pink Anderson, la inspiración para la mitad del nombre de Pink Floyd; Floyd Council, que inspiró la otra mitad, grabó en Nueva York para ARC Records.

El sello Brunswick, que se hizo cargo de la compañía Vocalion a mediados de los años 20, pero continuó lanzando discos bajo la misma denominación, por su parte grabó a Leroy Carr, Bo Chatman, Charlie McCoy, Furry Lewis y Speckled Red. ARC (American Record Corporation) se formó en 1929 y comenzó sus viajes de grabación de campo en 1934 centrándose específicamente en Texas. En su búsqueda de talentos, grabó a Texas Alexander, Black Boy Shine y, en 1936, registró a Robert Johnson, por primera vez, en San Antonio.

Paramount Records, compañía subsidiaria de la Wisconsin Chair Company con sede en Port Washington, es otra de las compañías a las que nos tenemos necesariamente que referir si hablamos de los «viajes de trabajo de campo».

Paramount comenzó a lanzar discos de artistas negros en 1922, un año después de OKeh, y nombró a Mayo Williams, un graduado universitario negro, como su cazatalentos. Williams contrató a Alberta Hunter, Ida Cox y Ma Rainey y en busca de un artista masculino, fue a la Maxwell Street de Chicago, donde se encontró con «Papa» Charlie Jackson y su banjo de seis cuerdas. El éxito de Jackson llevó a Paramount a buscar otros talentos masculinos y no pasó mucho tiempo antes de que Blind Lemon Jefferson y Blind Blake grabaran para el sello y tras ellos, Skip James, Big Bill Broonzy y Bumble Bee Slim. Aunque al margen de Mayo Williams, otros investigadores de campo trabajaron para su catálogo, merced a los cuales descubrieron y grabaron a Tommy Johnson y muy especialmente a Charley Patton, a través del cual incorporaron al sello a Son House, Willie Brown y Louise Johnson a los nuevos estudios de Paramount en Grafton en 1930.

La compañía duró 10 años y lanzó más de 1.100 discos, muchos de los cuales son muy apreciados por los coleccionistas de hoy, a menudo porque originalmente se vendieron en cantidades muy pequeñas, incluso muchos de ellos ni siquiera se pusieron a la venta; se regalaron como obsequio a quienes compraban gramófonos y tocadiscos de la marca madre, la Wisconsin Chair Company. La calidad de estos discos a menudo era pésima, con mucho ruido y un prensaje inferior a lo habitual, aunque el valor histórico y documental es indiscutible. Por desgracia y como consecuencia de los efectos de la gran depresión de 1929-30, Paramount abandonó las grabaciones y la edición de discos.

DE LAS AULAS UNIVERSITARIAS DE HARVARD AL FANGO DE LAS ORILLAS DEL MISISIPI

Pero en este contexto, el trabajo que adquirió más repercusión histórica y el que indudablemente hizo más famosos los «viajes de grabación de campo» fue el de John Avery Lomax y, posteriormente, el de su hijo, Alan Lomax. El primero de ellos fue un musicólogo especializado en folk, profesor de las universidades de Harvard y Texas, que si hemos de ser justos con la historia tenemos que mencionarle como el pionero en ese trabajo de campo, de ir a las raíces más ancestrales de la música popular, labor que desarrolló tanto en las explotaciones agrarias como en reuniones familiares o incluso en las cárceles. Dedicado con verdadera pasión a esta labor durante más de 20 años recorriendo todo el país con un rudimentario magnetófono, llegó a compilar grabaciones de country, folk y blues que ocuparon 10.000 discos, que hoy forman parte de la Biblioteca del Congreso de los Estados Unidos.

Merced a las grabaciones de Lomax, el mundo pudo conocer el talento de Leadbelly, al que descubrió en una penitenciaría de Luisiana y al que ayudó tanto a conseguir su libertad como a conseguir un trabajo cuando salió de la cárcel.

Su hijo Alan Lomax continuó este trabajo, descubriendo, tal y como su padre hizo con Leadbelly, nada más y nada menos que a Muddy Waters, compaginándolo con la realización de programas de radio en varias cadenas entre los años 30 y 40. En sus programas por primera vez se pudo escuchar la música de Muddy Waters, Leadbelly o Blind Lemon Jefferson, así como la de leyendas del folk como Woody Guthrie o Pete Seeger. Fue también productor de discos y como recopilador fue, si cabe, más allá todavía en la labor que desarrolló su padre: también reunió en su archivo una inmensa colección de primeras filmaciones caseras, películas 16 mm, fotografías, grabaciones de programas de radio, artículos de prensa y algo especialmente importante: desarrolló mucho más allá de lo que su padre había hecho la memoria oral, añadiendo a su archivo centenares de horas de conversaciones y entrevistas con artistas como Bessie Jones, Vera Ward May o Margaret Barry.

Fue tal el prestigio que adquirió Alan Lomax en su labor de investigador y divulgador de la música popular que su ya de por sí inabarcable archivo se enriqueció con las donaciones y aportaciones de otros investigadores de los más diversos lugares del mundo, desde Argentina a la Europa del Este pasando por Países Bajos, Italia, México, Etiopía, Argentina, Uganda, Somalia, Irán o Nueva Zelanda.

Alan Lomax tocando en directo en el Mountain Ash Festival, Carolina del Norte, a mediados de los años 50 del siglo XX.

Una parte significativamente importante de este archivo se ha seleccionado para formar parte de una colección de CD llamada *The Alan Lomax Collection*, que ha sido puesta en circulación por el sello Rounder Records. En este caso, destaca entre lo que más nos ocupa un magnífico disco de la serie titulado *The Land Where the Blues Began*, centrado en las raíces del blues del delta del Misisipi, con grabaciones efectuadas entre 1933 y 1959. Grabaciones de un valor extraordinario, entre las que podemos encontrar piezas como *Shake 'Em on Down*, de Misisipi Fred McDowell, *Black, Brown and White*, de Big Bill Broonzy, *Country Blues*, de Muddy Waters, y *Life Is Like That*, de Memphis Slim y Sonny Boy Williamson. Pocos discos como este revelan la naturaleza del blues más primigenio, de las fuentes musicales en las que bebieron los primeros *bluesman* del delta y el entorno en el que vivían.

TIEMPOS DIFÍCILES… (¿ALGUNA VEZ NO LO FUERON?)

Después de la depresión de 1929-30, muchas compañías discográficas sufrieron, al igual que la práctica totalidad de las industrias del país, graves dificultades para poder mantener su producción, aunque en el caso del blues hay que decir que al no ser discos que necesitaran de demasiada complejidad en su grabación y cuyas tiradas no eran excesivamente grandes, fue un estilo que mantuvo unos mínimos estándares en ese sentido.

Pero a finales de 1941, la Segunda Guerra Mundial había estado haciendo estragos en Europa durante más de dos años, y ahora involucraba al pueblo estadounidense. Si la depresión fue un punto y aparte en la historia del blues grabado, la Segunda Guerra Mundial fue el final de un capítulo. También marcó un cambio radical para la industria musical, ya que la necesidad de hombres, maquinaria y materias primas generó cambios en toda la industria del entretenimiento mucho más profundos todavía que en la década de los 30. Los discos continuaron fabricándose y vendiéndose, pero en el horizonte se avecinaban problemas.

Basten unos datos muy concretos para explicar mejor la situación: en 1939 había 225.000 máquinas de discos en Estados Unidos, lo que llevó al presidente de la Federación Estadounidense de Músicos (AFM) a declarar que los discos eran «el principal esquirol», al sentir que las compañías discográficas estaban quitándoles el trabajo a los músicos, en la suposición de que la gente ya no iba a los *shows* ni a los conciertos al comprar discos y escucharlos en casa. En 1942, la AFM convocó una huelga de sus miembros, que duró hasta 1944, cuando primero Decca y luego Victor y Columbia capitularon a finales de año y accedieron a las reivindicaciones de la Federación.

El efecto de todo esto en el blues fue reducir en gran cantidad la grabación y producción de discos. En la primera mitad de 1942 se había producido una rápida caída en el número de lanzamientos puramente de blues, debido principalmente al cambio en los gustos musicales de la población, que empezó a interesarse por otros tipos de música; entre los que sí grabaron en la primera mitad de los 40 se encontraban Sonny Boy Williamson, Tampa Red, Lonnie Johnson, Rosetta Tharpe, Roosevelt Sykes y Joe Turner, los grandes nombres que ya eran artistas consagrados y con más posibilidades de vender.

En la costa oeste de Estados Unidos, un nuevo sello discográfico estaba demostrando su fuerza pese a las adversidades: Capitol Records, que no era específicamente un sello de blues, sin embargo, en 1942 ficharon a T-Bone Walker, que se convirtió en el guitarrista destacado de Freddie Slack y su orquesta. T-Bone Walker, del que hablamos más extensamente en otro capítulo de este libro, grabó *I Got a Break, Baby* y *Mean Old World* con Freddie, lo que contribuyó en gran medida a establecer la reputación del primero e influyó en un joven B. B. King, quien era un gran admirador de ambos.

Bluebird, la filial de Columbia que tuvo un éxito considerable en los años 30 con sus discos, de lo que anteriormente se llamaba serie media, vio una clara desaceleración de su actividad discográfica en 1942. Sin embargo, en diciembre de 1944, el sello redescubrió el blues, grabando a Roosevelt Sykes, Tampa Red, Lonnie Johnson y Sonny Boy Williamson; Sonny Boy incluso grabó *Win the War Blues* en una rara muestra de patriotismo en tiempos de guerra por parte de un cantante de blues. Uno de los temas que grabó Roosevelt Sykes, *I Wonder*, se convirtió en el segundo disco número uno de la nueva lista de ventas de música negra, la Juke Box Race Records, que se lanzó en 1945.

Con el fin de la guerra, las cosas empezaron a volver a la normalidad, pero la «normalidad» para el blues nunca ha sido fácil de definir. La evolución del blues country al blues urbano, que había comenzado en los años 30, estaba a punto de convertirse en una revolución. Esta situación trajo consigo un cambio musical considerable en tanto que la migración creó nuevos mercados, lo cual, a su vez, alteró la forma en que se producían y vendían los discos. Pronto surgieron compañías discográficas independientes por todo Estados Unidos y el blues, renovado y remozado, pronto conocerá un nuevo capítulo de su historia.

UNA SORDA LUCHA DESDE LA INDEPENDENCIA Y EL UNDERGROUND

Esto que voy a decir no es la primera vez que me refiero a ello y soy consciente de que a lo largo de mi trayectoria como periodista musical me ha granjeado numerosas antipatías e incomprensiones, pero lo creo firmemente y una vez más, sobre todo si hablamos de algo como el blues, lo repito y lo reivindico una vez más. Me parece inaceptable, estúpida y ejemplo máximo de bocachanclismo la perversión que se ha hecho del término y del concepto «independiente» en la música popular contemporánea.

Lo que empezó, sobre todo en los años de eclosión del punk a finales de los 70, como un movimiento verdaderamente independiente, en el que los grupos de punk rock crearon sus propios sellos discográficos, sus medios alternativos de prensa como los fanzines, sus pequeñas distribuidoras, toda una suerte de canales alternativos a la industria musical tradicional, con el tiempo ha perdido todo su significado original y se ha convertido en una etiqueta que por desgracia y con las siempre honrosas excepciones de rigor, en la actualidad es simplemente la gran industria de siempre disfrazada de alternativa y que musicalmente ha potenciado un estilo de música repetitivo y vacío de contenido, el mal llamado «indie».

No hay nada más eficaz para que a alguien se le dore la píldora en determinados medios y en el ambiente cultureta pseudoprogre que ir por la vida de «independiente». Es triste constatar que bien por sectarismo o por ignorancia, estilos como el punk, el rock duro y muy especialmente el blues, que son la esencia de la verdadera música y actitud independiente, que han sobrevivido durante décadas gracias a mantener una filosofía y una actitud verdaderamente independiente, sin embargo, no tienen tal consideración por parte de los medios de comunicación musicales en general.

Me permito hacer esta reflexión porque precisamente vamos a abordar a continuación un episodio de importancia capital en la historia del blues y que entiendo que nunca ha sido tratado desde el punto de vista más certero: el papel de los sellos discográficos independientes que apostaron por dar a conocer a los pioneros del blues en circunstancias no siempre favorables y cuya labor no se ha visto reconocida en la medida a mi juicio necesaria.

Expliquemos pues, el rol de los sellos independientes en la eclosión del blues dentro de la música popular contemporánea americana en la segunda mitad del siglo XX. La prensa musical y las listas de discos más vendidos son una excelente herramienta para poner en contexto ese papel.

En febrero de 1941, la revista *Billboard* publicó su primera lista exclusivamente compuesta por discos de música negra, llamándola The Harlem Hit Parade. Más tarde se la rebautizó como Juke Box Race Records Chart, la cual, en 1949, dio paso a la Rhythm & Blues Chart. Los discos más vendidos en los primeros cinco años de la lista de música negra fueron en gran parte lanzamientos de las grandes discográficas, especialmente Decca, y gracias a Louis Jordan, quien fue aclamado como «El rey de las jukeboxes» y se convirtió en uno de los artistas negros más influyentes en la historia de la música grabada. Baste con el siguiente dato: de los 57 discos que encabezaron las listas desde octubre de 1942 hasta fines de 1947, 31 —es decir, el 54%— fueron lanzamientos de Decca; del resto, nueve fueron de Capitol y nueve de Victor/Bluebird, mientras que solo seis independientes encabezaron la lista durante este periodo.

Sin embargo, todo esto cambió rápidamente entre 1948 y 1949. De los 31 discos que encabezaron la lista en esos años, Decca, Victor y Capitol solo pudieron reunir cinco entre ellos. Los sellos independientes habían llegado, y habían llegado para quedarse.

En estos años, con el rápido incremento de volumen de tráfico comercial de los mercados urbanos a medida que la inmigración hacía crecer las ciudades, la estrategia comercial de la industria discográfica cambió y las ciudades se volvieron lo suficientemente grandes como para mantener sus propios sellos locales. Una compañía podía ganar dinero sin tener un gran éxito nacional y los artistas creaban su propia escena local y regional; los sellos con base en la ciudad abrían sus oídos mucho más hacia el pulso musical de su ciudad y los resultados no tardaron en revelarse como muy positivos.

DE COSTA A COSTA (I): DE NUEVA YORK A MEMPHIS

El primer sello independiente que logró una repercusión considerable en los años 40 fue Savoy, que había alcanzado el número uno en la lista de éxitos de Harlem con *Don't Stop Now*, de Bonnie Davis en marzo de 1943. Fundado en 1942 por Herman Lubinsky en Newark, Nueva Jersey, Savoy comenzó como un sello especializado en jazz, pero pronto contrató a artistas de rhythm and blues, incluidos los Blue Jays de Big Jay McNeely, Paul Williams And His Hucklebuckers y Hal Singer Sextette y más tarde a Little Esther Phillips, Johnny Otis, Nappy Brown y The Robins.

Miracle Records fue uno de los primeros independientes que surgió en Chicago. Fundada y dirigida en agosto de 1946 por Lee L. Egalnick, tuvo en discos de músicos como Rudi Richardson, Memphis Slim, Al Hibbler, Sonny Thompson o Eddie Chamblee. Entre sus más notables *hits*, señalar que en 1948, *Messin' Around*, de Memphis Slim, y *Long Gone* y *Late Freight*, de Sonny Thompson, llegaron al número uno en la lista Billboard de Race Records. Sin embargo, Egalnick dejó el sello en 1950 para fundar Premium Records, y su socio, Lew Simpkins, pronto le siguió, cerrando Miracle Records.

Miracle Records fue un sello que tuvo la peculiaridad de pertenecer a un empresario afroamericano dentro de un entorno empresarial en el que en el Chicago de aquellos años la mayor parte de los negocios estaba en manos de propietarios judíos. Vee-Jay sería otro sello independiente cuyos fundadores fueron un matrimonio africano de Indiana, aunque no tardaron en trasladarse a Chicago, formado por Vivian Carter (la "V") y su marido, Jimmy Bracken (el «Jay»), llegando a ser la independiente de mayor éxito comercial hasta la irrupción de la Motown.

Vee-Jay Records inició sus actividades en 1953 y no tardó en convertirse rápidamente en un importante sello de rhythm and blues, con su primer single, *Baby It's You*, de los Spaniels, llegando al *top ten* de las listas oficiales de rhythm and blues. El blues fue una de las apuestas fundamentales del sello desde el primer momento, incorporando a su *staff* a Jimmy Reed, Memphis Slim, Billy Boy Arnold y John Lee Hooker, sin obviar el soul, con los fichajes de Jerry Butler, Gene Chandler, Dee Clark y Betty Everett, que publicaron sencillos que llegaron a posiciones relativamente altas en las listas de éxitos no solamente de Race Records, sino de música pop en general.

Pero indudablemente su mayor acierto, gracias al cual obtuvieron ganancias millonarias, fue la adquisición de los derechos de algunas de las primeras grabaciones de los Beatles a través de un acuerdo de licencia con EMI Records, ya que la filial estadounidense de EMI, Capitol Records, inicialmente rechazó publicar los discos de los Beatles en Estados Unidos. A pesar de ello, la compañía entró en quiebra en el verano de 1966 y aunque fue reflotada en 1970 como Vee-Jay International, su trayectoria fue muy irregular y desapareció finalmente en 1986.

Las históricas instalaciones de los estudios de Sam Philips en Tennessee.

En Memphis, Tennessee, Samuel Cornelius Phillips, un ingeniero de radio de Florence, Alabama, tuvo la intuición de que gran parte del futuro de la música popular americana iba a estar en la música negra y estableció sus estudios de grabación, Memphis Recording Studios, en el 706 de la Union Avenue en enero de 1950. Empezó con artistas locales, destacando en el ámbito del blues Lost John Hunter y Joe Hill Louis, cuyas grabaciones vendió a Four Star Records, Modern Records y su filial, RPM. A comienzos de 1951, Sam

Phillips grabó los primeros singles de B. B. King para RPM y los acetatos de audición de Walter Horton para Modern y en marzo de ese mismo año, vendió a la Chess Records el que sería su primer nº 1 en listas: *Rocket 88*, de Jackie Brenston & his Delta Cats, que en realidad eran Ike Turner y sus Kings of Rhythm. Entre otros artistas que grabó para Chess estaba Howlin' Wolf, a quien grabó su legendario *Highway Man*.

En 1952, viendo que muchas de sus apuestas funcionaban cuando se las vendía a otros sellos, decidió crear su propio sello discográfico independiente, Sun Records, que tres años más tarde fichó a un joven cantante de rock'n'roll llamado Elvis Aaron Presley. El resto de la historia ya la conocen, ¿verdad?

DE COSTA A COSTA (II): LOS ÁNGELES

Al otro lado del continente, en la costa oeste, los hermanos René, Leon y Otis, fundaron en Los Ángeles el sello Excelsior casi al mismo tiempo que Savoy. Después de cambiar el nombre a Exclusive, su primer gran éxito llegaría con *The Honeydripper*, de Joe Liggins, que ocupó el nº 1 de la lista de rhythm and blues de la Billboard de septiembre de 1945 a enero de 1946. Hasta que cesó su actividad en 1950, su catálogo incluyó entre otros artistas a nombres de la categoría de Rickey Jordan, Jack McVea & his Orchestra, Basin Street Boys, la Ceele Burke Orchestra, Edgar Hayes & His Stardusters, Herb Jeffries o Mabel Scott además de los ya citados Joe Liggins & the Honeydrippers.

Con idea de expandir el negocio, los hermanos René compraron una planta de prensado de discos de goma laca, pero cuando el formato cambió de 78 rpm a 45 rpm, su antiguo equipo no pudo prensar los nuevos discos de vinilo más pequeños y el sello decidió cesar sus actividades. En 1951, Leon René fundó Class Records con su hijo, el músico Googie René, y años más tarde crearon Rendezvous Records con nuevos socios en 1958.

Con una población que aumentó considerablemente en los años 40 con gran cantidad de exmilitares e inmigrantes, Los Ángeles se convirtió en la base no solo de Savoy Records y Exclusive Records, sino de una gran y heterogénea cantidad de compañías independientes, entre ellas Bronze, Four Star, Super Disc, Imperial, Gilt Edge, Modern y Aladdin, originalmente llamada Philco y formada en 1944, antes de cambiar su nombre a Aladdin dos años después.

En la década de los 40, surgió con fuerza en la escena el llamado jump blues, un estilo *up tempo* que podría definirse como un cruce entre blues, jazz y boogie-woogie, con acompañamiento de sección de viento, claro precursor según la mayoría de musicólgos tanto del rythm'n'blues como del rock'n'roll. Los fundadores de Aladdin, Eddie y Leo Mesner, incorporaron a su catálogo a algunos de los mejores artistas de jump blues del sur de California, entre ellos Amos Milburn y Charles Brown. Modern Records, fundada por los hermanos Jules, Joe y Saul Bihari, apostaron en cambio por el blues más tradicional, en especial por los guitarristas. Entre los primeros fichajes de Modern se encontramos a Pee Wee Crayton y Johnny «Guitar» Watson, mientras al hacerse distribuidora de sellos aún más pequeños, fueron fundamentales en el éxito temprano de B. B. King y Elmore James en los sellos subsidiarios RPM y Flair Records.

Seguimos en la cálida y soleada California. Una de las compañías independientes más notables de este periodo y que jugará un papel fundamental en el crecimiento de la música negra en general —góspel, soul— y en el del blues y el rock'n'roll será Specialty Records, cuya *alma mater,* Art Rupe, nativo de Pittsburgh, es una figura poco reivindicada y apenas conocida fuera de Estados Unidos y a quien, sin embargo, debemos mucho más de lo que creemos.

Repasando su biografía, en ella encontramos lo que más allá del manoseado y tergiversado concepto que desde determinados sectores políticos se ha manipulado, fue un auténtico emprendedor. Cuando en los años 30 del siglo XX América conoció el esplendor de Hollywood, se marchó de

Pittsburgh a Los Ángeles para buscar trabajo en la industria cinematográfica. Al no lograrlo, se introdujo en el mundo de la música y tras una mala experiencia como inversor en el sello Atlas —a pesar de tener en su catálogo a artistas como Nat King Cole, nunca lograron un éxito reseñable— decidió crear su propio sello discográfico, Jukebox, con la idea de ampliar la audiencia de los Race Records abriendo el mercado de esta música al público blanco, objetivo en el que nadie creía en la industria del disco de aquellos años, pero que Rupe estaba convencido de que sería todo un filón para el negocio del disco independiente.

A finales de 1944, Rupe formó Juke Box Records con Ben Siegert y su primer lanzamiento, un single de The Sepia Tones con un pegadizo y rockanrollero *Boogie #1* que tenía en la cara B, tal y como su título indicaba, un genuino *Sophisticated Blues*, producido con un bajo presupuesto y con una formación que solo agrupaba a tres músicos, vendió 70.000 copias, todo un éxito a nivel regional en ese momento. No obstante, Art Rupe empezó a tener frecuentes diferencias con sus socios y en septiembre de 1946 creó el sello independiente con el que logró un lugar en la historia, Specialty Records, que siguiendo los primeros pasos de Jukebox, reafirmó su apuesta por la música negra con un papel relevante del blues y del rock'n'roll.

Y no empezó con mal pie: una de las primeras producciones de Specialty Records, *R.M. Blues*, de Roy Milton and his Solid Senders alcanzó el nº 2 en la lista de Race Records de Billboard y permaneció en esa lista durante 25 semanas, ocupando el puesto número 5 en la lista de fin de año de la revista de los Race Records más reproducidos del año 1946. El primer éxito número uno de Specialty llegó en 1950 con *Pink Champagne*, de Joe Liggins & the Honeydrippers, quienes ya habían logrado otro número uno, como ya hemos mencionado anteriormente, con Exclusive Records.

Entre los muchos artistas que formaron parte del catálogo Specialty cabe mencionar además de Roy Milton, a Lloyd Price, Percy Mayfield, figuras del góspel como Alex

Bradford, Dorothy Love Cats o The Blind Boys of Alabama, pioneros del rock'n'roll como Guitar Slim, Larry Williams o Roddy Jackson y muy especialmente dos: Sam Cooke y Little Richard.

Little Richard, pionero del rock'n'roll y uno de los más afamados descubrimientos de Art Rupe.

En el primer caso, Art Rupe se interesó por un grupo llamado Soul Stirrers, cuyo cantante, un por aquel entonces jovencísimo Sam Cooke, podía tener un enorme potencial. Contrató a un productor que se convertiría en una leyenda de la música negra contemporánea, Robert «Bumps» Blackwell —el artífice como productor entre otros, de Ray Charles, Quincy Jones o Sly & the Family Stone— para lanzar a Sam Cooke en solitario interpretando una canción pop bajo el seudónimo de Dale Cook, para no alejar a los fans del góspel. Pero Cooke nunca tuvo buena química con Art Rupe y pronto dejo el sello para firmar con Keen Records, aunque Specialty sí grabó varios singles a The Soul Stirrers con Sam Cooke al frente.

Por sugerencia de Lloyd Price, Little Richard envió una demo a Specialty Records en febrero de 1955. Pasaron meses antes de que Richard recibiera una llamada del sello, pero posteriormente la relación entre ambas partes fue intensa y fructífera hasta que siguieron caminos separados, tanto que los tres primeros álbumes de Little Richard, *Here's Little Richard* (1957), *Little Richard* (1958) y *The Fabulous Little Richard* (1958) fueron editados por Specialty.

Aun así, Art Rupe no siempre dio en el clavo como cazatalentos. Mientras estaba de gira por Inglaterra en 1962, Little Richard lo llamó por teléfono para decirle que estaba en un pack con una banda buenísima que Specialty tenía que escuchar y conseguir licenciar para América fuese como fuese. Rupe no se mostró interesado y le dijo a Richard que no. Ese grupo eran los Beatles.

Dentro del blues, la contribución al crecimiento del género fue igualmente notabílisima por parte de Specialty. Grabaron y editaron a uno de los grandes de la guitarra blues de los 50 en América, alumno privilegiado de T-Bone Walker como Lester Williams, cuyo gran *hit* para el sello, *I Can't Lose with the Stuff I Use,* de 1952, fue versionado diez años más tarde por B. B. King. Frankie Lee Sims, que editó varios singles entre 1953 y 1954, y John Lee Hooker, otro de los más laureados músicos de blues que han incluido alguno de sus trabajos en este sello.

A mediados de los 60, Art Rupe, muy desengañado de cómo funcionaba el negocio musical en Estados Unidos —en particular con la payola, los pagos en negro de las discográficas a los DJ para que pincharan sus canciones y así crearan éxitos artificialmente—, decidió no continuar con la actividad de la compañía, vendiendo finalmente en 1990 el catálogo a Fantasy Records, años más tarde absorbida por Concord Records. El sello quedó inactivo a finales de esa década. Y en 1990, vendió el catálogo de Specialty a Fantasy Records, que finalmente pasó a formar parte de Concord Records.

LA CHISPA QUE INCENDIÓ LA PRADERA: CHESS RECORDS

Un nombre indisolublemente unido a la historia del blues y del rock, gracias a cuyo trabajo, dedicación, imaginación y espíritu emprendedor, el blues llegó a Europa y jugó un rol fundamental en todo el cambio social y cultural que el rock provocó en el mundo en los años 60. Una pequeña compañía creada en Chicago que llegó a ser un referente mundial en los años 50 y 60.

A principios de los años 40, dos hermanos de origen polaco emigrados a Estados Unidos, Leonard y Philip Chess —cuyo verdadero nombre era Chez—, eran dueños de algunos clubes nocturnos de Chicago, incluido el Macomba Lounge, en el South Side de la ciudad. En un barrio sórdido y, en un principio, un bar frecuentado por proxenetas, prostitutas y traficantes de drogas, el establecimiento pronto desarrolló una reputación más respetable entre los músicos locales como un club que fue conocido por programar grupos de jazz y blues.

El club empezó a generar ganancias y en 1947 decidieron invertirlas comprando acciones del sello Aristocrat, especializado en jazz y jump blues, con idea de introducir a artistas de blues que tenían un cierto éxito en sus clubes. Con la participación de los hermanos Chess, el primer gran éxito de Aristocrat fue *I Can't Be Satisfied,* de Muddy Waters. En 1949, Leonard y Phil compraron el resto de la compañía a su socio original y rebautizaron su sello como Chess Records.

Con el nuevo nombre llegaron una serie de nuevos fichajes, entre ellos Jimmy Rogers, un músico clave en la banda de Muddy Waters, Eddie Boyd And his Chess Men, Willie Mabon, Memphis Slim y Howlin' Wolf. Incluso grabaron discos con John Lee Hooker en 1950, aunque sería injusto decir que ficharon a Hooker, dada su inclinación por grabar para cualquier sello que le pagara en efectivo por adelantado. Y la rueda no dejó de girar...

En 1952, los hermanos crearon la primera subsidiaria del sello, Checker Records, para la cual firmaron a Elmore James, Little Walter, Memphis Minnie y Sonny Boy Williamson. En 1955, Chess se había expandido aún más, además de cruzar al mercado del rock'n'roll blanco con Chuck Berry y Bo Diddley, pero siguieron apostando por el blues, firmando a Otis Rush y Buddy Guy.

Paradójicamente, el éxito de la expansión hacia Europa de la Chess fue como un bumerán que acabó por volverse en su contra. La *British Invasion*, el éxito de las bandas de rock más influenciadas por el blues que popularizó la Chess tanto inglesas como americanas —Rolling Stones, Cream, Traffic, The Who—, en cierto modo, usurparon el éxito de quienes habían sido sus maestros y provocaron la desaparición del sello en 1969, tras el fallecimiento de Leonard Chess, cuyas diferentes subsidiarias fueron vendidas a través de diferentes compras y absorciones de sellos a lo que es hoy Universal Music.

La Chess Records y su capacidad visionaria para entender cómo el blues podría tener en Gran Bretaña y Europa un éxito similar al que había conseguido entre los consumidores blancos de Estados Unidos fue la palanca de cambio, el detonante de que la progresión y la evolución de la música popular, en su sentido más avanzado y vanguardista, diera un paso adelante que cambió la historia, aunque pagara un alto precio por ello. Aunque a modo de compensación, Philip Chess en 1970 fue nombrado uno de los principales directivos en América de la Rolling Stones Records, compañía fundada tras la conclusión del contrato con Decca Records de un grupo liderado por unos tales Mick Jagger y Keith Richards… les suenan, ¿verdad?

Los cantos de la rebelión (I): el blues en las luchas por la liberación del proletariado negro

«Hombre del sur
He visto hombres negros y algodón blanco
Mansiones altas blancas y chozas pequeñas
Hombre del sur, ¿cuándo se las devolverás?
Oí gritos y látigos agrietándose
¿Durante cuánto tiempo más?».

Neil Young, Southern Man, *1970.*

«Mi hermano está en Vietnam
La gente no sabe por qué estoy cantando este blues
Puede que no tengas respeto por tu país, cariño
Pero es por eso, es por eso que estoy cantando este blues
Las madres, todas las esposas,
Todos los padres, que tenéis hijos en Vietnam
¿Me escucháis?».

Junior Wells, Vietcong Blues.

Cuando una música hunde sus raíces más profundas en el sentimiento, el dolor y la protesta contra la esclavitud nunca será complaciente con el poder, nunca será sumisa ni será la música de aquellos que, como decía Nietzsche, viven sujetos a la moral del esclavo. Podrá no ser un estilo musical que no se caracterice por incorporar a sus letras un mensaje político explícito, como puede hacerlo el folk o la canción de autor, pero en su misma esencia, en su naturaleza más intrínseca, lleva consigo una rebeldía innata, que no siempre se expresa necesariamente a través de la denuncia o de la protesta clara, abierta y descarnada. Tanto desde la tristeza de muchas letras que contiene una ira soterrada, la denuncia de sus condiciones de vida miserables o también desde la reivindicación de la alegría y la libertad, el blues ha dado salida históricamente a infinidad de inquietudes que tenían como referente disfrutar de una vida digna, sin cadenas ni ataduras.

Aunque las canciones de blues solían expresar emociones y problemas personales, como el amor perdido o la añoranza de otro lugar o tiempo, desde sus comienzos fueron también un vehículo para expresar su desesperación ante la injusticia social. Abel Meeropol, un poeta judío que escribía bajo el seudónimo de Lewis Allen, escribió una de las canciones de blues de protesta más famosas, *Strange Fruit*, popularizada por la cantante Billie Holiday. Meeropol la escribió por primera vez como un poema en reacción al linchamiento de Thomas Shipp y Abram Smith en Indiana en 1930. Más tarde, puso música a su poema. Billie Holiday cantó la famosa canción para cerrar sus actuaciones, pero su compañía discográfica, Columbia, se negó a grabarla por miedo a represalias. Commodore Records aceptó producirla y apareció por primera vez como sencillo en 1939.

Los trabajadores encarcelados de los Estados del sur, la mayoría de los cuales eran afroamericanos y reemplazaron a los esclavos después de la guerra civil estadounidense, cantaban canciones que se quejaban de su dura y difícil situación. Las canciones de trabajo que protestan por las condiciones de los negros en las prisiones van a ser un elemento clave en el surgimiento del blues como forma de protesta y crítica social, como *We Don't Have No Payday Here*, cantada por un grupo de convictos de la penitenciaría Raiford, en Florida. En otra grabación de una canción de trabajo cantada por prisioneros de la penitenciaría Raiford, *Take this Hammer*, el personaje en primera persona de la canción no solo se queja del trabajo, sino que dice claramente que va a escapar de la prisión. *Take this Hammer* está, musicalmente hablando, a medio camino entre la canción de trabajo y el blues. Será Huddie Ledbetter, el legendario «Leadbelly», quien, como en el caso anterior con Billie Holiday, la que la hará mucho más popular a través de su versión, que aprendió durante de uno de sus frecuentes periodos de reclusión.

Además de las canciones de trabajo, ya en clara evolución hacia el blues, los prisioneros también cantaban e interpretaban canciones de blues que no se circunscribían solo a la dureza de la vida carcelaria o de las jornadas en la fábrica. *I Don't Do Nobody Nothin'*, dirigida por C.W. «Preacher» Smith con cantantes no identificados en Cummins State Farm, en Arkansas, tiene cualidades tanto de espiritual como de blues y es toda una declaración de principios contra el racismo blanco, que en opinión de numerosos expertos la sitúan como una clara antecesora de las canciones que serán la banda sonora del Movimiento por los Derechos Civiles. Otro ejemplo significativo es *I Heard What You Said about Me*, cantada e interpretada con guitarra por Allen Reid y grabada en la penitenciaría de Raiford. El narrador de las canciones se queja de haber sido acusado falsamente y de trabajar en minas oscuras, que estaban entre los lugares con las peores condiciones laborales para los trabajadores de las prisiones.

Otro ejemplo del uso del blues para abordar cuestiones sociales se encuentra en las canciones afroamericanas sobre la Segunda Guerra Mundial. La composición de Bus Ezell, *Obey the Ratio Laws*, insta a la gente a cumplir con el racionamiento en tiempos de guerra, pero también alude a una diferencia en el cumplimiento y las actitudes entre los estadounidenses pobres y ricos. *War Song*, de Buster Brown, también interpretada durante la Segunda Guerra Mundial, se queja de un mundo enloquecido y de las consecuencias para la gente común y corriente de las privaciones de la guerra, siendo en este caso un antecedente de los himnos pacifistas de los 60 contra la guerra de Vietnam.

> *«En los años 50 tenía que entrar los restaurantes por la parte de atrás. Cuando los blancos estaban cenando, tenía que esperar hasta que terminasen de comer. Solo entonces podía cenar yo. En los baños había carteles que decían "Blanco" y "De color". Era algo común. Ibas a un restaurante, incluso en la carretera, y decía: "De color, ve por la parte de atrás". Cuando queríamos comer, no podíamos pedir nuestra comida en la parte de delante».*
>
> *Otis Rush, 1998.*

Es importante tener en cuenta para aprehender en toda su dimensión ese carácter rebelde, incluso revolucionario, del blues en determinados aspectos cómo se produjo el tránsito de la población afroamericana desde la esclavitud de mediados del siglo XIX a la de nueva clase proletaria, doblemente oprimida, por su condición de mano de obra explotada y por su racialización.

A comienzos de los años 40 del siglo XX, por diferentes razones, fundamentalmente los efectos de la gran depresión y el recrudecimiento en varios Estados del sur de las leyes Jim Crow de segregación racial, se produjo un auténtico éxodo de población negra desde el sur hacia los Estados del norte, tanto Nueva York como Illinois, Míchigan o Washington en busca de mejores oportunidades y condiciones de vida y trabajo. Tras la Segunda Guerra Mundial y la notable recuperación del capitalismo americano, fruto del crecimiento de las industrias de guerra y la nueva situación de dependencia que las paupérrimas economías habían experimentado respecto de la nueva gran potencia, se produjo una segunda oleada migratoria de esta población a los nuevos focos de producción industrial de ciudades como Chicago o Detroit.

Pero en ambos casos todo ese volumen de población fue relegada a trabajos pagados con salarios que ni siquiera cubrían la mínima subsistencia, hacinados en barrios marginales y en unas condiciones realmente miserables, sin siquiera disfrutar en muchos casos de sus compañeros trabajadores proletarizados blancos, quienes pese a que no vivían en condiciones mucho mejores que ellos, además de tener muy interiorizada, quizá de manera no consciente pero indudablemente arraigada la mentalidad racista de décadas y décadas de sistema esclavista, veían en las masas emigrantes afroamericanas una competencia cuando no una amenaza a la estabilidad de sus puestos de trabajo.

La consecuencia de esta situación es que en esas ciudades, los guetos y los barrios marginales en los que se obligaba a vivir a los emigrantes negros, se reestableció una suerte de vida comunitaria, de hermandad entre los negros que vivían en Harlem, el South Side de Chicago o Eight Mile en Detroit. Será solo cuestión de tiempo que empiecen a surgir en esos barrios clubes y locales de música que serán la base de la expansión del blues en la segunda mitad del siglo XX. Además, en este caso, un nuevo blues urbano, que tanto en su sonoridad como en sus letras ya incorpora un nuevo lenguaje, unas nuevas formas musicales y unos elementos propios de la nueva situación que se vive en los guetos de las ciudades industriales.

También van a ser estos años los que marcarán la evolución musical del blues a través de su contacto y su fusión con otros estilos hacia un tipo de música más ecléctico, más heterogéneo y que va a formar parte básica de lo que se conocerá como rythm and blues.

Inevitablemente, las condiciones de racismo —en Detroit se llegó a construir en 1941 un muro para separar el barrio negro de Eight Mile de las zonas residenciales blancas, al más puro estilo Berlín—, explotación y marginación además de favorecer un renacimiento de las expresiones culturales más identitarias de la población negra, en las cuales el blues juega un rol fundamental, favorecerá un desarrollo y rápido crecimiento de una conciencia social que no tardará en avanzar hacia posiciones no solamente reivindicativas, sino de abierto y total cuestionamiento de la estructura política, económica y social del sistema y posteriormente a posiciones de confrontación con esa estructura que, en esencia, es la que sustenta la discriminación racial.

«Señor, recibí mi cuestionario, el Tío Sam me va a enviar lejos.
Dijo: J. B. sabes que te necesito, te necesito en Corea del Sur,
cariño, por favor no te preocupes, solo empiezo a volar en el aire.
Ahora los chinos están disparándome, Señor.
Estaré en algún lugar de Corea,
Ahora me quedo sentado aquí preguntándome
a quién vas a dejar acostarse en mi cama».

J. B. Lenoir, Korea Blues

En junio de 1950, el Gobierno y las Cámaras de los Estados Unidos decidieron intervenir en el conflicto bélico iniciado entre Corea del Norte y Corea del Sur y, de nuevo, miles de jóvenes en edad militar fueron llamados a alistarse para combatir contra las tropas norcoreanas. Entre ellos hubo, como había sucedido en la Primera y en la Segunda Guerra Mundial, muchísimos soldados negros, una vez más utilizados como carne de cañón en una guerra lejana, que apenas preocupó a la mayor parte de la población norteamericana y que además acabó en una mesa de negociación tres años más tarde. Aunque, otra vez, esos tres años de operaciones militares americanas supusieron un fabuloso negocio para las industrias de guerra y toda la cadena de industrias derivadas y colaterales —siderurgia, plásticos, combustible, vehículos, etc.— que fortalecieron enormemente la economía norteamericana.

Pero contrariamente a como había sucedido con anterioridad, la práctica totalidad de los soldados y oficiales negros que regresaron con vida a sus ciudades, lo hicieron conscientes de que habían combatido y puesto en riesgo su vida por la prosperidad de una América que les discriminaba y les obligaba a vivir en condiciones degradantes. Se sentían con el derecho de exigir a su país que reconociera su condición de ciudadanos de pleno derecho y desde ese momento, la conciencia rebelde y reivindicativa de la población afroamericana empezó a extenderse cada vez más, llegando a adquirir su cénit en los años 60 con la eclosión del Movimiento por los Derechos Civiles llevando como un arma más de concienciación y movilización el rythm and blues.

Los artistas de rhythm and blues utilizaron su música para transmitir las profundas emociones de los afroamericanos en su lucha por la igualdad y la justicia. A través de letras llenas de sentimiento y melodías conmovedoras, canciones como *Say It Loud – I'm Black and I'm Proud,* de James Brown, o *Respect,* de Aretha Franklin, se convirtieron en himnos que resonaron tanto en las comunidades negras como en los oyentes de todas las razas. Al abordar en sus letras cuestiones de discriminación, racismo, segregación y empoderamiento, el rhythm and blues proporcionó una salida para que las personas expresaran sus frustraciones y al mismo tiempo crearan conciencia sobre las injusticias, permitiendo que sus voces se escucharan en una época de desigualdad racial.

Este cambio reflejó las experiencias cambiantes de los afroamericanos durante esta era. Anteriormente, el rhythm and blues se había centrado principalmente en temas de amor y relaciones, pero a medida que el Movimiento por los Derechos Civiles ganaba impulso, los artistas comenzaron a escribir letras que hablaban en contra de la injusticia y la desigualdad.

Artistas como Sam Cooke con su icónica canción *A Change Is Gonna Come,* el poderoso himno de protesta de Nina Simone *Mississippi Goddam,* la obra maestra que invita a la reflexión de Marvin Gaye *What's Going On* o el éxito socialmente consciente de The Temptations *Ball of Confusion* son solo algunos ejemplos de cómo la música rhythm and blues jugó un papel vital en el fomento de la conciencia y el activismo durante esa era crucial en la historia contemporánea.

La asociación entre músicos y activistas durante este tiempo fue fundamental para generar un impulso para el cambio dentro de la sociedad. Durante el Movimiento por los Derechos Civiles, hubo una fuerte colaboración entre músicos y activistas, ya que ambos grupos reconocieron el poder de la música para generar cambios sociales. Los músicos, especialmente aquellos del género rhythm and blues, usaron sus plataformas para amplificar las voces de los activistas, actuando en manifestaciones, protestas y otros eventos promovidos por organizaciones de derechos civiles, prestando su talento y pasión a la causa. Estas colaboraciones ayudaron a unir a personas de distintas razas y alentaron a una movilización política de un alcance y una repercusión como no se había conocido en América nunca antes.

La mayoría de los músicos que participaron en el movimiento provenían de una heterogénea mezcla de orígenes sociales y la música sirvió como fuente de empoderamiento para quienes compartían sentimientos similares a los de quienes la interpretaban. Los músicos cantaban estas canciones con múltiples propósitos: para motivarse durante las largas marchas, para fortalecerse psicológicamente contra el acoso y la brutalidad, y a veces simplemente para pasar el tiempo mientras se esperaba que algo sucediera. Les dio esperanza y coraje durante los momentos más difíciles y los episodios de represión más desproporcionada.

> *«El jazz habla por la vida. El blues cuenta la historia de las dificultades de la vida y, si piensas por un momento, te darás cuenta de que toma las realidades más duras de la vida y las transforma en música, solo para salir con una nueva esperanza o una sensación de triunfo. El blues es música triunfante».*
>
> *Martin Luther King Jr.*

Martin Luther King Jr. fue sin duda la figura más destacada de estos tiempos, pero hubo muchos otros que recorrieron el camino hacia la libertad con él. Rosa Parks, Malcolm X y Ralph Abernathy fueron solo algunos activistas fundamentales, aunque junto a ellos estaban algunos de los más grandes músicos de blues del momento, con toda seguridad no tan famosos como las estrellas del soul y el rhythm and blues que hemos recordado —no olvidemos que la década de los 60 son años de decadencia del blues clásico, años en los que quienes alcanzan la fama y el éxito masivo son los músicos de rock, los hijos del blues de Chicago, Texas o el delta—, pero que contrariamente a como se mantiene por parte de algunos historiadores del género, también dejaron su huella en esta emblemática movilización.

We Shall Overcome, una antigua pieza que tiene sus raíces en el siglo XIX y que adaptó al folk el cantautor y activista político Pete Seeger, en la versión blues de Mahalia Jackson se convirtió en la canción temática no oficial de la gente del movimiento.

Mahalia Jackson, la mujer que llevó el más puro blues al movimiento por los derechos civiles.

Esta canción influyó sobremanera en la gente para superar las dificultades de la época y afianzarles en su anhelo de luchar por una libertad que se podía conseguir. Durante la marcha por el derecho al voto en 1965, *Selma March*, de Grant Green, reflejó el júbilo que se sintió al finalizar la marcha, sobre todo cuando el intento de poner en pie la primera marcha terminó en un baño de sangre, mientras que la segunda se encontró con una orden de restricción. Esa decisión se revocó rápidamente y comenzó la histórica marcha de cuatro días. La guitarra instrumental de Green mantuvo viva la esperanza durante esos cuatro días y el orgullo al que invoca todavía se puede sentir al escucharla hoy.

La fuerza y al tiempo la sensibilidad del blues y del movimiento por los derechos civiles no solo fue una inspiración durante esos tiempos difíciles, sino que también ayudó a sanar la hostilidad en los años posteriores. Quienes no podían encontrar nada en común finalmente pudieron unirse en el sentimiento que les despertaba e inspiraba la música de la época.

Tal y como analizamos en otro capítulo de este libro, la oleada migratoria de la población negra de las grandes explotaciones agrarias no se dirigió solo hacia las ciudades del norte. En el sur de la costa oeste, California se convirtió en otro foco de atracción de inmigrantes, que si bien en su mayoría venía de México, también absorbió un relativamente importante volumen de población negra que indudablemente dejó su impronta cultural en ciudades como San Francisco o Los Ángeles.

De hecho, la presencia de la música negra en California fue mucho menor que en Chicago o en Nueva York, pero su influencia sería absolutamente determinante en toda una manera de hacer música en la costa oeste —lo que se conoció como West Coast Rock—, que creció paralelamente a toda una nueva forma de vida aconvencional, contracultural, antimaterialista, antiautoritaria y que ponía en cuestión todo el esquema tradicional de vida y costumbres de esa América próspera y acomodada en lo material, pero con contradicciones enormes en otros muchos ámbitos.

Primero, a través de la cultura beatnik de finales de los años 50, que tuvo sus referentes más claros tanto en el jazz como en la literatura de Jack Kerouac, Allen Ginsberg, Neal Cassady, Timothy Leary o William Burroughs y muy especialmente en los 60 con la eclosión del movimiento hippie, la psicodelia y el llamado rock ácido de California, en cuyas fuentes encontramos indudablemente la influencia del blues, no solo en lo musical, sino en ese espíritu de canto de protesta, de voz de los oprimidos y marginados. The Doors o Janis Joplin con Big Brother & the Holding Company son quizá los dos ejemplos más paradigmáticos, pero junto a ellos, Grateful Dead, Jefferson Airplane, Country Joe & the Fish y todos los que conformaron aquel movimiento, aun superando y llevando a otro ámbito sus influencias más primigenias, fueron también hijos del blues.

Escúchese a Janis Joplin cantar *Ball and Chain* o a Jim Morrison *Shaman Blues* y estoy seguro de que captarán la conexión de inmediato. O viendo las actuaciones de Canned Heat o The Paul Butterfield Blues Band en el Monterey Pop Festival de junio de 1967.

Los cantos de la rebelión (II): mujeres empoderadas

«Las actuaciones de blues en directo, así como las grabaciones en disco, ampliamente difundidas de los años 20 del siglo XX, *facilitaron entre las mujeres negras de clase obrera el reconocimiento de las fuentes sociales de ideas y experiencias con las que se topaban en sus propias vidas. Pero esta música logró mucho más. Permitió que la comunidad femenina del blues, tanto intérpretes como público, entrara estéticamente en contacto con ideas y experiencias a las que no podían acceder en la vida real. Lo imaginario era tan importante para la comunidad femenina del blues y para su desafío al dominio masculino como lo eran las experiencias de la vida real».*

Angela Davis, líder comunista y feminista afroamericana y activista pro-Derechos Humanos, de su libro Historia de la conciencia, ensayos escogidos, *1999.*

No es una cuestión que se haya tratado en profundidad a menudo, siendo un aspecto en la historiografía del blues analizado tan solo superficialmente, probablemente consecuencia del poso de mentalidad y visión de la cultura heteropatriarcal que ha impregnado el estudio de la historia en general en todo el mundo occidental. Pero si ampliamos el horizonte y nos aproximamos a la influencia y el papel del blues en el contexto de los movimientos de avance y crecimiento de la conciencia social, no solamente no puede pasarse por alto, sino que debe primero conocerse y después reivindicarse, el papel de la mujer en esa visión del blues.

Para adquirir una idea clara y objetiva de ese rol fundamental de la mujer en el blues concebido como protesta, como canto de rebelión y de afirmación de la libertad, es preciso volver a los orígenes. La organización y la estructura del sistema esclavista americano no hacía distinción de sexos: tanto hombres como mujeres esclavos eran simplemente mercancía, bienes muebles cuyo valor se establecía en función de su fuerza de trabajo. Por tanto, las mujeres negras esclavas trabajaban en las grandes explotaciones agrarias igual que los hombres y, en su caso, recibían los mismos castigos que ellos, pero en función de su condición de mujeres, sufrían otros tipos de maltrato y de violencia en forma de abusos sexuales y de la utilización de su capacidad reproductora en función de las necesidades de producción. Es decir, se despoja a la mujer negra esclava de poder desarrollar una maternidad voluntaria o planificada y el sistema esclavista la convierte en una mera paridora, cuyos hijos e hijas se le pueden arrebatar en tanto en cuanto no se les considera seres humanos, sino propiedad de los dueños de las plantaciones y, por tanto, pueden ser vendidos o trasladados como los caballos, los animales de las granjas, los aperos de labranza, las herramientas de trabajo o los productos de las cosechas.

Al mismo tiempo, al trabajar mujeres y hombres en las mismas condiciones, tanto en lo relativo a horas de trabajo como en cuanto a sanciones o castigos, tal situación va a tener como consecuencia que las mujeres empezaran a afirmar y a reivindicar su igualdad en las relaciones sociales y familiares de las comunidades negras, con independencia de que muchas de ellas tomaban parte en eventuales actos de rebelión, resistencia o intentos de fuga, igual que los hombres. Es decir, ya incluso en la época de la esclavitud, empieza a cobrar forma un feminismo negro, si se quiere, muy incipiente, muy primitivo, pero que no va a dejar de desarrollarse.

Afirma la profesora de la Universidad de Sevilla Rocío Cobo Piñero en su conocido trabajo *El blues femenino:*

Intersección de raza, clase y género como forma de resistencia que a lo largo del paso del tiempo esta situación permitió consolidar una conciencia feminista y social, demostrando que la protesta también podría realizarse de manera oral. Además, sus cantantes lograron convertirse en referentes para otras mujeres de color, ya que sus letras expresaban el rechazo a las injusticias sociales, tabúes sexuales y convenciones socialmente establecidas. Esto entronca con un fenómeno que conviene tener muy en cuenta en la evolución de la situación social de la población negra en Estados Unidos: la abolición legal de la esclavitud durante los últimos años de la guerra de Secesión, no solamente por la legislación racista que aprobaron muchos Estados del sur, sino por la propia situación de pobreza y precariedad en la que quedaron los y las trabajadoras de las plantaciones, muchas de ellas continuaron trabajando allí en condiciones muy similares a las de la época esclavista o en el servicio doméstico de las mansiones de sus antiguos amos.

La posibilidad de la población negra ahora liberada de adquirir tierras, dedicarse al comercio u optar a trabajos con una remuneración digna era prácticamente inexistente, más todavía para las mujeres, lo cual está en el origen de la formación, años más tarde, ya en el siglo xx, de los movimientos antirracistas, pero también del primigenio feminismo negro. El lenguaje, la expresión, la manifestación más destacada de ese feminismo, antes de que se organice políticamente como movimiento va a ser el llamado Female Classic Blues, en nuestro idioma, «blues clásico femenino».

A pesar de que la situación social y económica de la población negra no mejoró sustancialmente tras la abolición de la esclavitud, no es menos cierto que ahora sí podían disfrutar de algo que hasta entonces les estaba negado y que ahora podían ejercer. Aunque fuera para una minoría, las y los afroamericanos podrían tener acceso a la cultura y a un cierto nivel de educación, podrían formar un proyecto de familia en base a poder disfrutar de su sexualidad libremente y no en función de los intereses de sus propietarios y quizá lo más destacado: moverse libremente por el país.

De hecho, uno de los grandes fenómenos socioeconómicos de la América contemporánea fueron las migraciones de miles de personas negras desde el sur a los Estados del norte y aunque en los primeros tiempos la mayoría de las mujeres tenía que cuidar del hogar familiar y a menudo a ganar algo más de dinero como criadas o asistentas de familias blancas, no es baladí el hecho de que en muchos casos eran los hombres los que se veían obligados a viajar buscando trabajo de ciudad en ciudad. El viaje en busca de un futuro está en la raíz básica de una de las formas de fusión más interesantes entre la música blanca de estados como Texas, Arizona, Utah o Tennessee, el country, con el blues negro sureño, el country blues.

Al mismo tiempo, la emancipación identificó la movilidad, el poder ir de un lugar a otro con la libertad recién recuperada. Viajar y no siempre por cuestiones de trabajo, era romper con todas las normas de la vida cotidiana y es una concepción que se instalará en la cultura alternativa americana y se va a manifestar en numerosas manifestaciones de la contracultura de los 60 y que la va a caracterizar, el viaje como experiencia de búsqueda de uno mismo y de un mundo nuevo que tiene alguno de sus exponentes más claros en libros como *En el camino*, de Jack Kerouac, *Miedo y asco en Las Vegas*, de Hunter S. Thompson, o en películas como *Easy Rider*. La figura del predicador ambulante o del comerciante de licor antes de la ley seca será muy característica de ese tiempo, así como por supuesto, la del *bluesman*. Ese músico sin hogar, que cada noche duerme en una cama diferente y que vaga por todo el país tan solo con una maleta y una guitarra.

Estas tres características, fundamentalmente dos de ellas —la libertad sexual y el poder viajar libremente—, van a caracterizar sobremanera la naturaleza feminista del blues clásico femenino.

EL LARGO Y SINUOSO CAMINO (*THE LONG AND WINDING ROAD*)

«Caminé y caminé hasta que casi pierdo la cabeza
Tengo miedo de parar, no puedo perder tiempo
Me queda poco tiempo y mucha carretera por delante, Señor
Intentando encontrar la ciudad que llaman San Antonio».

Ma Rainey, Walking Blues.

He elegido a modo de introducción para esta parte del capítulo sobre el blues como música asimilada a los movimientos de cambio y transformación social una canción de Gertrude «Ma» Rainey, una de las pioneras del blues hecho por mujeres, que quizá fue la que más trató en sus canciones el viaje como metáfora de la liberación de las mujeres, tanto en sentido figurado como en sentido literal. Las mujeres que abandonan su hogar y emprenden un viaje en las canciones no solo de Ma Rainey, sino en el de otras muchas *blueswomen*, viajan para reafirmar su independencia, que tiene uno de sus pilares en una nueva y, para aquel momento, revolucionaria concepción de la sexualidad. Esas mujeres viajan de Alabama a Nueva York o de Kentucky a Pittsburgh porque abandonan a maridos que las maltratan, porque desean encontrarse con sus amantes o porque incluso van en busca de conocer otros hombres que puedan llegar a ser sus nuevos amantes.

De esta manera, las mujeres negras van a protagonizar una ruptura radical con los moldes conservadores y heteropatriarcales que también existían en la comunidad negra sobre el papel asignado a la mujer como esposa y madre de familia, sin apenas ningún espacio de decisión propia ni de libertad personal. Las historias de las mujeres que habitan las letras de Ma Rainey, Bessie Smith o Billie Holiday, si sus maridos se van de casa y las abandonan por otra mujer, ellas hacen lo mismo, buscando otros hombres, otras vidas y otros horizontes. Ello hace del blues una música que desarrolla un potencial emancipador único para estas mujeres que descubren en estos blues un modelo de mujer valiente, independiente, empoderada, que desafía abiertamente a toda la sociedad, tanto blanca como afroamericana.

El blues hecho por mujeres negras expresará otro de los fenómenos más característicos de la evolución social de sus comunidades. Si en los primeros años de la emancipación se percibía a los Estados del norte como una suerte de tierra prometida, en los que nunca hubo esclavitud, había trabajo en las fábricas y se podía empezar una nueva vida. Pero pasados unos años, la cruda realidad del capitalismo salvaje de la producción industrial del norte hizo ver a miles de emigrados negros del sur que sus condiciones de vida y trabajo serían tan o más duras que en los campos de algodón y que la clase obrera blanca de las ciudades industriales no les consideraba trabajadores con los mismos problemas que ellos, al contrario, pensaban que venían a quitarles el trabajo.

Al mismo tiempo, por su particular idiosincrasia, en el norte la población negra no desarrolló las mismas redes de solidaridad, de apoyo familiar, de una cierta unidad identitaria que sí existían en el sur, fruto de la unión de toda la comunidad ante la situación de opresión que vivían. No tardó en desarrollarse un cierto sentimiento de nostalgia de su tierra natal, o, más bien, del modo de vida más familiar que existía en el sur rural, a modo de denuncia de la nueva explotación que sufrían en las fábricas y cadenas de montaje.

Bessie Smith fue probablemente la *blueswoman* que más canciones dedicó a expresar la tristeza y la decepción por la marginación y el racismo sufrido en el norte y el deseo de volver a casa. Un ejemplo característico lo podemos encontrar en *Louisiana Low Down Blues*, donde exclama: «*Louisiana, Louisiana, mamá está hecha polvo / Louisiana, Lousiana, mamá ira a coger un barco / Esta noche empezaré a caminar, aunque la carretera sea dura / el río Mississippi es ancho y profundo / no estaré satisfecha hasta que cruce al otro lado*».

En *Far Away Blues*, Bessie Smith cantó a dúo con Clara Smith: «*Dejamos nuestro hogar en el sur y nos fuimos a deambular por el norte / como pájaros fuimos buscando campos de grano / no sabemos que estamos haciendo aquí / pero aquí estamos de todas maneras / y somos las chicas más solas que hubo jamás».*

TODO LO QUE SIEMPRE QUISO SABER SOBRE EL SEXO...

«Sam llamó a la puerta y dijo: «Soy tu marido, querida»
Pero ella contestó: «Querido, es extraño oír eso, no estás hablando con la señora Jones»
Ahora te estás dirigiendo a la señorita Wilson
Solía ser tu noble compañera
Pero el señor juez ha cambiado mi destino».

Bessie Smith, Sam Jones Blues, *1923.*

Esta nueva concepción del blues que incorpora la visión de las mujeres negras se va a constituir como un espacio en el que toma una fuerza cada vez mayor un discurso desde el cual se establece y se consolida tanto una decidida y clara resistencia contra el heteropatriarcado y de deconstrucción de la mentalidad dominante respecto a la sexualidad de las mujeres que predominaban tanto en la sociedad blanca, anglosajona y protestante como en las comunidades afroamericanas. Este desafío contrahegemónico que se plasma en las letras de los blues compuestos y cantados por mujeres negras, rompe abiertamente todo lo que había sido la argumentación básica de la estructura social, familiar, religiosa incluso en algunos casos que se encontraba inmersa en el contexto de fortalecimiento del capitalismo industrial, en el que se proyectaban como importantes ideas-base la idea de la familia monogámica tradicional, que sustentaba uno de los pilares del discurso conservador hasta entonces hegemónico y predominante.

Con toda seguridad de manera no consciente, pero precisamente la deslegitimación del matrimonio heterosexual y monogámico por definición y como única opción válida socialmente, será un tema recurrente en muchas de las canciones de las mujeres negras pioneras del blues, y por tal motivo he encabezado este fragmento del capítulo con una más que significativa letra perteneciente al conocido *Sam Jones Blues*, de Bessie Smith. Sam Jones se marcha de su casa abandonando a su mujer para vivir de francachela en francachela y cuando vuelve, confiado en que su sumisa, obediente y apocada mujercita lo espera, descubre que ella ha cambiado la cerradura, se ha emancipado de su dominio machista y hasta ha logrado que un juez le devuelva su apellido de soltera. Esto hoy puede parecernos muy natural, pero no olvidemos que esta letra se escribe a comienzos de los años 20 del siglo XX, por una mujer negra racializada en una América ultraconservadora, con el Ku Klux Klan campando a sus anchas y en la que incluso en la comunidad negra el poder de la iglesia y la religión seguía siendo muy fuerte y se hacía muy presente en diferentes ámbitos de la sociedad.

Esa idea fundamental de ser y sentirse libres por parte de las mujeres negras del blues es recurrente en la mayoría de canciones de artistas como Ma Rainey y Bessie Smith. En el caso de esta última, en un tema como *Young Woman's Blues* la cantante se atreve a asegurar con toda claridad que no tiene intención ninguna de casarse, desliza la idea de que el matrimonio es una institución solo para los blancos y que además se va a emborrachar. *«No tengo tiempo para casarme, no tengo tiempo para sentar la cabeza / Yo no soy blanca, soy de un terrible marrón oscuro / No me voy a casar, no voy a sentar la cabeza / Me voy a beber un buen whisky moonshine y a tumbar a estos mulatos / ¿Ves esa larga y solitaria carretera? Señor, sabes que esto tiene que terminar / Soy una buena mujer y puedo conseguir muchos hombres».*

La libertad de las mujeres para expresar sin tabúes ni cortapisas sus deseos e incluso sus inclinaciones sexuales al margen del marco heteronormativo era algo que chocaba de manera incontrovertible con la moral y los prejuicios de esa América religiosa y ultraconservadora que parecía querer perpetuar la estricta y puritana moral de los pioneros del *Mayflower.* En especial porque ello suponía situarse en una posición de igualdad con respecto a los hombres, a quienes se permitía y fomentaba una libertad sexual que se negaba a las mujeres.

¿Ejemplos de esta postura? Entiendo que cabe señalar entre los más explícitos el de Ma Rainey en *Slow Driving Moan*, donde su protagonista afirma*: «He vagado hasta sentirme cansada / y no estoy conforme / si no encuentro a mi dulce hombre / seguiré vagando hasta que me muera»* o en *Lost Wondering Blues*, en la que dice: *«Señor, esta mañana me marcho con la ropa a cuestas / no dejaré de moverme / hasta que me encuentre»*. Y si recurrimos a Bessie Smith de nuevo, prestemos atención a la letra de *Baby Doll*: *«Quiero ser la muñequita de alguien para poder tener a mi amor todo el tiempo conmigo / Quiero ser la muñequita de alguien para aliviar mi mente / Él puede ser feo, puede ser negro / no importa siempre que pueda hacer el Eagle Rock y bailar el Jack»*.

Pero este ejercicio abierto de su libertad sexual no se va a limitar a decidir con qué clase de hombre quiere o no quiere estar esa mujer negra empoderada. La ruptura con el marco heteronormativo y plantear con toda claridad una experiencia lésbica no es tan habitual, pero se encuentra en algunas canciones. Ma Rainey lo expresaba abiertamente en un tema como *Prove It on Me Blues*: *«Salí anoche con muchos de mis amigos / Deben haber sido mujeres, porque a mí no me gustan los hombres / Es verdad que llevo cuello y corbata / Hacen al viento soplar todo el rato / Porque dicen que lo hice, nadie me pilló / Por supuesto tendrán que probarlo»*.

A contrario sensu, también habló de la homosexualidad masculina en temas como *Sissy Blues*: *«Anoche soñé que estaba lejos del dolor / Desperté y encontré a mi hombre en unos brazos afeminados / Ahora toda la gente me pregunta por qué estoy sola / Un marica sacudió esa cosa / y se llevó a mi hombre»*. En muy pocos géneros musicales encontramos referencias tan claras sobre temas tabú en años como 1926 o 1928, sin hacer ninguna clase de señalamiento ni crítica, sino poniendo de manifiesto la existencia de otras opciones sexuales al margen de la heterosexual como en el blues negro hecho por mujeres.

Incluso, otro tabú en aquellos años como la violencia de género, el abuso sexual dentro del matrimonio o el sometimiento por la fuerza a la autoridad del marido es denunciado en ese blues primigenio, siendo una vez más el primer género musical que da a las mujeres la posibilidad de sacar fuera de la alcoba y del entorno estrictamente familiar esa clase de tabúes y convertir el caso particular, la experiencia individual en una experiencia colectiva en una nueva manifestación de empoderamiento de las mujeres negras.

«En el callejón Hogan vivía Miss Nancy Ann / Siempre quejándose, peleándose con su marido / Luego escuché a Miss Nancy decir, / "¿Por qué tratas a tu chica de esa forma?" / Fui por el callejón, otra noche / Nancy y su marido acababan de pelear, él golpeó a Miss Nancy en la cabeza / Cuando se puso de pie dijo: / "Tú me maltratas, me maltratas y me golpeas / y aun así, voy a aguantar"», decía Ma Rainey en *Black Eye Blue* en 1928.

Otro significativo ejemplo, en *Downhearted Blues*, una pieza escrita por Alberta Hunter e interpretada por Bessie Smith en 1923, su letra dice textualmente: *«Fue mi padre, el hermano y el hombre que destruyó mi vida / Porque él me maltrataba y me echó de su casa / Si, me maltrató y me echó de su casa / Pero la biblia dice que al final cosecharás lo que siembres»*.

A tenor de todo lo expuesto, entiendo que pocas dudas pueden quedar acerca de cómo los blues de las mujeres negras fueron herramientas absolutamente fundamentales en la concienciación feminista de aquel periodo y de cómo se transformaron tanto en un lenguaje de resistencia como en un vehículo para expresar las aspiraciones, inquietudes y anhelos de libertad de las mujeres negras, bien fueran trabajadoras, amas de casa, empleadas de hogar, madres de familia, mujeres heterosexuales o lesbianas, dentro de un nuevo espacio de expresión colectiva. El blues aportó en esos años un medio de comunicación que se reveló fundamental en la construcción de esa nueva conciencia que funcionó como detonante para movilizar colectivamente a los estratos de la sociedad más conscientes en el objetivo de lograr un cambio radical, a nivel teórico y también en la praxis política, como se demostrará fundamentalmente en la década de los 60.

COMPAÑERAS DE VIAJE, ARTISTAS Y LUCHADORAS (I): IDA COX, LA REINA NO CORONADA DEL BLUES

> *«Un día a la semana, me apoyo en la puerta de mi casa*
> *Y la fuerza policial no ha podido moverme*
> *antes de que ese cartero explotara*
> *Era un pequeño papel blanco que el Tío*
> *Sam había hecho dirigido a mí*
> *Significaba una semana más, una semana más de dulce prosperidad*
> *Después de cuatro largos años, el Tío Sam me puso en el estante*
> *Porque ese pequeño papel rosa significa que debes valerte por ti misma».*
>
> *Ida Cox,* Pink Slip Blues, *1940.*

Las ya mencionadas Ma Rainey y Bessie Smith, más allá de su compromiso feminista en sus letras, fueron, como artistas del mundo del espectáculo en los años 20, las principales estrellas del blues en la época del vodevil clásico, pero junto a ellas emergió como tercera en discordia Ida Cox. La llamada «reina no coronada del blues», desde sus comienzos de su carrera en el sello Paramount en 1922 fue menos conocida que sus, llamémoslas, «rivales», pero es necesario que se conozca que una mujer de una creatividad extraordinaria, un auténtico talento cuyas canciones dejaron una huella y ejercieron una influencia que rara vez ha recibido el reconocimiento que se merece. Sus discos dejaron para la posteridad numerosas piezas que resurgieron en la obra de legendarios músicos de blues, como, por ejemplo, *Mojo Hand* (Lightnin' Hopkins), *How Long, Daddy, How Long* (Leroy Carr), *Death Letter Blues* (Son House) o *I Am So Glad* (Skip James).

Ida Cox era fue una compositora de renombre que abordó una amplia gama de temas, tanto desde una perspectiva social, reivindicando los derechos de las mujeres —su canción *Wild Women Don't Have the Blues* se ha convertido en un himno feminista, aunque ella no fuera exactamente el tipo de mujer que se narra en la letra— como desde una perspectiva más personal y a menudo desgarrada, sobre amantes esquivos, la traición, el desamor y la muerte. Como intérprete fue una profesional sólida y carismática que cantaba blues con claridad, convicción y aplomo, además de una mujer inteligente y culta que también conocía y le gustaba la música clásica.

Ida Cox, la «reina no coronada» del blues en sus orígenes.

Nació en Knoxville, Tennessee, el 25 de enero de 1894, según dijo en algunas entrevistas en la prensa de la época, aunque por el contrario, según los registros oficiales, nació con el nombre de Ida M. Prather en Cedartown, Georgia, el 25 de febrero de 1888, 1894 o 1896, según la fuente que se cite, bien sea el censo, la tarjeta de seguridad social o su certificado de defunción. También se ha citado la localidad de Toccoa, en Georgia, como su posible lugar de nacimiento. Abandonó el hogar familiar para dedicarse al blues después de terminar la escuela secundaria, actuando como comediante y cantante en diversos espectáculos de juglares.

En 1913, aparecieron las primeras noticias sobre sus actuaciones en teatros y su aparición con su marido Attler Cox, que la abandonó en 1915, en el espectáculo *Rabbit Foot Minstrels* en Georgia. En la ciudad que citó siempre como su favorita, Chicago, fue descubierta por J. Mayo Williams, de Paramount, y grabó para el sello durante seis años, acompañada en muchos discos por una de las primeras mujeres en tocar el piano en sesiones de blues, Lovie Austin. Jesse Crump también tocaba el piano, escribía canciones y salía de gira con ella. Ambos se casaron en 1927. Establecida en Chicago, organizó y encabezó la revista musical *Raisin' Cane* durante varios años, y luego ocupó el primer lugar en otro espectáculo teatral itinerante, Darktown Scandals, logrando perseverar durante la Depresión, cuando la mayoría de sus competidores habían desaparecido o habían cambiado de carrera.

Durante dos temporadas, entre 1941 y 1943, incluso intentó revivir un viejo espectáculo llamado *Mandy Green from New Orleans*. Bajo los auspicios de John Hammond, apareció en el histórico concierto *Spirituals to Swing* de 1939, en el Carnegie Hall, y grabó varios discos para las filiales Vocalion y OKeh, de Columbia, en 1939 y 1940 con formaciones de músicos estelares de aquella época, incluido el guitarrista Charlie Christian. Durante la Segunda Guerra Mundial, actuó en campamentos del Ejército estadounidense con su grupo Darktown Scandals, pero durante una actuación en un club nocturno de Búfalo el 12 de abril de 1945, sufrió un derrame cerebral del que se recuperó, pero a consecuencia del cual se vio obligada a retirarse de la actividad musical y se jubiló.

Se trasladó entonces a vivir con su hija en Knoxville y desapareció efectivamente del mundo de la música hasta 1959, cuando John Hammond puso un anuncio en la revista *Variety* buscándola. Tras localizarla, Hammond y el productor discográfico Chris Albertson la instaron a hacer otra grabación. En 1961, 15 años después de sus últimas sesiones, grabó el álbum *Blues for Rampart Street* para Riverside con Roy Eldridge, Coleman Hawkins, Sammy Price, Milt Hinton y Jo Jones. El álbum contenía canciones de su repertorio, incluida una nueva versión *Wild Women Don't Have the Blues*, que encontró un nuevo público, incluidas las cantantes Nancy Harrow y Barbara Dane, que grabaron sus propias versiones de la canción. Cox se refirió al álbum como su «declaración final».

Tuvo otro derrame cerebral en 1965 y dos años más tarde ingresó en el East Tennessee Baptist Hospital, donde murió de cáncer el 10 de noviembre de 1967.

COMPAÑERAS DE VIAJE, ARTISTAS Y LUCHADORAS (II): MAMIE SMITH, LA PRIMERA MUJER QUE GRABÓ UN BLUES

En 1912, cuando W. C. Handy publicó *Memphis Blues*, el primer disco de blues del que se tiene constancia, la tendencia de utilizar la palabra blues ya tenía varios años. La melodía de Handy fue, de hecho, la tercera en utilizar la palabra en el título. *Dallas Blues*, de Hart Wand, tiene la distinción de ser la primera, mientras que la segunda fue *Baby Seal's Blues*, de Arthur Seals. Pero la primera mujer que registró una grabación genuinamente blues fue Mamie Smith.

Nacida en 1883, Smith entró en el mundo del espectáculo a la tierna edad de diez años. Pasó la década siguiente trabajando en vodevil como bailarina y cantante. A los 20 años, se casó y se estableció en el barrio de Harlem de la ciudad de Nueva York, donde se convirtió en una artista habitual en los clubes nocturnos.

Como señalamos en capítulos anteriores, The Jazz Hounds, grupo en el que destacaba el pianista Perry Bradford, estaban en el estudio listos para grabar con una cantante blanca, Sophie Tucker, que se puso enferma y no pudo acudir a la grabación. La casualidad o el destino quiso que Mamie Smith estuviera en el estudio esa tarde con su pareja, Perry Bradfordy, y se unió a la sesión en sustitución de Tucker. Entre otras, grabaron una composición del propio Bradford, titulada *Crazy Blues*. El primer disco de blues grabado por una mujer negra de la historia, editado por OKeh Records. Mamie había conocido a Bradford en 1918 mientras trabajaba en su revista musical, *Made in Harlem*, en el Lincoln Theatre de Nueva York. Ya había grabado para OKeh en febrero de 1920, pero sus dos trabajos anteriores no eran canciones de blues.

Crazy Blues se convirtió en una sensación que llegó a vender millones de ejemplares de ese single, en gran medida gracias a la gran cantidad de copias vendidas en la comunidad afroamericana. Este éxito sorprendió a las compañías discográficas, que habían subestimado el potencial del mercado afroamericano y rápidamente comenzaron a producir y comercializar música específicamente para ese público, abriendo la puerta a muchas intérpretes clásicas e influyentes tanto del blues y el jazz, e inaugurando la era de los Race Records. Smith también abrió la puerta a otras destacadas *blueswomen* de la década de 1920, entre ellas Bessie Smith y Ma Rainey.

Smith no era específicamente una *blueswoman*, sino más bien una cantante de vodevil y cabaret. Por otra parte, en esa época no existía nada parecido a una cantante de blues y de hecho tenía alrededor de 37 años cuando hizo historia con *Crazy Blues*. Durante los tres años siguientes, Mamie grabó unos sesenta temas para el sello OKeh, aunque gran parte del material estaba más cerca del vodevil que del blues. Aprovechó al máximo el éxito de *Crazy Blues* y realizó giras frecuentes por Estados Unidos y Europa hasta 1931, cuando decidió retirarse de la música, aunque a finales de esa década volvió a aparecer en una serie de películas. Murió en Nueva York el 16 de septiembre de 1946.

COMPAÑERAS DE VIAJE, ARTISTAS Y LUCHADORAS (III): SIPPIE WALLACE, LA INSPIRACIÓN DE BONNIE RAITT

Sin duda, canciones como *Women Be Wise* y *Mighty Tight Woman* están asociadas a la carrera de Bonnie Raitt, quien las incluyó en su álbum debut en 1971, pero Sippie Wallace es la legendaria *blueswoman* que está detrás de ellas.

Sippie Wallace, la *Texas Nightingale,* fue una de las estrellas de blues estadounidense más destacadas de la década de 1920. A pesar de grabar solo cuatro álbumes en su vida y de que no haya sido tan ampliamente reivindicada como otras de sus contemporáneas, fue una pionera absoluta para las cantantes y compositoras de blues en todo el mundo, una artista heredera de la tradición sureña del blues y del jazz.

Nacida como Beulah Thomas en Houston en 1898, Wallace ya cantaba ante el público cuando tan solo tenía siete años y alcanzó el estatus de estrella tocando en el circuito de vodevil negro durante la década de los 20. Compositora e intérprete, Wallace grabó 48 discos para el sello Okeh, 28 de los cuales fueron notables éxitos, tales como *The Man I Love, Devil Dance Blues, Mama's Gone Goodbye, Mail Train Blues* y muy especialmente *Shorty George Blues,* del que se vendieron 100.000 copias, el equivalente en el mercado actual a convertirse en disco de platino.

Las oportunidades de grabación disminuyeron drásticamente para los intérpretes negros después de 1929 y Wallace abandonó el circuito de vodevil cuando ella y su marido se mudaron a Detroit en esa época. Sin embargo, continuó su carrera como intérprete en clubes y cabarets de Detroit hasta 1937, cuando la muerte de su marido la obligó a dejar de actuar por completo. Se mantuvo dando clases de canto y dirigiendo coros de iglesias hasta 1966, cuando fue «descubierta» por Ron Harwood, un estudiante universitario de etnomúsica de 16 años. Reapareció en el mundo de la música y alcanzó el reconocimiento internacional, siendo una de las pocas artistas que todavía actuaban dentro del estilo y los parámetros clásicos del blues. En 1966 y 1967 actuó en el Newport Folk Blues Festival, en el Chicago Blues Festival en 1967 y en el Ann Arbor Blues Festival en 1972. Un derrame cerebral a finales de ese mismo año interrumpió la nueva carrera de Wallace, pero se recuperó desgracia y reanudó sus actuaciones de forma intermitente hasta su muerte en 1986 a los 88 años.

COMPAÑERAS DE VIAJE, ARTISTAS Y LUCHADORAS (IV): ALBERTA HUNTER, UNA VIDA PARA RECORDAR

La extraordinaria historia de Alberta Hunter nos lleva a conocer a una mujer que conquistó el mundo de la música dos veces: en los años 20, cuando se convirtió en una diva del blues, y luego, a los 80 años, cuando volvió a subirse a los escenarios, reavivando los sueños y los demonios de toda una época. Representa inequívocamente a esa generación de mujeres negras del mundo del blues que encarnaron ese primer feminismo consciente, aunque no organizado. Mujeres que ni eran ángeles del hogar ni divas lustrosas en jaulas de oro, como podían ser las actrices de Hollywood. Mujeres llenas de talento, creatividad y sentimiento, que tenían mucho que contar y que querían hacerlo a través del blues.

Como sucede en muchos casos relacionados con las mujeres de esta época, los datos existentes sobre su vida y su trayectoria son escasos y a menudo contradictorios. Si parece contrastado que nació en Memphis, Tennessee, el 1 de abril de 1895. Su padre, Charles E. Hunter, que era mozo de rieles de ferrocarril, abandonó a la familia al poco tiempo de nacer Alberta y su madre, Laura Peterson Hunter, trabajaba como criada en un burdel para mantener a Alberta y a su hermana. En 1906, la señora Hunter se volvió a casar y tuvo una niña con su nuevo marido. Tres años más tarde abandonó a Alberta y se trasladó a Denver con sus otras hijas, dejándola con su abuela, con la que también había pasado gran parte de su infancia.

A partir de ese momento, la verdad y la leyenda se entrelazan en la vida de Alberta: durante toda su vida, hasta el final, afirmó que se había escapado de casa a los doce años, gracias a una profesora que tenía un billete de tren extra con destino a Chicago. Falsificando el permiso de su madre, la pequeña se fue con la idea de convertirse en cantante. Tras subirse por casualidad a un tranvía de la ciudad, llegó a casa de una amiga de su madre, que le ofreció un trabajo como empleada doméstica a cambio de un salario exiguo más alojamiento y comida. Frank C. Taylor, biógrafo oficial de Alberta Hunter, esboza una tesis diferente y más plausible: Alberta se había mudado a Chicago cuando ya tenía dieciséis años y cada mes enviaba algo de dinero a su madre.

Seguramente el comienzo de su carrera no fue fácil, cantando en un club de mala muerte del Southside de Chicago, donde solían acudir prostitutas y proxenetas, gánsteres y marginados de todo tipo. Quizá conociera a los hermanos Chess en aquellos años. Pero ese club cerró pronto sus puertas y entonces tuvo la oportunidad de empezar a cantar en el Hugh Hoskins y el Panama Café, en el que el público era mayoritariamente blanco y donde empezó a despuntar y a ser conocida como «la novia de Chicago». Su carrera despegó, abarcando desde el blues hasta el jazz, pasando por el vodevil. Muy pronto se establecerá en Nueva York y merced a la intensidad y brillantez de sus actuaciones, en 1927, se fue a actuar a Inglaterra y a Europa, participando en el espectáculo *Showboat* con Paul Robeson, y en varios otros espectáculos musicales itinerantes. Obtuvo un gran éxito en París, y siguió actuando en Europa durante los años 30, con incursiones ocasionales en Oriente Medio y acompañada por Robeson en la Unión Soviética. Sin duda, fue la primera artista afroamericana que actuó para el público del primer Estado socialista del mundo.

Tras la Segunda Guerra Mundial, que pasó en Europa haciendo conciertos y actuaciones para las tropas que combatían al Ejército del III Reich cuando volvió a América, tras unas giras que no funcionaron como esperaba y la muerte de su madre, en 1954 decidió retirarse de la música, pasando el resto de su vida trabajando como enfermera sin revelar nunca a sus compañeros de hospital su auténtica identidad. A lo largo de 20 años, solo volverá a los estudios de grabación en dos ocasiones, para dos sesiones que se realizaron sin que nadie lo supiera.

A los pocos meses de jubilarse, el empresario de jazz Bourgeoise Barney encuentra su número en la guía telefónica y la convence para que suba de nuevo al escenario, en una fiesta en honor de un amigo común. Tras unas dudas iniciales, consigue convencer a Alberta y, a los 87 años, vuelve a la escena. A la mañana siguiente, recibe una llamada de Josephson, un amigo de Bourgeoise Barney, propietario del club nocturno Cookery de Manhattan, quien la contrata, aunque solo por un corto tiempo. En cambio, el espectáculo duraría más de un año y marcaría el regreso al éxito del club y de la propia Alberta, con chicos y chicas que podrían ser sus nietos haciendo cola durante horas, solo para ir a verla, para verla llegar con sus chales y sus pendientes colgantes y para escuchar sus éxitos más palpitantes de su época dorada.

Hunter era lesbiana, pero mantuvo su sexualidad en secreto excepto para sus más íntimos. Tras el divorcio de su accidentado primer matrimonio, entabló relación con Lottie Tyler, la sobrina del conocido comediante Bert Williams, con quien permaneció hasta el final de su vida.

La trayectoria vital de esta legendaria *blueswoman* fue documentada en *Alberta Hunter: My Castle's Rockin'*, película para televisión de 1988, un documental escrito por Chris Albertson y narrado por el pianista Billy Taylor y en *Cookin' at the Cookery*, un musical biográfico de Marion J. Caffey, que ha estado de gira por los Estados Unidos en los últimos años con Ernestine Jackson interpretando a Hunter. Su vida y su relación con Lottie Tyler están representadas en la obra *Leaving the Blues*, de Jewelle Gomez, producida por la compañía de teatro TOSOS en Nueva York en 2020.

Fue incluida en el Salón de la Fama del Blues en 2011 y en el Salón de la Fama de la Música de Memphis en 2015. Murió a los 89 años de edad, el 17 de octubre de 1984, sentada tranquilamente en su sillón favorito en su apartamento de Roosevelt Island, Nueva York.

Imposible encasillarla en un único género musical, Alberta Hunter ha dejado su huella en todo tipo de música que marcó su época, pero el blues fue siempre una parte esencial de su bagaje. Más conocida por su fuerza como artista en directo que por sus éxitos en las listas, no obstante, tanto en su faceta de intérprete como de compositora de blues, logró notables éxitos a lo largo de la década de 1920 y gran parte de los años 30 del siglo XX. En el primer caso, a señalar su *hit* de 1927 *Beale Street Blues*, versión de W. C. Handy, o *I Travel Alone*, de Jack Jackson en 1934, con independencia de que sus mayores éxitos los obtuvo como autora de sus canciones. La más conocida, indudablemente, fue *Downhearted Blues*, pero entre 1923 y 1939 se hizo extraordinariamente popular gracias a piezas como *Down South Blues*, *I'm Going to See my Ma*, *The Man that I Love*, *I'm Hard to Satisfied* o *Dead Blues Man*. Y de su última etapa, siempre un placer volver a escuchar su álbum de 1978, *Amtrack Blues*.

COMPAÑERAS DE VIAJE, ARTISTAS Y LUCHADORAS (V): BESSIE SMITH, LA EMPERATRIZ DEL BLUES

«Barro envolviéndome los pies
Barro en las calles
El refugio de nuestro justo Dios
Allí abajo, en el Delta, hay barro en mis zapatos
Tambaleándose y balanceándose al ritmo de un triste blues».

Bessie Smith, Muddy Water.

Considerada como la vocalista de blues más popular de su época, gracias a su voz marcadamente robusta y llena de matices, desde entonces ha influido en cantantes de todos los estilos, incluida Janis Joplin, quien pagó por su lápida en 1970, más de 30 años después de su muerte. C. C. Rider, conocido experto en blues norteamericano describió a Bessie Smith de la siguiente manera: «De temperamento mezquino, vocabulario de marinero de los bajos fondos, fuerte inclinación por el whisky y de gusto no oculto tanto por los hombres como por las mujeres, Bessie Smith vivió una vida que dejaría boquiabierto incluso a la estrella de rock más salvaje».

Anteriormente hemos señalado a esta extraordinaria artista como una de las *blueswoman* con una mayor conciencia social en sus temas y como precursora del feminismo en el blues negro y, de hecho, la historia de su vida bien podría ser la letra de un blues. No se conoce la fecha exacta de su nacimiento —se calcula en torno a 1894 o 1895—, pero sí se sabe que su origen social estaba muy por debajo del umbral de la pobreza. Huérfana de padre y madre, siendo apenas una adolescente empezó cantando con su hermano en las calles de Chattanooga, Tennessee. A base de un trabajo muy duro, logro hacerse un sitio en algunos espectáculos de vodevil y, en 1913, Ma Rainey, que tenía un cierto status en ese momento, escuchó cantar a Bessie y la invitó a unirse a ella en las giras que estaba haciendo. Ma Rainey le enseñó a Bessie cómo cuidar de sí misma como una joven mujer negra en la industria del entretenimiento dominada por los hombres y desarrollaron una larga y fructífera amistad. Algunos historiadores creen que Ma Rainey y Bessie tuvieron relaciones sexuales —Ma Rainey era lesbiana—, aunque nunca hubo una evidencia clara de esto.

Cantaba blues como ninguna otra intérprete. Podía alcanzar notas bajas con claridad y sin esfuerzo, aportaba una enorme intensidad emocional a sus actuaciones, sin duda fruto de las duras experiencias que había vivido y sin excepción, todas y todos los que escuchaban a Bessie sentían algo estremecedor al ver cómo se dejaba la piel en cada actuación.

En 1923, un agente de Columbia Records escuchó a Bessie cantar y la invitó a la ciudad de Nueva York para una audición, que fue todo un éxito y le permitió firmar su primer contrato discográfico. En un tiempo récord, sus singles tuvieron un éxito espectacular —*A Good Man Is Hard to Find, Empty Bed Blues, Chicago Bound Blues, Sam Jones Blues, Far Away Blues* y un largo etcétera—, no tardó en convertirse en la artista negra mejor pagada del país, ganando casi 2.000 dólares por semana viajando ya con el nombre de la «emperatriz del blues». Sin embargo y como ocurrió con otros muchos artistas, su popularidad empezó a descender a partir de 1930 coincidiendo con el inicio de la Gran Depresión.

Bessie Smith, toda una leyenda del blues clásico femenino.

El 26 de septiembre de 1937, Bessie Smith resultó gravemente herida en un aparatoso accidente de coche en la Ruta 61 entre Memphis, Tennessee y Clarksdale, Misisipi. Su acompañante, Richard Morgan, que conducía el vehículo, calculó mal la velocidad de un camión que se movía lentamente delante de él. Las marcas de derrape en la escena sugirieron que Morgan intentó evitar el camión conduciendo por su lado izquierdo, pero chocó contra la parte trasera del camión de lado a alta velocidad. La puerta trasera del camión cortó el techo de madera del viejo automóvil Packard de Smith, que estaba en el asiento del pasajero, probablemente con el brazo derecho o el codo fuera de la ventana, y recibió todo el peso del impacto.

Morgan logró que en relativamente poco tiempo un cirujano de Memphis, el Dr. Hugh Smith, examinase a Bessie, que yacía en medio de la carretera con heridas evidentemente graves. Había perdido muchísima sangre y aunque la luz era deficiente, observó algunas contusiones en la cabeza. Se llamó a una ambulancia desde la propia casa del médico que nunca se presentó, ante lo cual fue trasladada en el coche del Dr. Smith al Hospital Afroamericano G. T. Thomas en Clarksdale, donde le amputaron el brazo derecho. Murió esa mañana sin recuperar la conciencia.

Después de su muerte, surgió una historia que se repitió a menudo, pero que actualmente está desacreditada, a pesar de que no careciera de verosimilitud, acerca de que murió porque un hospital solo para blancos en Clarksdale se negó a admitir su ingreso. El escritor y productor de jazz John Hammond hizo circular este relato en un artículo en la edición de noviembre de 1937 de la revista *DownBeat.* Sin embargo, el Dr. Smith lo desmintió: «La ambulancia de Bessie Smith no habría ido a un hospital blanco; puedes olvidarte de eso. Allá en el profundo sur de Cotton Belt, ningún conductor de ambulancia, blanco o negro, habría pensado siquiera en dejar a una persona de color en un hospital para blancos. No, eso no sucedió».

Cuando Bessie Smith murió, se encontraba en graves apuros económicos. Tanto que no se pudo pagar una sepultura en condiciones y fue enterrada en una tumba anónima del cementerio de Sharon Hill, Pensilvania, aunque como es sabido, en 1970, Janis Joplin se hizo cargo de los gastos necesarios para que se erigiera una lápida con su nombre.

COMPAÑERAS DE VIAJE, ARTISTAS Y LUCHADORAS (VI): MA RAINEY. *HEY, MAMA (LOOK AT ME)!*

Hay quien asegura que si Bessie Smith fue la emperatriz del blues, su mentora y descubridora, Ma Rainey, fue la madre del blues. Otra de las mujeres que ejerció una influencia más importante en el feminismo negro y que a su siempre impactante presencia en el escenario, su voz profunda y penetrante, así como por su innegable carisma, sumaba su audacia y su compromiso al reflejar en sus letras sus experiencias como mujer afroamericana independiente y abiertamente bisexual.

Ma Rainey nació como Gertrude Melissa Nix Pridgett en Columbus, Georgia, el 26 de abril de 1886. Sus padres, Thomas y Ella (Allen) Pridgett, eran juglares de *minstrels shows* y Rainey mostró talento para el canto a una edad muy temprana comenzando a actuar cuando era adolescente. Hizo su debut con la revista *Bunch of Blackberries* en la Springer Opera House en Columbus para comenzar a cantar más tarde a cantar en números de vodevil itinerantes, honky tonks y carnavales.

Fue en ese circuito de espectáculos donde conoció al comediante, cantante y bailarín Will «Pa» Rainey, y los dos se casaron en 1904. Formaron un dúo (Ma and Pa Rainey) y realizaron giras con varias compañías de vodevil y grupos de juglares afroamericanos, en particular los Rabbit Foot Minstrels. Después de doce años de matrimonio, se divorciaron y Rainey creó su propio espectáculo: Madame Gertrude Ma Rainey and her Georgia Smart Set.

Ma Rainey, la «madre del blues», fue especialmente influyente por tender un puente entre las tradiciones del vodevil y el auténtico blues sureño, teniendo la capacidad de aglutinar en su público tanto a blancos como a negros que la adoraban en todo el sur y el medio oeste. Firmo un contrato con Paramount Records en 1923, lo que la convirtió en una de las primeras artistas negras de blues que grabó discos. Entre

1923 y 1928, grabó casi 100 temas, muchos de ellos éxitos nacionales que ahora forman parte del canon musical estadounidense. Su grabación de 1924 de *See See Rider Blues* (para la que estuvo acompañada por un joven Louis Armstrong) se agregó al Registro Nacional de Grabaciones de la Biblioteca del Congreso en 2004.

Ma Rainey, otra mujer clave en el empoderamiento de las mujeres negras en la música y más específicamente en el blues.

Las composiciones de Rainey se destacaron por su cruda descripción de la vida desde la perspectiva de una mujer que lucha contra el desamor, la depresión y otros males. Pero en medio de estas dificultades, las protagonistas de

Rainey no dependían de compañeros masculinos ni se sometían a las reglas que la sociedad intentaba imponerles. En *Oh Papa Blues*, Rainey habla del dolor que le produjo la traición de un ex-amante, pero su lamento pronto se convierte en un plan de venganza. Sus canciones han sido ampliamente estudiadas por la famosa activista afroamericana Angela Davis, gran conocedora de su obra, y siempre ha puesto en valor cómo en letras como las de *Traveling Blues*, *Weeping Woman Blues* o *Lost Wondering Blues* presenta a la mujer negra emancipada como una mujer plenamente empoderada, que desafía la autoridad heteropatriarcal y toma sus propias decisiones. «Las mujeres en las canciones de Rainey celebran explícitamente su derecho a comportarse de manera tan expansiva e incluso tan indeseable como los hombres», aseguraba Davis.

Vivió en Chicago durante gran parte de la década de 1920 y principios de la de 1930. Cuando su contrato discográfico con Paramount no fue renovado, debido a que los responsables del sello pensaban que su estilo estaba pasado de moda, reanudó sus giras y actuó en fiestas privadas. Tras la muerte de su hermana y su madre, Rainey regresó a Columbus, Georgia, para vivir con su hermano. Era propietaria y administradora de dos teatros y participaba activamente en la Iglesia bautista Friendship, donde su hermano era diácono.

Su legado en la música es más que notable. A ella se le atribuye el mérito de inspirar a cantantes posteriores como Dinah Washington, Big Mama Thornton y Janis Joplin. Su historia inspiró la obra de teatro *Ma Rainey's Black Bottom* de 1982, del famoso dramaturgo August Wilson, que toma su título de la canción de Rainey de 1927 del mismo nombre (que a su vez hace referencia a la tendencia del baile de fondo negro de la década de 1920). Fue un éxito en Broadway y recientemente fue adaptada al cine.

La madre del blues, Ma Rainey, falleció a consecuencia de un infarto de miocardio el 22 de diciembre de 1939 a la edad de 53 años.

COMPAÑERAS DE VIAJE, ARTISTAS Y LUCHADORAS (VII): MEMPHIS MINNIE, SIEMPRE UNA BALA EN LA RECÁMARA

«Entre el humo y el ruido de este ruidoso bar de Chicago flotan los pantanos de Luisiana, los viejos afluentes del Misisipi fangosos, el polvo y el sol del sur de los Estados Unidos, los campos de algodón, las carreteras solitarias, los silbatos de los trenes por la noche, los mosquitos al amanecer y el servicio de entrega gratuito rural que nunca trae la carta correcta. Es Memphis Minnie, su voz, su guitarra y su esencia. Toda la historia del blues en la energía de una garganta».

Langston Hughes, activista, poeta y periodista, 1942.

Muchos años antes de que Muddy Waters enchufase su guitarra a un VOX AC30, la primera artista de blues que electrificó su sonido fue otra de las leyendas más arraigadas de la historia del género, la mítica cantante y guitarrista Memphis Minnie.

Memphis Minnie comenzó su vida como Elizabeth «Lizzie» Douglas en Algiers, Luisiana, en 1897. Era la mayor de trece hijos y siempre la llamaron «Kid» en su entorno familiar, nunca Lizzie, a pesar de que hay fuentes que aseguran que ese apelativo se lo pusieron en su época de guitarrista en el Ringling Circus. Memphis Minnie fue un nombre que le puso mucho más tarde un ejecutivo blanco de una compañía discográfica.

Cuando tenía siete años, su familia se mudó a Walls, una pequeña ciudad al sur de Memphis, Tennessee. Aproximadamente un año después, Kid consiguió su primera guitarra y pocos años más tarde supo que ese instrumento sería el que la liberaría de las agotadoras jornadas de trabajos agrícolas en el campo o de ser la criada de una familia blanca. A los 15 o 16 años prácticamente se escapó de su hogar familiar y se dedicó a tocar por las calles de Memphis y en los parques alrededor de Beale Street.

Malvivió así durante casi dos años —es conocido que ejerció la prostitución—, hasta que pudo unirse a finales de 1914 a una gira por el sur que hacía el espectáculo circense de los Ringling Brothers desde Clarksdale, Misisipi. De esos años provienen las leyendas urbanas según las cuales en ese mundo sórdido e implacable forjó su carácter de mujer dura, independente y que sabía cuidar de sí misma. Se rumoreó durante años que mató en Memphis de dos navajazos a un individuo que intentó violarla y de que desde esos años viajaba siempre con un revólver cargado que sabía manejar a la perfección.

Memphis Minnie, la mujer pionera del blues eléctrico.

Terminada la experiencia en el circo, tras la Primera Guerra Mundial empezó su propia carrera como *blueswoman* y tras hacerse un nombre en la escena, en 1929 se unió, artística y sentimentalmente al músico de blues Joe McCoy y consiguieron un contrato en Nueva York con Columbia Records, sello para el que grabaron varios singles, siendo uno de ellos el que mayor popularidad le proporcionó: *Bumble Bee Blues,* que se lanzó bajo el nombre de Kansas Joe & Memphis Minnie. Otra de las canciones que grabó el dueto *When the Leeve Breaks,* no obtuvo gran repercusión cuando se editó, pero con los años se haría mundialmente famosa en la versión que Led Zeppelin grabaron para su álbum de 1971, *Led Zeppelin IV.*

Como la mayoría de los cantantes de blues, Minnie pasó toda su vida en la carretera, ya sea grabando en Nueva York o Chicago o de gira por el medio oeste y el sur. Memphis era su hogar tanto como cualquier otro lugar, pero también vivía en Jackson, Misisipi, la capital del Estado, donde se crio Joe McCoy. Después del éxito de sus primeros discos, trasladaron su base a Chicago, pero volvieron al sur a menudo. A diferencia de muchos artistas de blues, la carrera discográfica de Kansas Joe y Memphis Minnie sobrevivió a la depresión, aunque se vio muy disminuida. Los precios de venta al público de sus discos cayeron de setenta y cinco a treinta y cinco centavos o menos, y los tiempos eran difíciles económicamente. Si a eso le sumamos que Minnie era sin duda la estrella de la pareja y ello le provocó unos celos profesionales a McCoy, que cada vez terminaban en acaloradas broncas, incluso con golpes y puñetazos por medio, se separaron en 1935.

Se presentaba en público como femenina, educada y elegante, pero según quienes la conocían, masticaba tabaco, bebía bourbon igual que cualquier otro hombre, iba siempre armada y nunca se echaba atrás en una pelea. Con coraje, determinación y sentimiento, Minnie hizo «el trabajo del diablo», como se decía en el argot del blues, como guitarrista, vocalista y compositora desde la década de 1920 hasta la de 1950, lo que le dio prominencia en un género dominado por los hombres.

A fines de la década de 1940, los clubes habían comenzado a contratar a artistas más jóvenes y más baratos, y Columbia había comenzado a dejar de lado a artistas de blues, incluida Memphis Minnie, que firmó entonces con sellos más pequeños, con los que continuó grabando hasta mediados de los

50. En 1957, se retiró definitivamente de la música y volvió a Memphis, donde pasó sus últimos años de vida en medio de graves dificultades económicas y con su salud muy deteriorada. Sufrió un derrame cerebral en 1960, que la dejó confinada a una silla de ruedas y fue instalada en el asilo de ancianos Jell, en Memphis, donde murió de un nuevo derrame cerebral en 1973.

La música de Memphis Minnie no solo era un reflejo de su alma, sino también de la época en la que vivía. A través de su música, narraba historias de amor, dolor y las luchas cotidianas de los afroamericanos a principios del siglo XX. Sus matrimonios y asociaciones musicales, en particular con Casey Bill Weldon y Kansas Joe McCoy, dieron como resultado éxitos atemporales como los ya mencionados *Bumble Bee Blue* y *When the Levee Breaks.* Sin embargo, fue su paso audaz de electrificar su guitarra lo que consolidó su estatus de innovadora, precediendo a los artistas masculinos en la incorporación del sonido eléctrico que revolucionaría la música blues.

COMPAÑERAS DE VIAJE, ARTISTAS Y LUCHADORAS (VIII): HADDA BROOKS, EL BLUES FEMENINO DE LA COSTA OESTE

Con Hadda Brooks empezamos a avanzar en la cronología y entramos a recordar a las *blueswomen* que alcanzaron cierta notoriedad pasada la Segunda Guerra Mundial, cuando el mercado discográfico, la demanda y los hábitos de consumo cambiaron profundamente y estas mujeres, ya sin la vitola de pioneras del género, no obstante, mantuvieron la llama del papel de la mujer empoderada como artista en el mundo del blues, como sucedió en el soul, el rock'n'roll o cualquier otro tipo de género musical.

También con ella encontramos alguno de los rasgos diferenciales que empiezan a caracterizar la evolución del blues más allá de la incorporación de nuevas influencias o sonoridades en lo estrictamente musical. A partir de la segunda mitad de los años 40, el blues y sus estilos conexos empiezan poco a poco a dejar de ser patrimonio exclusivo de la población afroamericana, dado que una nueva generación de jóvenes eran hijos de blancos que habían crecido descubriendo el blues negro de los años 20 y 30, lo habían asimilado a su bagaje cultural y de tal suerte lo transmitieron, conscientemente o no a sus hijos. En los 50 es cuando este fenómeno empieza a mostrar sus primeras manifestaciones, que crecerá a medida que pasa el tiempo y, en los años 60 y 70, adquiera una nueva naturaleza en las voces, entre otras, de Janis Joplin.

Igualmente, el blues rural acústico, el más apegado a las raíces puramente sureñas, aunque indudablemente mantendrá sus señas de identidad y conservará un núcleo de bandas y músicos que lo seguirán cultivando, en estos años dentro de su crecimiento va a experimentar una evolución que lo diversificará, tanto en su electrificación y en su transformación en un nuevo estilo que está en sintonía con el rock, como en la fusión con otros elementos musicales que harán del rhythm and blues uno de sus nuevos caminos de progresión y en cuyo seno el género conocerá la aparición de solistas, grupos, bandas y discos de una calidad sin precedentes. Me parece pertinente en este sentido reivindicar la figura de Hadda Brooks, porque representa, a mi juicio, muy bien ese fenómeno.

En el caso de Hadda Brooks, nos encontramos no ante una cantante, sino ante una instrumentista, una pianista, en este caso, la primera figura reconocida del mundo del blues, por lo menos a determinados niveles, que no procedía del sur, sino que vino del mundo de la música clásica y que aprendió el estilo boogie-woogie que la haría famosa inicialmente después de sus años universitarios en Chicago. Su éxito instrumental de 1945, *Swingin' the Boogie*, seguido de una serie de baladas de blues, ayudó a que el incipiente sello Modern Records despegara y se situara en la escena de la industria discográfica americana.

Su variada carrera la vio como cantante de salón, teatro musical y pianista en varias películas, presentando su propio programa de televisión y viviendo en Europa y Australia durante varios años, siempre reconocida por su endiablado y vertiginoso boogie-woogie, cuyo dominio le valió el apodo de «queen of the boogie». Disfrutó de un resurgimiento en la última parte de su carrera, firmando con Virgin Records, que había adquirido Modern, y grabando un nuevo álbum exactamente cincuenta años después de su primer lanzamiento.

Asimismo, Virgin Records la contrató para grabar tres canciones para el álbum navideño *Even Santa Gets the Blues*, que se volvió más curioso e interesante por el hecho de que había lanzado varias canciones en el mismo sello con 50 años de diferencia. *Time Was When* (Virgin, 1996) la reunió junto con Al Viola (guitarra), Eugene Wright (bajo) y Richard Dodd (cello) y ella escribió dos de sus canciones: *You Go Your Way and I'll Go Crazy* y *Mama's Blues*. Los conciertos se llevaron a cabo en el Michael's Pub de la ciudad de Nueva York y en el Vine St. Bar and Grill.

En 2007, un documental de 72 minutos sobre su vida, *Queen of the Boogie*, dirigido por Austin Young y Barry Pett, se presentó en el Festival de Cine Silver Lake de LA. Hadda Brooks murió a consecuencia de una grave enfermedad cardiovascular, el 21 de noviembre de 2002 en un hospital de Los Ángeles.

COMPAÑERAS DE VIAJE, ARTISTAS Y LUCHADORAS (IX): RUTH BROWN, EL PRIMER FICHAJE DE AHMET ERTEGÜN PARA ATLANTIC RECORDS

Ruth Brown, «Miss Rhythm», fue la cantante de rhythm and blues más popular de la década de 1950 en Estados Unidos, a pesar de que, sin embargo, en Europa apenas tuviese repercusión. Fue el primer fichaje importante de la por aquel entonces incipiente Atlantic Records, por parte de una de las más aclamadas leyendas de la industria discográfica en Estados Unidos, el legendario cazatalentos turco-americano Ahmet Ertegün —el mismo que fichó para el sello años después a los Rolling Stones, Led Zeppelin y AC/DC— y ya en esta primera iniciativa demostró que tenía verdadero olfato para captar el éxito: sus primeros singles, *Teardrops from my Eyes* y *(Mama) He Treats Your Daughter Mean* funcionaron muy bien en listas y si bien su popularidad retrocedió durante varios años en la década de 1960, su talento como artista finalmente le dio una de las carreras más duraderas en el blues.

Cartel publicitario de Ruth Brown, la gran vocalista de rythm'n'blues de los años 50 en Estados Unidos.

Ganó un premio Tony en 1989 como una de las tres actrices principales en el musical de Broadway *Black and Blue* junto con un Grammy en 1990 por su álbum *Blues on Broadway*, protagonizó el personaje de Motormouth Maybelle en la película *Hairspray*, de John Waters, y fue una de las fundadoras de la rhythm and blues Foundation, que desarrolló con un más que notable éxito un trabajo en defensa de los músicos, encomiable a todas las luces, y a través del cual se presionó y se consiguió que las principales discográficas pagaran derechos de autor a los artistas tradicionales de rhythm and blues. Sus álbumes de los años 90 con el sello Bullseye Blues de Rounder fueron nominados a los premios Grammy, aunque sin éxito.

COMPAÑERAS DE VIAJE, ARTISTAS Y LUCHADORAS (X): BIG MAMA THORNTON, LA BREVE HISTORIA DE LA MUSA DE JANIS JOPLIN

«He estado cantando por toda América en tugurios de mala muerte mucho antes de que naciera Elvis. Y él aparece y de pronto se convierte en millonario antes que yo... gracias a algo que yo hice popular. Le dieron el derecho de ganar millones por una canción mía... ¿Por qué? Gana un millón de dólares y todo simplemente porque él es blanco y yo negra».

Big Mama Thornton, KDFX FM, diciembre de 1955

Willie Mae Thornton (1926-1984), más conocida como Big Mama Thornton, fue una cantante, compositora y multiinstrumentista que realizó grabaciones originales de algunos de los mayores éxitos de la música popular de todos los tiempos en la América de posguerra. Su educación musical comenzó en una iglesia bautista cerca de Montgomery, Alabama, donde su madre era cantante y su padre ministro eclesiástico. Creció escuchando a Bessie Smith y Memphis Minnie, quienes allanaron, al menos al nivel de influencias básicas, el camino de Thornton en la industria musical. En 1940, se fue de casa y se unió a la Hot Harlem Revue, de Sammy Green, siendo anunciada como la «nueva Bessie Smith». Cerca del final de esa década, la carrera de Thornton despegó después de mudarse a Houston.

En 1951, tenía un contrato discográfico con Peacock Records y actuaba regularmente en el Apollo. Fue a través de esa compañía discográfica que conoció a Johnny Otis, el batería que la acompañó en una grabación de *Hound Dog*, en 1953. El disco de Big Mama vendió medio millón de copias y alcanzó el número 1 en las listas de rhythm and blues, solo 3 años antes de que Elvis Presley grabara su versión. Thornton grabó más tarde su propia versión de *Ball and Chain*, que luego fue recreada por Janis Joplin, aunque su versión no fue publicada por la compañía discográfica. A pesar de su leyenda y su voz tan rica como cruda, sus grabaciones de los éxitos de Presley y Joplin le reportaron poco dinero o notoriedad. Sin embargo, la versión de Big Mama de *Hound Dog* todavía es conocida por algunas mujeres de color como un «himno del poder femenino negro», hasta el día de hoy.

Entrando a analizar esas dos canciones que, aunque fuera póstumamente, le proporcionaran el carácter de auténtica leyenda de la música popular que aún hoy su memoria ostenta, en el caso de la primera, el *Hound Dog*, que popularizó Elvis Presley, cabe decir, seguramente para sorpresa de muchos, que esta versión más conocida para el gran público era más suave y, si se quiere, más «comercial» que la original de 1953 de Big Mama Thornton. En el caso de Janis Joplin, sin embargo, aunque no pueda decirse que fuera al revés, lo cierto es que la crudeza, el desgarro y el dolor que transmitía la versión original de *Ball and Chain* fue captado, asumido e interiorizado por la mítica cantante texana con la misma intensidad, sin duda, que caracterizó la versión original.

En 1965, Big Mama Thornton realizó una gira por Europa con el American Folk Blues Festival, que alcanzó una enorme repercusión y en cuyas reseñas de prensa en ningún momento se dejaba de señalar como era quizá la primera cantante femenina de blues que lograba éxito en Europa viniendo del otro lado del Atlántico. De hecho, mientras estaba en Londres el 20 de octubre, grabó su primer álbum para el sello Arhoolie, *Big Mama Thornton - In Europe*, en el que contó con el respaldo de los veteranos del blues Buddy

Guy (guitarra), Fred Below (batería), Eddie Boyd (teclados), Jimmy Lee Robinson (bajo) y Walter «Shakey» Horton (armónica).

Big Mama Thornton, otra legendaria pionera del blues hecho por mujeres.

También se enfrentó a los prejuicios en las salas de conciertos, como todos y todas los cantantes negros en los años anteriores a la legislación de los derechos civiles. «Tenía que tocar una noche para los negros y la noche siguiente para los blancos», dijo Thornton. «Era humillante. En el sur la ley impedía integrar al público porque siempre había un policía esperando para encerrarte si se te ocurría desafiar esa prohibición. A veces incluso teníamos públicos segregados en el norte».

Big Mama Thornton siguió trabajando, acumulando prestigio y ganando fans hasta los años 80, mucho después de que Janis Joplin y Elvis Presley hubieran muerto. Sin duda, ello pudo representar un pequeño consuelo ante sus cada vez más precarias condiciones de vida, dado que aunque giraba por todo el país, fue estafada por sus mánagers, en virtud de sus leoninos contratos no recibía prácticamente nada por los derechos de autor de sus éxitos y ante tan deprimente situación, se hundió en un alcoholismo extremo que acabó con su vida.

Murió en Los Ángeles el 25 de julio de 1984. Otis Rush dijo: «Estaban Willie Mae, su hermana y un par de amigos sentados bebiendo Jack Daniels conmigo, recordando anécdotas de los viejos tiempos. Willie Mae simplemente apoyó la cabeza sobre la mesa y nunca volvió a levantarse». Tenía 58 años.

Como muchos artistas negros, Thornton se ganó un lugar en la historia tras su muerte que nunca pudo disfrutar en vida. Sus discos todavía se escuchan y su nombre se menciona con frecuencia en libros como este y en diversos artículos de prensa. Fue una gran artista a la que el racismo institucionalizado, la voracidad de una industria discográfica explotadora sin escrúpulos y la ausencia de una red de solidaridad y apoyo entre sus compañeras y compañeros de profesión privó de haber disfrutado como mínimo del respeto artístico y de los justos ingresos que su talento le hubiera deportado en otras circunstancias.

COMPAÑERAS DE VIAJE, ARTISTAS Y LUCHADORAS (XI): TINA TURNER, CORAZÓN DE BLUES EN UNA PIEL DE SOUL

Es reconocida como una de las mejores cantantes de soul y de rock del mundo y no es menos cierto que su relación artística con el blues ha sido muy esporádica, pero, a pesar de ello, no quería dejar de mencionarla aquí por cuanto al igual que la práctica totalidad de mujeres negras racializadas del mundo de la música, su vida fue en muchos aspectos una vida de blues, una letra de blues, en muchas ocasiones de ese blues triste, amargo y crudo que expresa dolor, frustración y resignación.

Tina Turner, todo un mito viviente de la música popular contemporánea que también hizo incursiones en el blues en directo en noviembre de 1972 en Hamburgo (foto Heinrich Klaffs).

Su primer marido Ike Turner, que parecía un *Svengali*, produjo lo que muchos consideran —muy discutible a mi juicio— el primer disco de rock'n'roll en América, el *Rocket 88*, de Jackie Brenston, y era muy consciente de dónde podrían llevar sus raíces blues evolucionando hacia un sonido que bien podría considerarse una explosiva mezcla de soul, blues y rock construida alrededor de la voz cruda y áspera de Tina. Sus dos álbumes hechos para el sello Blue Thumb en 1969, *The Hunter* y *Outta Season*, son puro blues y soul, que incluyen la versión característica y paradigmática de Tina de *I've Been Loving You Too Long*, de Otis Redding, y una selección de estándares de blues que si bien no son lo más característico de su trayectoria, por decirlo de alguna manera, la habilitan para formar parte del elenco de grandes mujeres cuya vida y trayectoria ha construido esta parte de la historia del blues. Aunque solo fuera porque más allá de su versión de I've Been Loving You Too Long, también su vida fue todo un blues.

COMPAÑERAS DE VIAJE, ARTISTAS Y LUCHADORAS (XII): JANIS JOPLIN, LA DIOSA BLANCA DEL BLUES

Inevitablemente ella tenía que coronar este capítulo. Una mujer que trascendió su época a todos los niveles, la cantante blanca de blues más grande que ha existido en la historia, un espíritu libre, sensible y curtido, una mujer que también sufrió por el hecho de serlo el machismo estructural de la sociedad occidental y que vivió, sintió, respiró y comunicó el blues como ninguna otra en el tiempo que le tocó vivir.

Más de una vez lo he dicho y me parece pertinente repetirlo en este momento. Cuando Janis Joplin se subía a un escenario, bien fuera ante miles de personas en Monterey 1967 o en Woodstock 1969, bien fuera en un pequeño club para 100 personas en San Francisco, no cantaba ni interpretaba. Literalmente, Janis sangraba. Se dejaba trozos de su

Janis Joplin, la diosa blanca del blues.

piel, de su corazón, de sus pulmones en carne viva en cada blues en el que arrancaba las lágrimas de emoción de quienes la veían en directo.

Por las circunstancias en las que desarrolló su carrera como cantante y por el escenario en el que se movió, la costa oeste californiana en los años de la eclosión del rock psicodélico y del movimiento hippie, su historia no se circunscribirá a los mismos estándares de las *blueswomen* de las que se sentía en gran medida alumna y continuadora y de hecho su mundo fue, quisiéralo o no, el del rock. Pero nunca olvidó ni dejó de reivindicar que sus raíces musicales y que su estímulo artístico y creativo nacía de ese sentimiento profundo e intenso del blues, algo si se quiere inevitable en tanto en cuanto también su circunstancia vital era la propia del blues.

Obligada a defender su talento y su capacidad como mujer en un mundo hostil y escéptico hacia ella como el de la industria del disco dominado por hombres impregnados de una mentalidad heteropatriarcal y de una concepción depredadora del negocio de la música, de la que también participó en gran medida su mánager, Albert Grossman. Incomprendida por su familia, manipulada por muchos de los hombres que trataron de ser su pareja y siempre con su interior abierto tanto a llenarse del más puro sentimiento blues y a volcarlo hacia sus seguidores en cada actuación en directo, fue a lo largo de toda su vida una luchadora que sin desarrollar en ningún momento —todo hay que decirlo— una conciencia feminista entendida como la entendemos hoy, dio siempre un ejemplo de independencia, libertad, dignidad y empoderamiento propio de una mujer feminista en gran medida adelantada a su tiempo.

Ball and Chain, Piece of my Heart, Turtle Blues, Kozmic Blues, Try (Just a Little Bit Harder), Cry Baby, Summertime... piezas inmensas, clásicos de la historia de la música popular contemporánea y más concretamente del blues progresivo a las que Janis Joplin dotó de una magia tan especial con su voz, su dolor y su expresividad que hoy por hoy son un patrimonio de nuestra cultura de un valor incalculable.

El blues y el satanismo: mitos, lugares comunes y leyendas urbanas

«A media noche solo en tu habitación,
invocas mi nombre en un momento de tensión,
quieres probar, ver el mundo a tus pies,
yo te daré entera satisfacción...
No lo olvides nunca
Es un pacto con el diablo».

Pacto con el diablo, *canción del grupo de heavy metal Ángeles del Infierno, 1984.*

Como bien leí en estos días que he dedicado a la redacción de este libro en un excelente artículo de la revista *Rolling Stone* en su versión americana, si no fuera por el diablo, no tendríamos rock'n'roll. Como también he dicho en otros artículos de mis colaboraciones periodísticas, no estoy hablando necesariamente de Satanás como un ser literal, corpóreo, dotado de una encarnación e identidad propia, sino más bien un concepto, una derivación de la idea de rebelión e independencia, de subversión de los valores conservadores establecidos. El rock'n'roll trata al menos en su ética, aunque no siempre en la práctica, de romper normas y de despertar un estímulo de liberación personal y artística. ¿Sexualidad cruda, indulgencia decadente, gritar cosas ridículas a todo volumen? Todo obra del diablo; todo rock 'n' roll. ¡Claro que sí, madre superiora, padre prior o comandante de la Guardia Civil! ¡El diablo es la subversión, y el diablo es el rock'n'roll!

Pero luego tenemos la otra parte del préstamo del diablo que nos dio con el rock'n'roll: su matriz generadora, su útero materno, su cuna, el blues. Ni el rock'n'roll ni el heavy metal habrían existido sin el blues, y mucho menos sin su primer anticristo: Robert Johnson. El músico que, según la tradición y la leyenda, vendió su alma al maligno en un cruce de caminos de Clarksdale para llegar a ser el mejor *bluesman* de aquel momento.

Por todas las contradicciones, historias truculentas y datos nunca conocidos anteriormente que hoy sí podemos haber conocido sobre Robert Johnson, más adelante dedicaré un capítulo específico a la figura del gran pionero del género y máxima influencia de quienes a lo largo de las siguientes generaciones perpetuaron y con toda seguridad perpetuarán su legado. Detengámonos ahora en ese capítulo de la historia en otros ámbitos.

Si tenemos que remitirnos a trabajar con una serie de tradiciones folklóricas, supersticiones ancestrales y mitos más o menos aceptados, de entrada el trabajo se hace complicado. Si quisiéramos acudir a las fuentes originales, es decir, al propio diablo, debo decir por mi propia experiencia que Belcebú practica una política de puertas cerradas: no concede entrevistas, no comparece en ruedas de prensa, no hace declaraciones y sus supuestos portavoces o interlocutores, bien sean fanáticos religiosos, exorcistas fuera de sí o supuestos intérpretes de su mensaje a través de cultos luciferinos o satanistas, bien fueran Aleister Crowley o Anton Szandor LaVey, nunca me han ofrecido la más mínima credibilidad.

Cabe por tanto entender que esa supuesta presencia demoníaca en el mundo del blues se debe, al menos en mi criterio, a dos factores fundamentales: una, la obsesión del ultraconservadurismo religioso por demonizar —nunca mejor dicho— la música de una serie de intérpretes que en muchos aspectos se salían de la norma, se entregaban a una vida en la que el sexo, el alcohol, en algunos casos las drogas y, por encima de todo, la libertad era su leitmotiv, su norma frente a la norma establecida. Si bien es cierto que algunas canciones de blues tenían un trasfondo religioso incluso muy profundo en más de una ocasión, otras, y quizá no pocas, se prestaban a una interpretación que podía situarlas cerca de la «simpatía por el diablo» —*que dirían Mick Jagger y Keith Richards*— si buscamos un referente cercano. Personalmente siempre defenderé que el blues es más que un género musical: es un idioma, un lenguaje, un sentimiento, si se quiere, en cierta medida como el flamenco más puro, un grito de dolor, un quejido, pero también una sonrisa y una llamada a disfrutar de la libertad, del sexo, de lo prohibido, un canto libertario y radical de defensa de la libertad en su sentido más maximalista.

ANTECEDENTES LITERARIOS

La idea, la noción o la ensoñación del pacto con el diablo, del encuentro con el supuesto maligno recreado por la imaginería cristiana como la antítesis de Dios, el Ángel Caído, el espíritu que se rebeló contra su creador, es tan antigua como la propia historia del cristianismo. Más todavía; ya es citada en los propios textos bíblicos cuando se narra en los evangelios de Mateo (Mt. 4, 1-11), Marcos (Mc. 1:12-13) y Lucas (Lc. 4,1-13) no en un cruce de caminos, pero sí en la intersección de varias montañas, lugar en el que supuestamente el mismísimo Satanás se apareció a Jesucristo y le ofreció un inmenso poder sobre grandes territorios si el *mesías* accedía a sus pretensiones. Según las sagradas escrituras, las posiciones estaban muy distanciadas, no llegaron a un acuerdo y no hubo trato. Pero Satán ya estaba ahí e hizo su primera oferta.

En otros capítulos de este libro uso el término «pacto fáustico», y ahí radica una pista importante de por qué esta historia, o este mito, o como se le quiera llamar, todavía perdura. La fábula alemana de *Fausto,* que hace un trato con el diablo para intercambiar su alma eterna por acceso a placeres fuera de su alcance, es una constante que surge una y otra vez en la literatura, la música y el cine: conocemos la historia de Robert Johnson vendiendo su alma al diablo porque, quiérase o no, la hemos interiorizado. Es parte de un folclore compartido que trasciende el origen y el idioma en tanto que la historia en sí es universal: todos hemos hecho un pacto con el diablo en algún momento y todos nos hemos arrepentido de tener que cobrar ese cheque. No necesariamente ante la puerta de las calderas del infierno, ni en un cruce de caminos a medianoche, pero tal vez sí en el despacho de una entidad bancaria para comprar una futurible felicidad hipotecaria, en el despacho de un jefe de personal de una empresa o en la oficina de un notario. Incluso muchos o muchas en el altar de una iglesia antes de la demoníaca sentencia de «yo os declaro marido y mujer».

Volvamos a los orígenes de la historia. En la Europa antigua, un alquimista y mago de la época del Renacimiento llamado Johann Georg Faust se convirtió en una figura icónica de la literatura y la tradición, en gran parte gracias a dos obras: *La trágica historia del doctor Fausto*, de Christopher Marlowe —interpretada por primera vez en 1592; como referencia, el verdadero Fausto murió en 1545— y *Fausto*, de Johann Wolfgang von Goethe, publicada en 1808. En ambas obras, Fausto, frustrado por su infructuosa búsqueda de secretos científicos, recibe la visita de Mefistófeles, un demonio sirviente de Lucifer, que ofrece un conocimiento infinito para el alma de Fausto a cambio de entregar su alma a Satanás en el momento de su muerte. De esta elucubración literaria surgen la mayoría de mitos sobre pactos con el maligno que fundamentalmente desde la Iglesia y los sectores más acendradamente ultramontanos, identificarán el éxito en la música, la literatura y el arte con supuestos pactos con el diablo, siempre y cuando claro, los artistas tocados por la varita del éxito no fueran de los suyos.

¡BIENVENIDOS AL VOODOO LOUNGE!

¿De dónde parte la asociación entre el blues y el culto a entidades demoniacas? Esta sería la primera pregunta que deberíamos hacernos para entender esa pretendida asociación entre el mundo de lo oculto y el blues, y la respuesta a ese interrogante la encontramos en una, llamémosle si se quiere, religión pagana, superstición o culto esotérico, como se quiera, pero cuya historia se pierde en la noche de los tiempos: el vudú.

Escenario de una ceremonia vudú en Benin, en
el África occidental subsahariana.

El culto traído desde el África occidental por los esclavos negros al sur de los Estados Unidos de América está en la génesis, según numerosos historiadores de la música que nacería siglos después en el delta del Misisipi. En opinión de la mayoría de investigadores, el culto al vudú planteaba vivir la vida diaria impuesta por los amos blancos y el cristianismo oficial en el Caribe, Haití, Cuba, Nueva Orleans y otros lugares de manera más o menos convencional durante la jornada laboral diurna, pero al llegar la noche, el seguidor del viejo *vauxdoux* tenía la mirada fija en el viejo continente y era esencialmente orgiástico, visceral y dionisíaco.

En las ceremonias *vauxdoux* el ron corría sin freno produciendo en sus practicantes el mismo efecto embriagador y catártico que las salmodias de los predicadores negros. Ante este no pretendido deliberadamente espectáculo, no eran pocos los espectadores blancos que querían vivir de cerca la experiencia de ver cómo en el curso de una ceremonia ritual el diablo se apoderaba del alma de un músico o una cantante poseyéndoles a través del blues. Al igual que en la ceremonia recreada en la película *El corazón del ángel,* la naturaleza rebelde e iconoclasta del blues como género musical llegó rodeada del aura oscura del mundo vudú.

Pero frente a esta indudablemente fundamentada interpretación, desde todos los puntos de vista culturalista y espiritualista del origen del blues como fruto de un culto ancestral y cuasisobrenatural, cabe si no oponer, sí al menos contrastar otra visión, otro enfoque de la cuestión desde otra óptica que yo considero más cercana a la realidad.

12. Escenario de una ceremonia vudú en Benin, en el África occidental subsahariana.

De manera más o menos convencional, se ha establecido en el imaginario colectivo que las religiones y cultos de origen judeocristiano tienen como elemento básico, diferencial, característico al máximo la idea de la luz, de lo cristalino, del blanco como color que simboliza esa pureza, frente al negro que simboliza la noche, la oscuridad, el misterio y el miedo. Esta era la creencia religiosa de los conquistadores, colonizadores y neocolonizadores de la América caribeña y del sur del continente, es decir, de los opresores de origen francés, español, portugués o británico que saquearon América en su llamada «conquista». Por ello, lo negro, el culto que venía de la esclavitud capturada a la fuerza en el África negra llegada a América simbolizaba en todos los aspectos la oposición a la salvación cristiana.

Máscaras y objetos típicos de una ceremonia vudú en Haití.

Pasado el tiempo, y para persistir en esa concepción, había que conseguir que en la iconografía popular, todo lo que tuviera que ver con el culto ancestral afroamericano se asociara con lo maléfico, lo demoniaco y lo satánico. De hecho, a partir de ese momento se empezaría a hablar del «culto vudú» como de un culto en cuyos ceremoniales mágicos sus protagonistas no solamente podían despertar de sus tumbas como zombies cuando eran invocados y llamados a hacerlo, sino que podían poseer o incluso destruir las vidas de sus enemigos. En la famosa novela de William Stanbrook *La isla mágica* se narra, con evidente verosimilitud, cómo gran parte de la población campesina de Haití obedecía con gran mansedumbre los preceptos de la religión oficial durante el día, pero que a la noche, alejados de la influencia del cristianismo oficial, se entregaban a sus prácticas ancestrales, entre ellas el vudú.

Sin duda, estas actividades, tanto en Haití como años más tarde en las comunidades negras de los Estados Unidos, sobre todo en los Estados del sur, reprodujeron el marco metal de la derecha más racista y ultraconservadora; planteado de manera esquemática, el argumento venía a decir: «Nosotros, los americanos, los blancos y protestantes que vinimos a civilizar este continente, los que fuimos elegidos por Dios para civilizar esta tierra, no podemos permitir que los esclavos ni los hijos de los esclavos negros, que representan la barbarie, la ignorancia y la pobreza, puedan lograr ningún poder en esta sociedad. Si el blues es el vehículo para que esa cultura penetre en América, hay que impedirlo», pensaban las autoridades de aquel momento. Ni por asomo imaginaban hasta qué punto estaban equivocados.

Es decir, la música, el canto de rebelión y esperanza de los esclavos negros y de sus hijos, el blues, tenía que ser proscrito. ¿Con qué motivo, en base a qué? Muy sencillo: es música de negros, es decir, es música del diablo. Aquí comienza la leyenda negra del blues como la música demoniaca y la creación de toda suerte de falsos mitos sobre su naturaleza, exactamente igual que pasaría con el rock'n'roll y el heavy metal, entre otros estilos, unos años más tarde. Sin perjuicio de que de manera más o menos tangencial, muchos *bluesman* incorporasen a su estilo, su personalidad o su leyenda, parte del imaginario oculto y demoniaco de sus supuestos orígenes para dar en la mayoría de los casos un toque de misterio, morbo y locura a su leyenda como *bluesman*.

Y EL DIABLO CREÓ A LA MUJER... (ENTIÉNDASE LA IRONÍA)

Reconozcamos que en este aspecto existe sin duda una concepción que hoy debemos considerar abiertamente machista. En los tiempos primigenios del blues, el diablo a menudo era tan solo una metáfora utilizada por los cantantes de blues para describir a una mujer infiel, un mal jefe o incluso el mal en el mundo, y no siempre un ser, no siempre una persona definida. Aunque quizá merezca la pena recordar que incluso antes que Robert Johnson, la primera *blueswoman* que hizo referencia al diablo en una de sus canciones de mayor éxito fue Clara Smith en su famoso hit-*single* de 1924 *Done Sold my Soul to the Devil*, en cuya letra se decía textualmente en referencia al diablo: *«Me persigue como un perro de caza, es más rápido que una serpiente»*.

Lo cierto es que, pese a todo, este sencillo logró un éxito más que notable en los *charts* americanos de la época y quizá por ello, e incluso antes de que se hiciera correr como la pólvora el falso mito de Robert Johnson y su pacto con el diablo, algunas mentes calenturientas empezasen a elucubrar extrañas teorías, que no tardaron en aparecer cuando entre los años 30 y 40 del siglo XX algunos artistas de blues empezaron a lograr cierto éxito comercial y una no menos importante popularidad.

En 1941 logró cierta repercusión un *bluesman* a modo de *one hit wonder*, el *bluesman* de Knoxville, Tennessee, Brownie McGhee con su tema *Dealing with the Devil*, la clásica historia de amor de una pareja que al final se rompe traumáticamente. En ese caso, se da a entender que la mujer trata de asesinar a su pareja cuando se acuesta con él «con un picahielos en su mano», una porra debajo de la almohada e incluso parece que esconde una escopeta en algún lugar de la cocina. Esta es con toda seguridad la única canción de blues que llegó a tener una cierta repercusión en la que se hace esa asociación entre una mujer infiel y el diablo. Por supuesto, visto desde el punto de vista del hombre y, por ello, inevitablemente machista, sobre todo incluso desde la mentalidad de aquella época.

…Y EL DIABLO SIGUE GASTANDO BROMAS PESADAS

«—Permítanme que me presente. Soy un especialista en magia negra.
—Y… ¿lo han invitado a nuestro país por esa profesión?
—preguntó recobrando la respiración Mijail Alexándrovich.
—Sí, precisamente por eso —afirmó el profesor y explicó—:
Han descubierto unos manuscritos originales en la Biblioteca Estatal
de Herbert de Aurilaquia, nigromante del siglo X.

Y quieren que yo los descifre. Soy el único especialista del mundo.
—¡Ah! Entonces, ¿es usted historiador?
—preguntó Berlioz aliviado, con respeto.
—Soy historiador —afirmó el sabio y añadió algo que
no venía a cuento—: Esta tarde ocurrirá una historia
muy interesante en «Los Estanques del Patriarca».

Mijaíl Bulgákov, El maestro y Margarita*, 1938 (novela que inspiró la letra de* Sympathy for the Devil *de los Rolling Stones).*

Uno de los máximos exponentes de los primeros años del Texas blues, Charlie Patton, editó en 1929 un single titulado *Devil Sent the Rain.* Una canción que pese a su tétrico título está cargada de un sentimiento que poco o nada tiene que ver ni con el satanismo ni con oscuros pactos con el diablo. Narra la historia de un hombre cuya madre ha muerto y que no sintiendo que nada ya le ata a ese lugar, va a dejar su casa para vagar por el resto del país. En la letra Patton canta: *«El Señor envió el sol, el diablo envió la lluvia»*, en respuesta a su pérdida, y agrega: *«No sabía hasta qué punto la amaba hasta que se marchó».*

¿Se puede considerar que esta letra puede catalogarse como «satánica»? Si de verdad lo creen, háganselo mirar. De verdad, ¿eh?

Otro *bluesman* que no es ni mucho menos conocido a nivel masivo, pero que, por desgracia para él, solo consiguió una popularidad relativamente grande a causa de esta canción, *Devil's Got the Blues*, editada en 1938, que, sin embargo, en absoluto es ninguna clase de alegoría satánica. Este clásico de Lonnie Johnson compara el blues con el diablo: cuando uno te domina, el otro no puede estar muy lejos. El protagonista personifica el estilo de vida del blues, afirmando que *«el blues te llevará a beber y a asesinar»*, ya sea por desamor, pobreza o, simplemente, porque aparezcan seis ases en una partida de póker. La canción de Johnson, ya entrando en lo musical, incluye una excelente interpretación de seis cuerdas del gran guitarrista, a pesar de que no sea ni mucho menos de los *bluesman* más conocidos.

La canción grabada y editada por otro de esos *bluesman* olvidados por la historiografía supuestamente oficial del blues, Sam Collins, en 1927, *Devil in the Lion's Den* bien pudiera ser la primera cuya letra contiene referencias directas a la figura del diablo en nuestra música, en la que Collins cuenta la historia de un «niño sin madre», otra tradición muy característica del blues, que dice: *«Come the devil / We gonna set this town on fire» —«Viene el diablo / vamos a poner esta ciudad en llamas»—* antes de alardear de sus poderes personales: *«I got ways like a devil / sleep in the lion's den» —«Mis modales son como los del diablo / duermo en la guarida de los leones»—*, antes de hacerle saber a su mujer que él «se marchará al campo» cuando ella le pida que se quede. Al igual que las canciones de rap modernas con su fanfarronería, *Devil in the Lion's Den,* de Sam Collins, puede ser la primera historia registrada del hombre vagabundo, aventurero y sin un destino preestablecido por una vida ordenada y convencional.

En 1931 un músico de blues, pero que siempre se movió en un terreno fronterizo con el country, Skip James, grabó y editó *Devil Got my Woman* en la que una de sus estrofas decía: *«I'd rather be the devil than to be that woman' man / Aw, nothin' but the devil, changed my baby's mind» —«Prefiero ser el diablo antes que ser el marido de esa mujer / Oh, solamente el diablo pudo cambiar la opinión de mi chica»—*. Resulta que el protagonista de la canción no está libre de culpa, porque resulta que la mujer que amaba se la quitó a su mejor amigo, añadiendo después *«pero él tuvo suerte, la robó de nuevo».*

Devil Got my Woman ha conocido muchas y muy variadas versiones. Entre las más logradas, la que grabaron Canned Heat en su álbum en directo de 1971 *Live at theTopanga Canyon,* la de The Rising Sons en su álbum de 1992 *Rising Sons Featuring,* Taj Mahal And Ry Cooder, pero quizá la más reputada y más elogiada, a mi juicio merecidamente, la que grabó Bonnie Raitt en 2003 para la banda sonora de la película documental de Wim Wenders *The Soul of a Man.*

Aunque la voz de la versión original nos trae el típico lamento agudo de James y está acompañada por una inquietante melodía de guitarra con una cadencia muy característica, la canción muestra una ironía que normalmente está ausente en el repertorio del *bluesman* más prototípico. Pero lo cierto es que el diablo ya se estaba metiendo en las camas de muchos *bluesmen* y sus novias, parejas de una sola noche o mujeres casadas.

EL YERNO DE SATÁN

Ni mucho menos anecdótica, todo lo contrario, muy a reivindicar, resultó la figura de un músico de gran éxito en su día solamente entre la población negra afroamericana en los años 30 del siglo XX —por tal motivo muy rara vez es mencionado en las historias convencionales del blues— llamado William Bunch, que adoptó el nombre y la personalidad de Peetie Wheatstraw, también conocido con sobrenombres tan llamativos como el de «el yerno del diablo» y «el gran sheriff del infierno». Existe un consenso casi total entre la mayoría de los historiadores acerca de que a pesar de que Bunch adoptó esos pseudónimos como estrategia para atraer la atención hacia él para vender más discos y más entradas a sus actuaciones, sí es cierto que publicó algunas canciones que sí bien no podrían considerarse vivencias de sus pactos con el diablo, obviamente no producían la aprobación de la Iglesia y las mentes supuestamente biempensantes.

Peetie Wheatstraw creció en Cotton Plant, Arkansas, y a lo largo de la década de 1930 se convirtió en uno de los cantantes de blues, dato que con frecuencia se ignora, que más grabaciones efectuó, un total de 161 temas registrados en vinilo, en muchos de los cuales más allá de sus deliberadas ambigüedades acerca de su cercanía al infierno, se reveló como uno de los primeros *bluesman* que hizo de su música un arma de denuncia y crítica social. Peetie Withstraw cantó contra la prohibición del alcohol en la época de la ley seca, la discriminación y la exclusión de la población negra y su confinamiento en barrios marginales y contra el desempleo y la desigualdad social entre las clases trabajadoras y los grandes capitalistas de las élites económicas y financieras.

Pero la mayor parte de sus grabaciones para el sello Vocalion (*Good Whiskey Blues, King of Spades*) y Decca (*Crapshooters Blues, Banana Man, Gangster's Blues*) trataban sobre mujeres supuestamente libertinas para la mentalidad de la época, el alcohol y lo sobrenatural y su influencia. Aunque muy poco reivindicada, fue muy profusa en muchos de los grandes nombres del blues que llegarían a alcanzar más repercusión y popularidad años más tarde. El afamado crítico de blues Tony Russell llegó a escribir: *«Wheatstraw construyó una personalidad que lo convirtió en el antepasado espiritual de los artistas de rap actuales»*. Y no cabe en modo alguno negar o cuestionar la influencia de un tema como *Police Station Blues* sobre el *Hellhound on my Trail* o el *Terraplane Blues* de Robert Johnson.

A lo largo de toda su carrera, Wheatstraw fue muy criticado por la Iglesia, no solamente por esa pretendida familiaridad con el diablo que decía poseer, sino y muy posiblemente más por describir y ensalzar en sus canciones el sexo explícito y, por supuesto, fuera del matrimonio, las aventuras de noches de desenfreno producidas por las borracheras y ese estilo de vida libérrimo, desprejuiciado y bordeando los márgenes de la ley. No solamente en su caso, sino que siendo esa la misma actitud de muchos *bluesman*, no sorprende que muchos predicadores afroamericanos comenzaran a denunciar esas canciones y a quienes las cantaban llegando a sugerir que el mismísimo diablo era responsable de crear el blues.

Musicalmente, casi todas sus canciones incluían su marca registrada «Ooh, well well», generalmente acentuada en el tercer verso y como instrumentista, más allá de su labor como vocalista, en sus discos Wheatstraw tocaba ocasionalmente la guitarra, pero generalmente tocaba el piano, siendo el primer *bluesman* que tocaba este instrumento mientras cantaba, siempre acompañado por un guitarrista; entre sus colaboradores habituales en este campo siempre estuvieron los guitarristas Kokomo Arnold, Lonnie Johnson, Charley Jordan, Papa Charlie McCoy y Teddy Bunn, así como el pianista Champion Jack Dupree.

Me parece en este sentido que no es algo baladí poner el acento en la maestría de Peetie Weathstraw como pianista, siendo junto con Leroy Carr, fue uno de los primeros cantantes de blues que tocó el piano. Es evidente reconocer elementos de su estilo en artistas posteriores, como el propio Champion Jack Dupree, Moon Mullican y Jerry Lee Lewis entre otros.

El 21 de diciembre de 1941, fecha de su 39 cumpleaños, Peetie Wheatstraw y algunos de sus amigos decidieron dar un paseo en coche. La estrella del blues iba de pasajero en el asiento trasero cuando el *buick* chocó contra un tren de mercancías parado, matando instantáneamente a sus dos compañeros y al propio Wheatstraw. Su vida y su trayectoria inspiraron por un lado uno de los personajes de *El hombre invisible,* la clásica novela del escritor Ralph Ellison, y por otro la película de Rudy Ray Moore *Petey Wheatstraw,* cuyo argumento versa sobre un artista que promete casarse con la hija del diablo, lo que lo convierte en el «yerno del diablo», como una de las canciones de más éxito de Wheatstraw y la que originó su sobrenombre.

NACIDOS BAJO UNA MALDICIÓN (*BORN UNDER A BAD SIGN*)

Cuando Albert King firmó su contrato discográfico con Stax Records en Memphis, Booker T. Jones, que era miembro de Booker T. & The MG's, otra de las formaciones del catálogo Stax, fue el productor asignado para sus grabaciones. En una entrevista con la National Public Radio (NPR) de Estados Unidos, Jones explicó: «En ese momento, mi pareja en la composición era William Bell. Vino a mi casa la noche anterior a la sesión, escribió la letra de *Born under a Bad Sign* y yo escribí la música en mi estudio esa noche. Cuando entramos en el estudio a grabarla, fue una de las experiencias más inolvidables que he vivido. La sensación que se tenía era que estábamos escuchando, sintiendo, respirando el verdadero blues hecho por gente real, por auténtica gente del blues. Era Albert King de East San Luis, el guitarrista zurdo único, eléctrico, intenso y concentrado al 200% con su música. Era un personaje único. Yo estaba allí en medio de todo y era emocionante, de lo más emocionante que he vivido nunca».

El «mal signo» es una referencia supersticiosa a la astrología: si naciste bajo un mal signo —*born under a bad sign*— significa que las estrellas están alineadas en tu contra desde tu propio nacimiento hasta la muerte. Según determinadas interpretaciones, el nacido bajo esta mala estrella es también un enviado del mal, un aliado del diablo. Proféticamente o no, lo cierto es que se ha convertido en todo un clásico de la historia del blues.

Cream grabó esta canción y la lanzó en su álbum de 1968 *Wheels of Fire*. Su guitarrista, Eric Clapton, quien como veremos más adelante fue un más que privilegiado alumno de los grandes clásicos del blues americano y versionaba sus clásicos a menudo, adoptó un estilo más duro y agresivo en esta canción en lugar de las notas más suaves y sostenidas que él llamó «tono de mujer», que eran más evidentes y predominaban en los dos primeros álbumes de Cream. Por su parte, Jimi Hendrix y Buddy Miles grabaron una versión instrumental en 1969 como tributo al propio Albert King y en cuanto a otros artistas que la versionaron, entiendo que cabe incluir entre los más relevantes a Big Mama Thornton, Rita Coolidge y los furibundos MC5 de Fred «Sonic» Smith y Wayne Kramer. No fue propiamente una versión, pero Sam Andrew, el guitarrista de Big Brother & the Holding Company, la banda en la que se dio a conocer Janis Joplin, se inspiró directa y abiertamente en el riff de guitarra de *Born under a Bad Sign* para el tema *I Need a Man to Love*, del álbum *Cheap Thrills* de los Big Brother & the Holding Company de 1968.

MUDDY WATERS Y EL TALISMÁN DE LA MANO MÁGICA

Es uno de los clásicos más celebrados y conocidos de la historia del blues, el *I've Got my Mojo Working*, conocido mundialmente por la versión de Muddy Waters, pero cuya autoría original se debe al prácticamente desconocido *bluesman* Preston Foster y cuya primera versión fue grabada y editada por la cantante de góspel Ann Cole en 1956. Muddy Waters, que fue uno de los guitarristas de su banda en varias giras de Ann Cole, la adoptó a su estilo, hizo algunos cambios en la letra y la convirtió en uno de sus temas más conocidos años más tarde.

Este término en su origen y acepción más primigenia designaba una suerte de amuleto al que se le atribuían propiedades mágicas procedentes de la cultura del vudú y no tardó en hacerse elemento común en muchas canciones de blues, pero entendido no en el sentido de un amuleto, sino como un sinónimo de buena sintonía musical, de empatía mutua en el ritmo, de magia musical presente, perceptible pero imposible de definir, muy similar a lo que por ejemplo, significa en el mundo del flamenco «el duende». Como no podía ser de otra forma, dada la mentalidad de la época, las iglesias tanto blancas, anglosajonas y protestantes como las afroamericanas de inmediato identificaron el *mojo* como un instrumento de poder demoniaco y, de nuevo, vertieron sobre Muddy Waters y sobre los músicos de blues que recurrieron al mojo como un elemento sobre el que escribir sus letras la acusación de aliados del diablo y de enviados del mal.

El *mojo,* que en nuestras tradiciones tendría un significado como «talismán» parecido al de la pata de conejo en tradiciones más antiguas, fue traído a América por los esclavos negros del África occidental subsahariana como elemento de los rituales de magia popular, que ha conocido diversas definiciones, siendo probablemente la más extendida la de la «mano del conjuro», mano de la suerte o la «mano de *mojo*», que es la que tomó Muddy Waters para su conocida canción, en cuya letra habla sobre un hombre que quiere ir a visitar a un hechicero de Luisiana para obtener una «mano de *mojo*» que para practicar un ritual mágico que le permita que las mujeres a las que desea conquistar se sientan atraídas hacia él, en especial aquella a la que ama más profundamente y que se muestra esquiva con él.

«Tengo mi magia trabajando, pero no funciona contigo / Tengo mi magia trabajando, pero no funciona contigo / Y te amo tanto que no sé qué hacer / Iré a Lousiana para conseguir una mano mágica».

El término «mano mágica» específicamente pudiera haberse desarrollado en origen a raíz de que muchos porque algunos de los ingredientes comunes en las bolsas mágicas de los hechiceros vudú eran huesos de dedos de animales o humanos, así como las raíces de orquídea. Otra fuente posible puede ser la comparación de los ingredientes mezclados de la bolsa mágica anteriormente mencionados y las cartas mezcladas en una «mano» de cartas.

Muchos músicos de blues cantaron sobre el *mojo*, pero más allá de este clásico popularizado por Muddy Waters hay que mencionar entre las más conocidas *Mojo Hand*, de Lightnin' Hopkins, *Scarey Day Blues*, de Blind Willie McTell, aunque entendida no como un objeto tangible o un amuleto físico, sino como una especie de energía sexual o fuerza vital, y así fue entendida también por Jim Morrison en la letra de su conocido tema *L. A. Woman* cuando se identificó como *Mr. Mojo Rising*.

Las versiones que se han hecho de *I've Got my Mojo Working* son innumerables, pero cabe mencionar entre las que en su día lograron una mayor proyección la que grabo en 1966 para su primer álbum la Paul Butterfield Blues Band, álbum cuya portada mostraba una fotografía de los miembros del grupo delante de una tienda de artículos mágicos y esotéricos. Al margen, la Manfred Mann's Earth Band, Carl Perkins, Jimmy Rogers, B. B. King, Canned Heat, Buddy Guy y Chuck Berry incluyeron en sus discos en alguna ocasión versiones de este conocido y pretendidamente oscuro y maléfico, según determinadas concepciones religiosas, clásico de la historia del blues.

HUESOS DE GATOS NEGROS

El *Black Cat Bones*, es decir, el «huesos del gato negro», es todo un símbolo de las supersticiones ancestrales asociadas a las culturas de las que el blues toma muchos de sus referentes. Si en muchísimos lugares el gato negro es un animal que trae la mala suerte, en el sur de los Estados Unidos el hueso del gato negro, al igual que el *mojo* al que nos referíamos anteriormente, se consideraba un elemento que poseía poderes mágicos que permitían a quienes lo tenían en su poder conseguir los favores sexuales de cualquier mujer que se resistiera a ir a la cama con él.

El *bluesman* texano Hop Wilson escribió una canción llamada *My Woman Has a Black Cat Bone* en la década de los años 50, pieza que ha sido versionada entre otros por Robert Cray y Albert Collins, mientras que por su parte Lightnin' Hopkins también grabó una canción llamada *Black Cat Bone* y Muddy Waters se refirió a este elemento en su celebérrimo *Hoochie Coochie Man* —*«Tengo un hueso de gato negro / y tengo un mojo»*—, Bo Diddley en su canción homónima —*«Mojo, ven a mi casa / ya tengo un hueso de gato negro»*— y Blind Lemon Jefferson en *Broke And Hungry* —*«Creo que mi buena chica ha encontrado mi hueso de gato negro»*— entre las más relevantes.

No obstante, la referencia más conocida en el blues contemporáneo a esta pieza a la que se atribuyen poderes mágicos es la de uno de los temas del primer álbum de Johnny Winter, *The Progressive Blues Experiment* (1968), llamado así precisamente *Black Cat Bone*, en cuya letra se dice: *«Creo que mi vieja pareja lo hizo / ella lleva mi hueso de gato negro / tengo una sensación extraña aquí»*.

JESUCRISTO SE MARCHÓ DE CHICAGO… ¿CUÁNDO VIO LLEGAR AL DIABLO?

Esta es una conocida canción de ZZ Top, la continuación de *Waitin' for the Bus* en el álbum *Tres Hombres,* siendo habitual de hecho que el trío texano toque ambas canciones juntas, así como que suenen seguidas en las emisroras de radio especializadas en Estados Unidos. Según Billy Gibbons, en una entrevista concedida a Classic rock Revisited: *«Las dos canciones,* Waitin' for the Bus *y* Jesus Just Left Chicago *fueron escritas por separado durante sesiones que no estuvieron muy separadas entre sí en el tiempo. Estábamos en el proceso de seleccionar el material que finalmente iba a entrar en* Tres Hombres, *y esa transición fue un afortunado error de cálculo del ingeniero de sonido que estaba cortando con nosotros el álbum. Había estado tratando de colocar un trozo de cinta en blanco para separarlas, pero se equivocó y el resultado es que las dos salieron como una sola obra. Pero… ¡funcionó!».*

Aunque *Jesus Just Left Chicago,* la canción a la que hacemos mención y que ha sido también señalada por algunos ministros de la iglesia en los EE. UU. como blasfema y demoniaca, sin ser exactamente un himno, sí tiene una dimensión espiritual y está escrita más en el estilo de la música cristiana negra, adhiriéndose no obstante a un estricto formato de blues. ¡Y a Gibbons se le conoce como el reverendo Billy Gibbons!

Según el líder de ZZ Top, se le ocurrió la idea de esta canción cuando era adolescente. Estaba hablando por teléfono con un amigo conocido como «Rhythm and Blues Jr.», que tenía muchos dichos extraños, apodos y juegos de palabras en su léxico, muy propio de los barrios marginales de la ciudad. Un día Billy estaba hablando con él por teléfono cuando le espetó: «¡Jesús acaba de salir de Chicago!». Al hablar de esta canción con la revista *Rolling Stone,* Billy Gibbons explicó: «Tomamos lo que podría haber sido un blues sencillo de 12 compases y lo hicimos más interesante al agregar esos extraños compases adicionales. En realidad, si la escuchas fijándote bien, son los mismos acordes que *La*

Grange con el riff de Robert Johnson, pero cambiándolo un poco. Robert Johnson era blues country, nosotros queríamos llevar ese espíritu más al blues rock».

ZZ Top en una de sus actuaciones en directo en los últimos años.

Bien, una frase sacada de contexto e interpretada como una ofensa a Jesucristo, que no lo era en absoluto, fue una de las excusas que una vez más algunos religiosos, pastores y sacerdotes del sur de los Estados Unidos, alguno de ellos los precursores de la figura del telepredicador que tan tristemente célebre se haría en América en los años 80, utilizaron para pedir públicamente que las emisoras de radio no programasen ningún tema de ZZ Top sonase en las emisoras americanas, so pretexto de que eran aliados de las fuerzas del mal.

CONCLUSIONES ANTES DE VOLVER AL CRUCE DE CAMINOS DE CLARKSDALE

Desafortunadamente, toda esta disparatada teología permitió, dicho en sentido figurado, que se tirara al bebé junto con el agua de la bañera e ignoró la pasión, la emotividad, el poder y la poesía de muchas otras canciones de blues. En lugar de criticar lo que era líricamente inmoral —según su peculiar criterio, claro está—, arremetieron contra todo el campo de la música blues determinando que los cristianos solo deberían cantar o escuchar canciones explícitamente cristianas. Esta división artificial entre lo secular y lo sagrado expuesta en muchas iglesias se repitió tristemente décadas después, cuando las iglesias blancas produjeron sermones incendiarios —no es una hipérbole: las iglesias americanas, apoyadas por grupos racistas y de extrema derecha, organizaron quemas públicas de discos, al mismo estilo que las quemas de libros organizadas en los años 30 en Alemania por los nazis— y libros virulentos contra el rock'n'roll y que sufrieron desde Elvis Presley o los Rolling Stones a los Beatles o Elton John.

El Ground Zero Blues Club, un conocido local de blues cercano al mítico cruce de caminos de Clarksdale.

Pasaron décadas antes de que algunos predicadores afroamericanos comenzaran a cuestionar y a abandonar la vieja y arraigada concepción de que el blues era la música del diablo. Más todavía: una de las voces más importantes que desafiaron la afirmación de que el blues y el rhythm and blues eran obra del satanismo fue la del popular reverendo C. L. Franklin, primero desde su iglesia en Memphis y después desde Detroit. Franklin era una figura muy conocida y prestigiosa en la iglesia de la posguerra y sus sermones, publicados en discos de vinilo, fueron grandes éxitos de ventas para Chess Records, la compañía discográfica que llevó el blues a la radio y a millones de tiendas de discos de todo el mundo.

Monumento conmemorativo erigido en el mítico cruce de caminos de Clarksdale, donde se supone que Satán concede el éxito y la gloria a los bluesmen que le venden su alma.

En el libro de David Ritz *Respect: The Life of Aretha Franklin*, nada más y nada menos que B. B. King habló del reverendo Franklin: *«Estuve escuchando sus sermones durante muchos años. Me gustaría decir que era el predicador de los blueseros porque venía a los clubes a vernos. Pero eso no sería justo. Frank —así lo llamaban sus amigos— era el predicador de todos, blancos y negros, creyentes y no creyentes. Grababa esos sermones para venderlos en las mismas pequeñas tiendas que nuestros discos de blues. Lo veíamos como un artista más. Era uno de nosotros. A diferencia de otros religiosos, nunca llamó a nuestra música diabólica, y le respetábamos y queríamos precisamente por eso».*

Trágicamente, como también revela el libro de Ritz, el estilo de vida de C. L. Franklin era tan comprometido como el de los cantantes de blues: alardeaba de sus conquistas sexuales y los numerosos escarceos sexuales del reverendo tuvieron un efecto emocional profundo y dañino en su hija, Aretha Franklin, cosa que se conoció muchos años más tarde.

A estas alturas del relato, seguro que echan de menos un nombre... no se preocupen, a partir de la siguiente página vamos con él.

Robert Johnson: ¿el mesías demoníaco del blues?

«Robert Lockwood, hijastro de mi abuelo Robert Johnson y con quien convivió siendo adolescente, me dijo que mi abuelo era el único tipo que había visto que podía escuchar cualquier canción, ya fuera góspel, bluegrass, country, todo lo que sonase en la radio y le bastaba una sola escucha para poder coger una guitarra y ser capaz de tocar exactamente, nota por nota, lo que acababa de escuchar. Nunca vieron a nadie más hacer algo así».

Steven Johnson, nieto de Robert Johnson.

«Robert Johnson era como una orquesta en la que él tocaba todos los instrumentos. Algunas de sus mejores composiciones tienen una estructura muy del estilo de la de J. S. Bach, por lo menos de un Bach en construcción… una brillante explosión de inspiración».

Keith Richards, guitarrista de los Rolling Stones,
The Search for Robert Johnson

Más allá de lo explicado en el capítulo anterior acerca de la leyenda del blues como la música del diablo, sus supuestos ritos ancestrales asociados y toda la literatura más o menos esperpéntica que ha generado, sin duda alguna, la figura que más contribuyó a crear el mito del blues como música diabólica fue la de Robert Johnson y la leyenda del pacto con el diablo en el cruce de caminos de Clarksdale.

Por este motivo, pero también, y me parece que más especialmente, por su carácter de *bluesman* que fue capaz de revolucionar la escena del blues en su momento, como guitarrista, creador y compositor de la extraordinaria calidad que atesoró siempre, como pionero del género y como figura referencial, como influencia clave para todas las generaciones posteriores que han ido llegando al mundo del blues y del rock, entiendo que era imprescindible dedicarle un capítulo en este libro.

Exactamente igual que en la vida de muchos grandes *bluesman*, su vida transcurre ya desde sus orígenes entre la realidad y la leyenda. Aunque durante mucho tiempo no se conoció el dato exacto de su fecha de nacimiento, se ha podido confirmar que nació el 8 de mayo de *1911* —aunque esta fecha aún a día de hoy sigue siendo objeto de controversia— en Hazlehurst, una pequeña ciudad del condado de Copiah en el estado de Misisipi. Fue fruto de una relación ocasional entre su madre, Julie Ann Majors, hija de antiguos esclavos negros, y un jornalero que pasó por la ciudad y que ni volvió ni se volvió a saber nunca más, aunque su madre le dijo en cierta ocasión que sabía que aquel jornalero se llamaba Noah Johnnson y que de esa circunstancia decidió tomar el ese apellido. De hecho, cuando nació Robert, Julia Ann estaba casada con un hombre llamado Charles Dodds, propietario de un negocio de carpintería y ebanistería, pero del que estaba momentáneamente separada.

Se sabe que cuando apenas contaba dos años de edad su familia tuvo que marcharse precipitadamente de Hazlehurst debido a una disputa con un importante terrateniente de la plantación en la que trabajaba —según algunas versiones, Charles Dodds había sido obligado por una turba de enfebrecidos racistas que pretendían obligarlo a abandonar Hazlehurst tras una disputa con terratenientes blancos y Julia se marchó con él y con Robert, separándose poco después— y se instaló en otra plantación de Arkansas, de donde también tuvo que marcharse al poco de llegar allí, esta vez por problemas con el hombre con el que se relacionaba sentimentalmente, que la maltrataba tanto a ella como a Robert. Perseguida por las autoridades, fue arrestada y devuelta por la fuerza a Arkansas, pero antes se aseguró de dejar a Robert en un tren con destino a Memphis, Tennessee, donde parece ser que vivió con su marido, que había cambiado su nombre a Charles Spencer y en donde además de asistir regularmente a la Carnes Avenue Colored School, adquirió su amor por el blues y la música popular.

A los once años de edad, Robert se reunió con su madre en Robinsonville, Misisipi, en donde se había establecido con su nuevo marido. Esta ciudad es de donde parte el hilo argumental de uno de los más conocidos y prestigiosos documentales que se han filmado sobre la controvertida vida del mítico *bluesman, The Search for Robert Johnson*, dirigido por Chris Hunt en 1991 y que cuenta, entre otras, con las aportaciones de Eric Clapton y Keith Richards.

Aunque Robert Johnson comenzó a ir a la escuela en Robinsonville, tanto por sus problemas de visión como por su desinterés por los estudios, abandonó pronto la escuela y hacia los 13 o 14 años se introdujo en el mundo de la música, primero como armonicista y después adentrándose de lleno en la guitarra. En esta época es cuando se hizo un cierto nombre en Robinsonville como promesa del blues y, a pesar de su juventud, ya acompañaba en actuaciones y giras locales a músicos consagrados en la escena local como Charlie Patton, Willie Brown y Son House, con el que llegó a tener una relación más estrecha y que, de hecho, parecer que fue quien años después hizo correr la versión de que su joven pupilo había hecho un pacto con el diablo. En 1928 se marchó del hogar familiar y volvió a Hazlehurst, en donde empezó a tocar en pequeños clubes y bares hasta que, a la edad de 18 años, en 1929, se casó con Virginia Travis, de 16 años.

Este matrimonio no obstante marcó un punto de inflexión definitivo en la vida de Robert Johnson. El muchacho pendenciero —ya desde esa edad era famoso por su carácter irascible y propenso a las peleas en los bares—, mujeriego, bebedor e incipiente *bluesman* decidió reformarse, consiguió un trabajo convencional —según algunas versiones, trabajó en una plantación, según otras, como mozo de almacén en un comercio— e incluso abandonó temporalmente la música para sacar adelante su matrimonio. Antes de cumplirse un año de su matrimonio, Virginia quedó embarazada y en los meses finales de la gestación, de acuerdo con Robert —esto deshace uno de los muchos falsos mitos sobre Robert Johnson: no abandonó a su mujer embarazada por otra mujer o para irse de gira como guitarrista, esta se fue con su consentimiento— se mudó a casa de sus padres para estar mejor atendida durante el parto, ya que en aquellos años en los Estados del sur de Estados Unidos aún estaba prohibido el ingreso en hospitales de la población negra.

En esos meses Robert volvió temporalmente a la música, pero cuando regresó en abril de 1930 a Hazlehurst para el parto, se encontró con la trágica noticia de que tanto su mujer como su hija murieron por complicaciones hemorrágicas imprevistas al dar a luz. A raíz tanto del insoportable dolor que le produjo esta pérdida como por los rumores malintencionados y las habladurías acerca de que ambas habían muerto porque él las había abandonado, se dio a la bebida hasta convertirse en alcohólico y encontró refugio en el blues, dedicándose desde ese momento a la música al cien por cien.

Los familiares sobrevivientes de Virginia Travis declararon a uno de los más afamados historiadores del blues americano y conocido biógrafo de Johnson Robert «Mack» McCormick que esas muertes fueron un castigo divino por la decisión de Robert de cantar canciones seculares, conocidas como «vender tu alma al diablo», lo cual llevó a McCormick a asegurar que el propio Johnson aceptó la frase como una descripción de su decisión de abandonar la vida respetable y convencional para convertirse en un músico de blues profesional.

COMIENZA LA LEYENDA...

Entre junio y noviembre de 1930 convivió con Esther Lockwood, madre de Robert Lockwood Jr., que más tarde se convertiría también en músico de blues, famoso por su asociación profesional con Sonny Boy Williamson II a lo largo de toda su carrera. Esther Lockwood no era millonaria, pero sí era una mujer adinerada que durante algún tiempo mantuvo a Robert hasta que este retomó en serio su carrera musical, meses después de su matrimonio. Cabe suponer que en estos meses de anonimato, Robert Johnson se dedicó a aprender más música, practicar y ensayar para ser mejor guitarrista, lo cual explicaría la sorpresa que produjo en el ambiente blues de Robinsonville cuando reapareció, cómo de ser un guitarrista limitado y cuya falta de experiencia se hacía evidente, se había convertido en todo un virtuoso, en un músico de una capacidad y un talento extraordinario. Pero la explicación fue otra muy distinta: como la mayoría de los músicos de blues, según se decía en aquellos años, no solamente por parte de la población blanca racista, ultraconservadora y religiosa, sino incluso por parte de gran parte de la propia población negra, Robert Johnson había vendido su alma al diablo para lograr éxito y fama como músico, siendo un excepcional guitarrista mientras durase su carrera.

Son House escuchó a Johnson tocar en Robbinsville, Misisipi y afirmó: «Cuando le conocí a finales de los años 20, tocaba la armónica y era bastante bueno en eso, pero quería tocar la guitarra, a pesar de que no lo hacía nada bien. Mejor dicho, era pésimo. ¡Jamás había oído un ruido así!... "¡Quítale esa guitarra a ese muchacho!", le decía a la gente, "¡está volviendo loca a la gente con ella!". Pero un año o año y medio más tarde volvió y, según Son House, "empezó a tocar y Willie y yo no podíamos creer lo que estábamos viendo. ¡Era buenísimo! Nos dejó con la boca abierta a todos. Tenía una fuerza y una energía que parecía que viniera directamente del infierno. Solo podía haber hecho un pacto con el diablo».

El rumor no tardó en correr como la pólvora y se dice que el propio Robert Johnson lo alimentó en cierta manera, consciente o inconscientemente. En el primer caso, con la ambigüedad, las metáforas y el doble sentido que podían tener muchas de las letras de sus canciones; en el segundo, convirtiéndose en un personaje misterioso; a no ser que fuera en el dormitorio de alguna de las mujeres que iban a sus actuaciones, era muy extraño verle fuera del escenario, apareciendo y desapareciendo a velocidad de vértigo, en especial en cuanto terminaba sus *shows*, en los que ni siquiera decía «buenas noches» al público. Para muchos, esa desaparición como por arte de magia solo podía ser obra del diablo.

En la tradición del vudú, que tiene su origen en el territorio que hoy ocupan las naciones de Benín, Ghana y Togo, en el África occidental subsahariana, se decía que Papa Legba, un poderoso espíritu que era coronado jefe de todos los dioses por su habilidad musical, bendeciría a los músicos si le invocaban en una encrucijada desierta a medianoche, dotándoles de una excepcional maestría como intérpretes.

Según la leyenda, Robert Johnson consumó su pacto satánico una medianoche de mediados de 1930 en un cruce de caminos de la localidad de Clarksdale, Misisipi, considerada por muchos la cuna del blues, pero sobre cuya ubicación exacta también existe controversia. Algunos afirman que se encuentra en la intersección de las carreteras 8 y 1 al sur de Rosedale. Otros dicen que estaba en Dockery Plantation, cerca de Clarksdale, mientras que una mayoría importante la sitúa en la intersección de las carreteras 61 y 49, hasta el punto de que allí se ha erigido una suerte de monumento con una gran guitarra coronándolo. La carretera 61 —la famosa Highway 61 mencionada por Bob Dylan en uno de sus clásicos— se conoce como la «carretera del blues», forma parte por supuesto de la «Ruta del Blues» a la que hacemos mención en otro apartado de este libro y la carretera 49 es la que lleva a la prisión de Parchman, inspiración para muchas de las más conocidas canciones de la historia del blues.

Llevando esta leyenda del pacto satánico de Robert Johnson a la astracanada, se ha llegado a asegurar que cuando grabó sus canciones se colocó de cara a un rincón contra la pared y tapó los espejos que había en la habitación con mantas. Todo indica que lo que en cualquier caso pretendía era mejorar la acústica de la grabación, pero lo que se dijo fue que hacía esto porque nadie podía ver sus ojos mientras grababa, en tanto que en ese momento estaba siendo poseído por Satanás.

Esta es quizá la más famosa de las historias de supuestos pactos satánicos para lograr el éxito y la fama en la vida terrenal, pero en modo alguno fue la primera. Más allá de todas las obras literarias y audiovisuales, cuya trama tiene como eje vertebrador esta superstición, en la música existen algunos precedentes significativos.

Giuseppe Tartini, afamado compositor e intérprete de violín del siglo XVIII, fue quizá el primer músico sobre el que se especuló con posibles pactos satánicos y del que se decía que tanto su inspiración como el poderoso impacto que producía en la audiencia sus interpretaciones estaban directamente impulsadas por Satanás. Se cuenta que una de sus obras en particular, la conocida como *Sonata para violín en sol menor* también denominada, *El trino del diablo*, *El sueño de Tartini* o *Sonate du diable*, fue una de las composiciones más extrañas y complejas técnicamente escritas hasta aquella fecha y, al mismo tiempo, absolutamente fascinante, dando con ello pábulo a infinidad de leyendas, una de ellas atribuida al propio Tartini.

Según esta versión, Tartini confesó poco antes de morir que escribió esta pieza a la mañana siguiente de una noche en la que soñó que el maligno, con quien en teoría había hecho un pacto para venderle su alma se le apareció y le solicitó tocar el violín con él. Este le entregó su violín al diablo y empezó a tocar con una destreza y un virtuosismo increíbles una pieza que se quedó impregnada en su cabeza y que le inspiró la creación de la célebre sonata.

En la Europa del siglo XIX adquirió fama mundial uno de los considerados mejores violinistas de la historia de la música, Niccolò Paganini, del cual también se dijo que su inconmensurable maestría con el violín solo podía venir de un pacto con el diablo, y según afirma Carlos Fisas en su libro *Historias de la historia* en su época de mayor popularidad se dijo que habiendo sido responsable de un crimen, vendió su alma a Satanás a cambio de no ser descubierto y de llegar a ser el mejor violinista del mundo. Del mismo modo, también se hizo correr la leyenda de que durante un gran concierto que ofreció en Viena, se apareció el mismísimo Satanás en escena para ayudarle en la ejecución de las partes más difíciles de su interpretación. De hecho, cuando falleció en la ciudad francesa de Niza en 1840, el arzobispo de la ciudad le negó la sepultura en camposanto, so pretexto de ser un discípulo del diablo y de haberle vendido su alma a cambio del éxito.

Tommy Johnson, uno de los pioneros del blues del delta, anterior a Robert Johnson, aseguró directamente que había vendido su alma al diablo para lograr el éxito como músico, según afirmó su hermano LeDell: «Si quieres aprender a hacer canciones que lleguen al nº 1, coge tu guitarra y ve a un cruce de caminos. Asegúrate de llegar allí un poco antes de las 12 y empieza a tocar algo con tu guitarra. En poco tiempo aparecerá un gran hombre cuyo rostro no podrás ver y vestido de negro que pedirá que le dejes tu guitarra. La tomará, la afinará, tocará un tema y te la devolverá. Después de aquella noche, aprendí de manera natural a tocar todo lo que quiero y lo que me ha hecho famoso».

Desde hace algunos años se asegura que el músico que dejó una huella más profunda y que se considera el maestro de Robert Johnson fue Isaiah «Ike» Zimmerman, *bluesman* de Beauregard, Misisipi, a quien Johnson conoció alrededor de 1931 durante el tiempo en el que estuvo en aquella zona esperando poder encontrar y conocer a su padre, Noah Johnson. Zimmerman acogió a Johnson y de hecho le permitió vivir unos meses en su casa, donde le enseño su estilo de tocar la guitarra y del que nuestro hombre aprendió muchísimo, en especial en cuanto a técnica. Años más tarde, incluso hubo una controversia entre las familias de ambos músicos en tanto que los miembros de la familia de Zimmerman han afirmado que algunas de las canciones de Johnson, incluida *Ramblin' on my Mind*, fueron de hecho escritas por Zimmerman antes de que Johnson se quedara con la casa, y otras, incluidas *Dust My Broom* y *Come on in my Kitchen*, fueron coescritas por Zimmerman y Johnson.

Sin embargo, hay quien asegura que le enseñó otras cosas... era conocido el hecho de que Ike Zimmerman con frecuencia ensayaba en el cementerio de Beauregard y parece ser que en más de una ocasión, los dos practicaban de noche sentados en las lápidas del cementerio, lo cual sin duda alimentó más todavía la leyenda de que Zimmerman le había revelado cuál era el ritual por el que podría entrar en contacto con el diablo.

LAS 29 CANCIONES QUE CAMBIARON LA HISTORIA... ¿POR INSPIRACIÓN SATÁNICA?

Como es sabido, las únicas grabaciones que existen de Robert Johnson son 29 canciones, registradas en dos sesiones de grabación distintas: la primera, la efectuada el 23, 26 y 27 de noviembre de 1936 en una habitación del hotel Gunter de San Antonio, Texas, y meses más tarde los días 19 y 20 de junio de 1937, en un edificio de oficinas de Dallas. En tanto que de algunas piezas se grabó más de una versión, en la actualidad hay disponibles 42 temas.

Junto a la supuesta transacción llevada a cabo en Clarksdale, las letras de las canciones de Robert Johnson son las que han contribuido a crear su mito de como una suerte de enviado del diablo, alguna de ellas quizá con algo más de fundamento si nos atenemos a la literalidad de los textos, otras, más bien la mayoría, simples elucubraciones.

Este es por ejemplo el caso de *Crossroads*, en cuya letra se ha querido ver una especie de «confesión» de su pacto con el diablo, cuando en realidad lo que la letra narra es en esencia una oración, una plegaria a Dios. En la primera parte de la cancion se dice: *«Asked the lord above / Have mercy now, save poor Bob, if you please / Standin' at the crossroad / Tried to flag a ride»*, que en castellano podemos traducir como: *«Pregunté al señor arriba, en los cielos / Ten piedad ahora, salva al pobre Bob, por favor / estando de pie en la encrucijada / Intenté iniciar un nuevo camino».* Resulta evidente a todas luces que la «confesión» lo es en realidad, pero no la de un trato con el maligno, sino una petición de perdón a Dios.

Robert Johnson en una de las escasísimas imágenes que existen sobre él.

El blues tiene a asociarse con un lamento espiritual y conmovedor, tanto cuando se inclina hacia la luz como cuando lo hace hacia la oscuridad y en *Crossroads Blues*, la figura central de la canción es la persona más solitaria del mundo en esos tres minutos. Puede que esa angustia no se traduzca necesariamente cuando se escucha la versión de Cream de su *Wheels of Fire* de 1968, pero la metáfora es igualmente universal.

El nieto de Robert Johnson, Steven Johnson, además de un consumado y conocido intérprete de blues y góspel, es predicador de una de las muchas iglesias luteranas que existen en Estados Unidos y desde hace varios años se ha empeñado en una cruzada personal para aclarar la historia de su abuelo. «A menudo le digo a la gente que escuche la letra de la canción *Crossroad Blues.* ¿Por qué irías a la encrucijada para vender tu alma al diablo y pedirle a Dios que te salve al mismo tiempo? No, las dos cosas no van juntas, así que creo firmemente que, tras escuchar a otros historiadores y a personas que han investigado a fondo la vida de mi abuelo, la maestría como músico que desarrolló durante su vida se debió a la práctica, al trabajo duro y a la pasión que sentía por su música durante el breve tiempo que estuvo en esta tierra».

Cuando analizamos la letra de la canción que sí parece mostrar el lado más oscuro de Robert Johnson, *Me and the Devil Blues*, lo cierto es que tampoco parece en modo alguno una alegoría satánica o una canción de alabanza al diablo; de hecho, si se lee en su integridad y no solamente las primeras estrofas, encontramos casi un trasfondo de castigo divino. *Me and the Devil Blues* narra cómo el diablo viene a llevarse al infierno a un desalmado que maltrata a su mujer —*«Ella dijo que no entiende por qué la trato mal / bueno, debe ser por culpa de ese viejo espíritu maligno / que vive en una profundidad tan grande»*— y como asume que su cuerpo será solamente carroña, aunque aún conserva la esperanza de que su alma pueda escapar. *«No me importa dónde entierres mi cuerpo cuando esté muerto y haya partido / puedes enterrar mi cuerpo a un lado de la carretera / ¡oh!, mi viejo espíritu maligno / podría tomar un autobús Greyhound y marcharse».*

De hecho, una lectura más lógica de esta letra podría interpretarse en otro sentido como la historia de alguien que ha vendido su alma al diablo, que narra cómo fue el día en el que Satán vino a cobrar su deuda. *«Esta mañana temprano / llamaste a mi puerta / Y dije: "Hola, Satán" / Creo que es ya hora de que nos marchemos».*

Acotación no exenta de morbo y que hará las delicias de los conspiranoicos, fanáticos religiosos y seguidores de Iker

Jiménez: esta última estrofa que hemos transcrito con la que comienza *Me and the Devil Blues* es exactamente la que canta Mick Jagger con una guitarra acústica interpretando al misterioso y andrógino personaje de Turner en una secuencia de la película *Performance* de 1968, el mismo año en el que los Rolling Stones grabaron y editaron *Sympathy for the Devil.* En 2010, Gil Scott-Heron lanzó su propia versión más moderna y adecuadamente desgarradora de la canción, solo un año antes de su propia muerte.

Mucho menos conocida, o cuando menos mucho menos publicitada, es otra referencia al diablo que aparece en el repertorio de Robert Johnson y que podría jugar con una calculada ambigüedad sobre su cercanía al diablo es *Hellhound on my Trail.* La vieja historia de un espíritu errante, de alguien que vaga de ciudad en ciudad sin un rumbo fijo con el anhelo de reunirse con la persona a la que ama, pero que siente el aliento del diablo cerca de él. *«Tengo que seguir moviéndome / el blues cae como si fuera granizo / y estos días estoy preocupado / porque un perro del infierno se interpone en mi camino».*

El lugar favorito del diablo para concretar una cita a medianoche.

UN DESGARRADO FINAL (A LA MEDIDA DE UNA CLÁSICA HISTORIA DE BLUES)

Además de todo lo expuesto en las páginas anteriores, así como lo que seguramente muchos y muchas de ustedes habrán leído en otros libros más o menos convencionales, a la leyenda de Robert Johnson se suman las distintas versiones que existen sobre las circunstancias en las que se produjo su muerte. Más todavía: existen hasta tres tumbas supuestamente auténticas, cada una de ellas conteniendo los restos de Robert Johnson, como les contaremos más adelante, igual que en el caso de la supuesta ubicación del cruce de caminos que dio pie a todo el mito del pacto satánico. La insistencia de Johnson, *«Baby I don't care where you bury me when I'm dead and gone»*, estrofa de su *Me and the Devil Blues* se revela mucho más espeluznante en este contexto.

La versión, digamos no oficial, pero sí más extendida y aceptada, sitúa la fecha de su fallecimiento el 16 de agosto de 1938 a la edad de 27 años en Greenwood, Misisipi, datos contrastados que aparecen en su certificado de defunción. Sobre lo que ya existen más discrepancias y versiones encontradas es acerca de las razones reales de su fallecimiento.

Es conocido que Robert Johnson, además de su genialidad como *bluesman*, tenía auténtico gancho entre las mujeres y se sabe que en más de una ocasión tuvo enfrentamientos muy violentos con algún marido celoso o con el *macarra* de alguna prostituta, más allá de que tuvo varias relaciones y dos matrimonios. Su habilidad para encontrar compañía femenina parece estar en el centro de la causa que provocó su temprana y prematura muerte. Según esta versión, Robert se llevó a la cama a la mujer del propietario del Three Forks Club de Greenwood, en el que estaba haciendo una serie de actuaciones, y el marido le hizo llegar aparentemente como obsequio de cortesía una botella de whisky en la que habían introducido estricnina, un potentísimo veneno cuya ingesta a partir de determinada cantidad es mortal de necesidad.

Primer single de Robert Johnson.

Según esta versión, Johnson bebió este whisky el 13 de agosto y empezó a sentirse mal a las pocas horas de ingerir la bebida. En un primer momento fue trasladado a la casa de Tush Hogg, en la plantación Star Of The West, justo al lado del Three Forks Club. Dado su empeoramiento, le llevaron a la casa en la que se alojaba en Baptist Town, donde los médicos no pudieron hacer nada por salvar su vida, muriendo a los tres días del envenenamiento.

David «Honeyboy» Edwards, otro *bluesman* del delta que tenía buena amistad con Robert Johnson y que estaba con él en Greenwood aquella noche, llegó a asegurar en algunas entrevistas que cuando le hicieron llegar la botella, se percató de que estaba abierta y cuando iba a echar un trago, se la arrebató advirtiéndole de que nunca debería beber de una botella que no hubiera abierto él mismo. Afirma que Johnson se volvió muy irritado hacia él y le gritó: «¡No vuelvas nunca más en tu vida a quitarme una botella de la mano!, ¿has oído?».

A pesar de que esta historia se acepte como «versión oficial», lo cierto que es que en muchos aspectos no se sustenta. Principalmente porque según explican la práctica totalidad de expertos en toxicología, el efecto letal de la estricnina en el organismo se produce en pocas horas, no a lo largo de tres días, habida cuenta de que la estricnina, aunque incolora, tiene un olor muy fuerte y un sabor extremadamente amargo que es imposible de disimular o diluir, ni siquiera disuelta en bebidas fuertes.

Otras versiones quizá más verosímiles apuntan a que el veneno empleado para matar a Robert Johnson no fuera la estricnina, sino el naftaleno, un compuesto cuyos derivados se usan para matar polillas y ácaros que en ocasiones se utilizaba en el sur de los Estados Unidos para envenenar a alguien, pero que no siempre resultaba efectivo. Ahora bien, habiéndole diagnosticado a Johnson una úlcera de estómago y varices esofágicas, esta sustancia disuelta en el whisky pudiera haber sido suficiente para provocarle una hemorragia interna que le provocara los dolores abdominales y vómitos de sangre a consecuencia de los cuales se afirma que murió.

Otras teorías apuntan entre otros motivos a que su muerte se produjera debido a la dolencia del Síndrome de Marfan, una enfermedad hereditaria que afecta a la vena aorta y que multiplica el riesgo de enfermedad cardiovascular grave en quienes la padecen, que tiene como una de sus características poseer piernas, brazos y, sobre todo, dedos anormalmente largos, esto último un rasgo muy característico de su anatomía. Su muerte podría, en este caso, haber sido causada por una obstrucción de la aorta. Y finalmente, versiones más cercanas a la rumorología que a otra cosa, aseguran que Robert Johnson había enfermado de sífilis años antes debido a su «desordenada conducta sexual» y que esta fue la causa real de su muerte.

Lo cierto es que nunca sabremos la verdad. No se practicó autopsia sobre su cadáver y en su certificado de defunción la casilla de «causa del deceso» simplemente quedó en blanco.

TRES TUMBAS Y NINGÚN FUNERAL

La noticia de la muerte de Robert Johnson no fue hecha pública por ningún medio de comunicación de la época, lo cual motivó —aumentando los mitos y las leyendas urbanas sobre el autor de *dust My Broom*— que durante muchos años se desconociera la fecha de su muerte así como dónde descansan sus restos mortales.

Imagen de una de las tumbas en las que se supone descansan los restos mortales de Robert Johnson.

A día de hoy, se sabe que existen por lo menos tres tumbas de Robert Johnson. La primera de ellas, que es sobre la que más se insiste en que sería la auténtica, es la que se ubica en el cementerio de la Iglesia Bautista Misionera del Monte Sion, cerca de Morgan City, Misisipi, no lejos de Greenwood, en una tumba sin marcar. Un cenotafio de una tonelada de peso en forma de obelisco, que enumera todos los títulos de las canciones de Johnson con una inscripción central de Peter Guralnick, fue colocado en este lugar en 1990, pagado por Columbia Records y por numerosas contribuciones menores realizadas a través del Fondo Memorial del Monte Sion.

Por otro lado, en 1990 se colocó una lápida y un pequeño monumento mortuorio con el epitafio «Descansa en el blues» en el cementerio de Payne Chapel, cerca de Quito, Misisipi, mientras que varias personalidades de reconocido prestigio en la historiografía del blues, caso por ejemplo del investigador y biógrafo Stephen LaVere, aseguran que la verdadera tumba de Robert Johnson se encuentra debajo de un gran árbol de pecán en el cementerio de la iglesia de Little Zion, situada al norte de Greenwood a lo largo de Money Road. Los investigadores Bruce Michael Conforth, académico estadounidense, periodista, conferencista, músico y primer administrador del Rock and Roll Hall Of Fame de Cleveland y Gayle Dean Wardlow, otro renombrado historiador del blues, también concluyeron que este era el lugar de descanso de Johnson en la biografía que publicaron conjuntamente en 2019, *Up Jumped the Devil.*

QUITANDO LAS TELARAÑAS

«En América siempre que surge una crisis, los americanos nunca se miran hacia dentro, ni se plantean si tienen alguna responsabilidad en lo que sucede. Siempre se les convence de que hay un enemigo interno o externo, un virus que pretende destruir América y hay que identificarlo y combatirlo. Los comunistas, los hippies, los cineastas, los musulmanes, los homosexuales que decían que contagiaban el SIDA en los 80… siempre hay que señalar un chivo expiatorio. Bueno, aquí estoy».

Marilyn Manson, 1997.

Como sucede en el caso del jazz, el rock'n'roll y el heavy metal, y también ha sucedido históricamente en el blues tal y como hemos visto, toda música capaz de sacudir las conciencias, de despertar en quienes la escuchan un sentimiento de rebeldía, de rechazo a lo establecido o simplemente de reivindicación de su libertad personal frente a los clichés de lo cotidiano, es peligrosa para la sociedad biempensante: cuestionar lo que nunca se debería de poner en duda, aunque sea a ritmo de blues lento o bailando rock'n'roll no es algo tolerable. Por tanto, hay que buscar un enemigo externo, un agente provocador que envenena las mentes y las conciencias y que, por tanto, debe ser destruido. Desde el inicio de los tiempos, ese chivo expiatorio siempre ha sido el diablo.

Robert Johnson, quien además de ser un intérprete excepcional y un músico que tuvo la habilidad de hacer de sus míticas 29 piezas clásicos absolutamente imperecederos, que han hecho inmortales desde los Rolling Stones a Joe Bonamassa pasando por Cream, Jeff Beck, Led Zeppelin, John Mayall, Jimi Hendrix, The Doors, Rory Gallagher, Foghat, Peter Green o The White Stripes, fue, tanto por su fuerte personalidad como por las circunstancias en las que se desarrolló su vida, un espíritu libre y rebelde, alguien que encarnó en su vida y su música la esencia de la música entendida como un vehículo para expresar las inquietudes, emociones, sentimientos, todo aquello que nos identifica y nos caracteriza como seres humanos. A través de las diversas recopilaciones que desde su muerte se han ido editando, no se puede obviar el hecho de que su álbum *King of the Delta Blues Singers*, lanzado en 1961 y que contiene 16 de sus canciones, ha vendido alrededor de 200.000 copias y desde su lanzamiento en 1990, el box-set de dos CD *Robert Johnson - The Complete Recordings* ha vendido 1,5 millones de copias.

Por encima de lugares comunes, falsos mitos y leyendas urbanas, el genio, el espíritu y la maestría de Robert Johnson siempre perdurará y siempre estremecerá escuchar sus canciones originales, que transmiten ese sentimiento tan profundo, tan sincero y también —¿por qué no?— tan lleno de misterio y oscuridad. Esa es la verdadera magia, blanca o negra, de la música de Robert Johnson y su contribución como pionero del blues.

El blues americano contemporáneo (I): Texas

Texas es un país en sí mismo. Está compuesto por mitad México y mitad Estados Unidos, pero es completamente mixto. No pretendo generalizar, pero es un lugar, un territorio, que en realidad está hecho de todos los encuentros transversales entre estos países. Y es fascinante, créanme.

Gael García Bernal, actor mexicano

EL TEMPLO DEL BLUES CONTEMPORÁNEO AMERICANO SUREÑO: TEXAS. DE LOS CAMPOS DE ALGODÓN A LAS REFINERÍAS DE PETRÓLEO

El movimiento de renovación del rock americano que tomaría en los años 60 y 70 sus referentes del blues reinterpretado y readaptado por los músicos de rock británico tendrá uno de sus epicentros fundamentales en Texas, especialmente en ciudades como Austin, que ya poseía en décadas anteriores una reconocida tradición en el mundo del blues clásico. Es más: de Texas nacerá una corriente muy específica y personal del blues contemporáneo, con unas características propias muy acusadas.

Lo que convencionalmente se empezó a denominar por la crítica el Texas blues a partir de 1969-70, aun cuando es un estilo muy ecléctico, quizá el que más dentro del blues contemporáneo, tiene algunas características esenciales que lo diferencian por ejemplo, del blues del delta. Es probablemente el estilo de blues más cercano al rock, o cuando menos, el que más pone el acento en la guitarra eléctrica y el que en sus composiciones también hace uso de los solos de guitarra a modo de puente entre una parte y otra de la canción, que hace de la *slide* una de sus señas sonoras de identidad y, sobre todo, el que más ha perdurado y ha dejado a sus continuadores como referentes, tanto en el blues como en el ámbito del rock clásico actual.

Es igualmente un estilo de blues que atesora muchos elementos comunes con el jazz, en especial en sus orígenes, algo que se puede apreciar cuando se escucha no solamente a sus grandes pioneros como Blind Lemon Jefferson, Big Mama Thornton o Blind Willie Johnson, sino en artistas de las siguientes generaciones como T-Bone Walker, Johnny Copeland, Lightnin' Hopkins o, más adelante, Johnny Winter, Janis Joplin —aunque se lanzase como artista desde San Francisco, era texana de nacimiento y nunca abandonó la influencia del Texas blues en su manera de hacer música— y Stevie Ray Vaughan.

El Texas blues es también el estilo de blues del sur de los Estados Unidos de raíz social más puramente proletaria industrial. Si en el resto de territorios del sur la actividad económica se nucleaba fundamentalmente en torno a la agricultura, en especial al cultivo del algodón, Texas era desde comienzos del siglo XX un estado industrializado en torno a la extracción y refinamiento del petróleo y la industria maderera. Los primeros *bluesman* texanos negros creaban sus cantos de desesperanza, rebelión o alegría desde las fábricas y las refinerías, no desde los campos, y muy probablemente esta fuera una de las circunstancias que lo dotó de un carácter especialmente diferenciado con respecto a otras expresiones blues de la América profunda.

No obstante, como consecuencia del traslado del mundo del blues desde el sur al norte de los Estados Unidos a comienzos de los años 60, no será hasta el final de la década cuando Texas recupere su carácter de lugar referente en el blues americano, en especial por el éxito de esa nueva generación de músicos de blues que van a adaptar ese lenguaje y esa sonoridad al rock. Vamos con alguno de sus exponentes más destacados.

LOS ORÍGENES: UNA LUZ EN LA OSCURIDAD

La carrera del *bluesman* texano Lightnin' Hopkins fue larga y fructífera. Tocó en vivo durante seis décadas y grabó durante más de 30 años, acumulando un catálogo más grande que casi cualquiera de sus contemporáneos. Nacido como Samuel Hopkins el 15 de marzo de 1912, comenzó en la música prácticamente desde niño; vio por primera vez a Blind Lemon Jefferson en 1920 acompañado por su hermano mayor Joel, que le enseñó a tocar la guitarra mientras que su madre lo alentara a tocar el órgano en los servicios religiosos de su casa. Como muchos otros músicos de blues, empezó a tocar en pícnics y bailes en granjas locales los viernes y sábados por la noche; más tarde, empezó a vagabundear por todo Texas hasta que, por razones que nunca se conocieron con exactitud, fue enviado a la prisión del condado de Houston durante un año.

Lighting Hopkins.

En 1946 logró un contrato con Aladdin Records y merced al buen resultado que lograron sus grabaciones de *Katie Mae Blues*, *Short Haired Woman* y *Baby Please Don't Go*, logro más contratos y, de hecho, llegó a grabar discos para más de veinte sellos diferentes durante su larga carrera discográfica. Si bien no fue el artista de blues más prolífico, su discografía fue sin duda la más compleja de desentrañar. En 1949 entró en las listas de rhythm and blues con Tim *Moore's Farm*; en el transcurso de los tres años siguientes tuvo cuatro éxitos más, el más grande fue *Shotgun Express*, que llegó al nº 5.

Sin embargo, con el auge del blues eléctrico de Chess Records desde Chicago, Hopkins parecía anticuado. En 1959 fue «redescubierto» por el folclorista Mack McCormick y su carrera revivió cuando Sam Charters lo grabó para el sello Folkways. Al año siguiente, tocó en el Carnegie Hall con Joan Báez y Pete Seeger, además de tocar en el festival folclórico de la Universidad de California, en Berkeley, California, y realizar giras por el circuito universitario. Llegó a un público aún más amplio cuando apareció en el especial de televisión de la CBS, *A Pattern of Words & Music*.

Como muchos de sus contemporáneos, Muddy Waters, por ejemplo, Lightnin' Hopkins grabó algo similar a un álbum de blues eléctrico progresivo en 1969, *The Great Electric Show & Dance*, pero no era un entorno en el que Hopkins se sintiera cómodo. Durante la década de 1970 se mantuvo muy activo tanto en el estudio de grabación como tocando en vivo. Tocó por todo Estados Unidos y Canadá y volvió a cruzar el Atlántico para actuar en Gran Bretaña, a pesar de su aversión por viajar en avión.

En 1980 le fue diagnosticado cáncer de esófago, dolencia de la que finalmente falleció el 30 de enero de 1982 en Houston, Texas.

UN HUESO DURO DE ROER

«Quien realmente me hizo querer tocar blues fue T-Bone Walker. Todavía hoy puedo oírle en mi mente con aquel primer disco que escuché, Stormy Monday. Fue el primer guitarrista eléctrico de blues que escuché en un disco. Me hizo saber que tenía que salir y comprarme una guitarra eléctrica».

B. B. King, declaraciones a Rolling Stone, *1975.*

Otorgar el título de pionero del blues eléctrico es sumamente complicado y probablemente, con independencia de los méritos de quién pudiera ser o no el galardonado según cada criterio, tal nombramiento siempre sería injusto. Pero hay que decir que uno de los más mencionados siempre a la hora de hablar de esa vitola es T-Bone Walker, en especial por su labor de «adaptación» —en muchos aspectos, similar a lo que hizo en su día y en otro contexto Muddy Waters— del estilo primigenio del blues de preguerra que popularizaron Blind Lemon Jefferson o Lonnie Johnson. Si se hace un repaso por las hemerotecas del periodismo musical y se buscan declaraciones de músicos tan dispares entre sí como Duane Allman, Otis Rush, Jimi Hendrix, Buddy Guy, Eric Clapton, Jimmy Page o Albert Collins acerca de sus influencias más determinantes, el nombre de T-Bone Walker es una constante.

¿Señal del cielo o del infierno? Al igual que Jimi Hendrix, otro revolucionario del blues y del rock, Aaron Thibeaux Walker, más conocido como T-Bone Walker, nació en Linden, Texas, en 1910, en una familia de ascendencia negra e india cherokee, aunque muy pocos años después se mudaría a Dallas, donde desde muy joven comenzó su carrera en la música demostrando un talento excepcional; aprendió de manera totalmente autodidacta a tocar la guitarra, el banjo y el ukelele y, siendo apenas un adolescente, realizó giras acompañando a la cantante de blues Ida Cox. Previamente, había conocido a Blind Lemon Jefferson, el gran pionero del blues texano y que fue, a todas luces, su maestro y su principal fuente de inspiración.

T-Bone Walker en una actuación en directo en noviembre de 1971 en Hamburgo, Alemania (foto: Heinrich Klaffs).

Bajo el nombre de Oak Cliff T-Bone, pseudónimo que sacó del barrio de Dallas donde vivió, Oak Cliff, un barrio antiguo localizado al sur de Dallas poblado independiente hasta que Dallas lo anexionó en 1903, grabó su primer single en 1929 para el sello Columbia con las canciones *Wichita Falls Blues* y *Trinity River Blues*, aunque en ese momento aún no había empezado a tocar la guitarra eléctrica, en tanto que según toda la bibliografía disponible consultada empezó a hacerlo cuando se mudó a Los Ángeles en 1934.

En 1939, Walker se unió a la Cotton Club Orchestra de Les Hite, una *big band* cuyos exalumnos fueron entre otros Dizzy Gillespie y Lionel Hampton. Con la banda de Hite, Walker se curtió como músico, perfeccionó sus riffs de guitarra y su técnica, similares a los de un instrumento de viento, así como su personalísima voz de *bluesman*.

Su vida da como para escribir no un libro, sino toda una serie documental. En sus propias palabras, recuerda: «LeRoy Carr me dio la inspiración para cantar blues. Era un cantante de blues fantástico y tocaba con un tipo llamado Scrappin Iron o Scrapper Blackwell, algo así. Yo toco casi en el mismo estilo que ellos. Hoy en día, me quedo con Floyd Smith para tocar blues, y estoy loco por Alvin Ray y su estilo. Utiliza una guitarra hawaiana, pero no puedes hacer que en ese estilo se sienta el blues. Yo no puedo tocar la guitarra hawaiana, no puedo hacer una nota con una de esas cosas. Pero me gusta su tono y su estilo. Solía escuchar a todos los cantantes, pero LeRoy Carr era mi favorito y lo sigue siendo. LeRoy solía cantar *When the Sun Goes Down, Monte Carlo Blues* y *Night Time Is the Right Time. Todavía canto esos temas»*.

En todos los sentidos T-Bone Walker personifica la figura del *bluesman* en su sentido y su dimensión más independiente y, en gran medida, más rebelde y autosuficiente. «Nunca he recibido clases de música en mi vida, pero sé leer y escribir música y tocar siete instrumentos diferentes. Solía pensar que era un pianista fantástico porque tocaba boogie-woogie todo el tiempo. Una vez toqué con una banda durante dos años sin saber lo que era una nota. Si me equivocaba con un acorde, los chicos de la banda me decían cómo debía sonar. Con eso bastaba».

Una historia que pocas veces se ha contado en el blues.

UN BOXEADOR EN LA CUNA DEL TEXAS BLUES

«Johnny Copeland ha conservado uno de los sonidos más distintivos de su generación. Sus solos de guitarra se caracterizan por una riqueza melódica y un tono similares a los de un instrumento de viento; se abren paso a través de frases sostenidas, elaboradas de manera lógica e intercaladas con las geniales exhibiciones de destreza que los guitarristas contemporáneos deben utilizar para impresionar a las audiencias jóvenes del rock contemporáneo».

Davis Whiteis, Chicago Reader, *agosto de 1989.*

Por su trayectoria musical, Johnny Copeland es un claro exponente de los inicios contemporáneos del Texas Blues, pese a que naciera en Haynesville, Luisiana, en 1937. En cuanto a lo más destacable de su biografía, cabe señalar en cuanto a sus comienzos musicales, tras heredar la guitarra de su padre, que murió siendo Johnny muy joven, pronto entró en contacto tanto con músicos de su ciudad como de las cercanas ciudades de Arkansas —Haynesville hace frontera al norte entre los estados de Luisiana y Arkansas—, como de las de Texas, a dos horas de coche de su ciudad. Su familia se mudó a finales de los años 40 a Houston, Texas, y allí es donde empezará su carrera, aunque obviamente a un nivel semiprofesional, de la mano de su amigo Joe «Guitar» Hughes, ambos apasionados seguidores de T-Bone Walker, al que tuvieron la fortuna de ver en directo colándose clandestinamente en el local en el cual se celebraba el concierto del mítico *bluesman* a los 13 años, en tanto que en el estado de Luisiana estaba prohibida la entrada a menores a espectáculos musicales nocturnos.

Johnny Copeland.

Dato poco conocido sobre Johnny Copeland: aunque desde su llegada a Houston se introdujo en el ambiente blues de la ciudad y no tardó en empezar a tocar en *jam sessions*, pero obviamente no podía vivir de la música y dado que tuvo que abandonar muy pronto el hogar familiar por dificultades económicas, se dedicó al boxeo. Como púgil pudo ganar algo de dinero para una subsistencia básica, aunque sin que confesara nunca detalles concretos, ganó algo de dinero extra prestándose a colaborar con algunas prácticas rayanas en la delincuencia criminal relacionadas con el mundo de las apuestas clandestinas en el boxeo y del chantaje por deudas de juego. Hay autores que aseguran que a consecuencia de estas actividades llegó a estar seis meses en la cárcel, aunque no existen pruebas fiables de que Johnny Copeland, alias «Clyde» —ese era su seudónimo como boxeador—, pasara seis meses a la sombra en aquellos años.

En cualquier caso, las noches de Johnny pertenecían al blues. Junto con su inseparable colega Joe Hughes montó en Houston su primera banda semiprofesional, The Dukes of Rythm, que llegó en poco tiempo a ser residente en clubes como el Shady's Playhouse, el principal centro de blues en esa ciudad, y en Eldorado Ballroom. El grupo no duro más allá de algunos años y a partir de comienzos de los 70 Johnny intentó desarrollar una carrera con poca fortuna, teniendo que dedicarse básicamente a acompañar a otros artistas, caso de Albert Collins, Freddie King o Sonny Boy Williamson. Desde 1974 vivió en Nueva York, donde tuvo que trabajar varios años en una hamburguesería mientras tocaba por las noches en los clubes de la escena blues de la ciudad.

Su primera oportunidad de grabar un disco no le llegó hasta 1981, cuando con la ayuda de sus amigos Albert Collins y Robert Cray, el sello Rounder le firmó un contrato gracias al cual pudo grabar varios discos, ninguno de ellos por desgracia de gran repercusión a nivel listas de ventas, pero que todos ellos atesoraban una calidad extraordinaria y, en más de un caso, marcaron hitos que muy pocas veces se han mencionado en la historia del blues; su álbum de 1985 *Bringing it All Back Home* se grabó en marzo de 1984 en Abiyán, Costa del Marfil, donde colaboró con músicos africanos en un experimento propio de lo que en su momento Peter Gabriel popularizó como la *World Music* y siendo el primer disco que un músico de blues estadounidense grabó en un país del África subsahariana, haciendo además una interesantísima fusión de blues y música étnica, incluyendo instrumentos autóctonos y ritmos ancestrales que en esencia forman parte de la génesis del propio blues como género.

Además de otros acertados álbumes como su excelente *Blues Power* de 1989, en noviembre de 1992 Johnny Copeland editó un magnífico disco titulado *Flyin' High*, producido por el propio Copeland junto a John Hahn, del que siempre se ha recordado el dueto que hizo con Dr. John en su versión de *Jambalaya (on the Bayou)*, de Hank Williams. Este disco fue quizá el único que tuvo un éxito más o menos notable que trascendió la escena del blues, sin duda en gran medida no solamente por la calidad de sus composiciones, sino por la labor como colaboradores una vez más de Dr. John y su piano en *Circunstances* y el regreso de su viejo amigo Joe Hughes, que grabó el disco con él.

Tristemente, muy poco tiempo después —otoño de 1994— se le diagnosticó una enfermedad cardíaca heredada de su madre que le obligó, a partir de entonces, a varias hospitalizaciones y a una retirada de la práctica de la actividad musical y, finalmente, a su muerte el 3 de julio de 1997 en la mesa de operaciones donde estaba siendo sometido a una cirugía para solucionar un grave problema con una válvula que se le implantó en una operación de trasplante de corazón seis meses antes.

Pudo haber sido una leyenda del Texas blues, pero salvo al final de su carrera, fue un maldito del blues, uno más de los centenares de músicos negros americanos que pasó su vida persiguiendo un sueño en un mundo hostil, con frecuencia racista, y sin muchas oportunidades que tristemente hizo de su vida una letra de blues. Por eso no quería en modo alguno que dejase de estar en este pretendidamente «aconvencional» libro.

EL HOMBRE BALA DE GILMER

Lo cierto es que aunque con apenas diez años de edad su familia se trasladó de Gilmer, Texas, a Chicago y por ello muchos expertos en el mundo del blues le sitúan dentro de la escena del Chicago Blues, Frederick Christian King, para la historia de nuestra música Freddie King, *The Texas Cannonball* es un emblema del Texas blues. No en vano desde 1993, el día 3 de septiembre, fecha del nacimiento de Freddie King, es por decisión de la gobernadora del estado de Texas, Ann Richards, el día oficial de Freddie King.

Aunque desde la edad de seis años ya estaba aprendiendo a tocar la guitarra, en la adolescencia se hizo un habitual de la escena de clubes y locales de Chicago y no tardó en conocer en persona e incluso ensayar y hacer *jam sessions* con muchos de los nombres más emblemáticos del momento: desde Muddy Waters a Elmore James, Little Walter o Willie Dixon, pasando por Jimmy Rogers o Robert Lockwood Jr.

En el ámbito del rock son muy conocidos dos episodios de errores lamentables por parte de supuestos «cazatalentos» de las compañías discográficas: la Decca Records rechazó a los Beatles, que ficharon por EMI y *a contrario sensu*, EMI no quiso firmar un contrato a los Rolling Stones, quienes, por el contrario, sí ficharon por Decca.

Pues bien, en este ámbito, apenas se conoce el hecho de que la gran compañía del blues contemporáneo en Estados Unidos, la Chess Records, rechazó a Freddie King. Sí, como lo leen. Hasta cinco veces la Chess dijo no a grabar al *Texas Cannonball*, so pretexto de que su estilo vocal era demasiado parecido al de B. B. King. No fue hasta 1960 cuando Federal Records firmó un contrato con Freddie King, que debutó discográficamente con el single *Have you Ever Loved a Woman* con *You've Got to Love her with a Feeling* en la cara B. Muy poco tiempo después de la edición de este disco, Freddie King editó una de las canciones sobre las que se cimentó su leyenda: *Hideaway*, coescrito con Sonny Thompson y que ha sido grabada por diferentes músicos como por ejemplo Johnny Winter, quien abrió su set en el famoso programa de la televisión inglesa *The Old Grey Whistle Test* con una versión extendida de este tema, sobre cuyo origen también existe controversia.

El propio Freddie King aseguró que este tema era en realidad una versión matizada de un clásico de Hound Dog Taylor llamada *Taylor's Boogie,* mientras que en su autobiografía, Willie Dixon afirmó que él fue quien puso el nombre a la canción *Hideaway* y que en realidad era una composición de un *bluesman* que no llegó a tener repercusión, Irving Spencer, al que Dixon conocía de sus *jam sessions* en Madison Street con Koko Taylor, sin negar que Freddie King grabó años antes una versión de este tema, siendo no obstante una de las muchas grabaciones de King que rechazaron tanto Cobra Records como la Chess.

Freddie King en directo en un concierto en París, 1975 (Foto: Lionel Decoster).

¿Justicia histórica? En 1966 John Mayall & The Bluesbreakers grabó su peculiar version de *Hideaway* para su legendario álbum homónimo, mientras que Stevie Ray Vaughan y sus Double Trouble hizo lo propio transformándola en una versión instrumental a la que tituló *Rude Mood* interpretada durante su actuación en el Festival de Jazz de Montreux en julio de 1982 y registrada en su álbum *Live at Montreux 1982 & 1985.* Asimismo, una versión de estudio de Vaughan está incluida como *bonus track* en la remasterización de 1999 de su álbum de 1984 *Couldn't Stand the Weather.*

A finales de los 60, los grandes nombres del blues y el género como tal, pese a que había sido reivindicado, readaptado y reconstruido a través de los artistas y músicos de rock ingleses, en América no vivía ni mucho menos su mejor momento y Freddie King no era una excepción: pese a todo, justamente en 1969 nuestro hombre vivió un auténtico renacimiento de su popularidad, merced a su participación en el Texas Pop Festival de 1969, celebrado los días 30 y 31 de agosto y 1 de septiembre de 1969. Peter Grant, el mánager de Led Zeppelin, fue quien ofreció al por aquel entonces nuevo mánager de Freddie, Jack Calmes, que el *bluesman* actuase en este gran evento por invitación de Jimmy Page y Robert Plant, dato que no se supo hasta pasados varios años más tarde. Además de Led Zeppelin, en ese gran festival Freddie King estuvo junto a B. B. King, Chicago Transit Authority, Janis Joplin, Johnny Winter, Grand Funk Railroad *—el poderoso grupo de heavy metal americano a raíz de conocer a Freddie King en este festival, le mencionará en la letra en 1973 de su imperecedero clásico We're an American Band—* Santana, Delaney & Bonnie And Friends, Canned Heat, Spirit, Ten Years After, Sly & The Family Stone y The Incredible String Band entre otros.

El éxito de la actuación de Freddie King en este festival le facilitó la posibilidad de firmar un contrato con el sello creado por Leon Russell, Shelter Records quien grabó con él como pianista en los Chess Records de Chicago —¿venganza?— el legendario álbum *Getting Ready* de 1971, el primero de los tres en los que tocaron juntos Freddie King y Leon Russell.

Freddie King, desde muy joven fuerte bebedor de vodka, ginebra y bourbon, murió en 1976 debido a las complicaciones de la úlcera de estómago que padecía con una pancreatitis aguda, a la edad de 42 años. En palabras tanto de Eric Clapton como de Mick Taylor, Peter Green y Stevie Ray Vaughan: «Si existió alguna vez en la historia del blues un eslabón perdido, un punto de conexión entre Texas y Chicago, ese fue Freddie King».

EL HOMBRE DE HIELO EN LAS ARDIENTES ARENAS DE LOS DESIERTOS TEXANOS

«El blues es mi propia vida hecha música. Las cosas por las que pasé no fueron tan duras como las que pasó mucha gente del sur profundo. Nunca pasé hambre, pero conozco el sentimiento de los negros que sí pasaron hambre y toda clase de penalidades. Y eso es lo que tocas, mientras intentas que otras personas vean cómo te sientes. Y si no pueden sentirte, no tiene sentido tocar. Es como cuando vas a la iglesia y el predicador te da un mensaje, pero si no te convence, bueno… es mejor quedarse en casa y escuchar música espiritual».

Albert Collins, 1990.

Albert Collins, en opinión tanto de los músicos que tocaron con él como de los que lo conocieron fuera de los escenarios y los estudios de grabación, siempre lo definieron con una palabra: diferente.

Algunos lo atribuyen a su educación en Texas, influenciada por el jazz, mientras que otros simplemente lo atribuyen a los miembros «legendarios» de su familia. Luego, están aquellos que parecen pensar que era su afinación única e inimitable de su guitarra o ese estilo dinámico de punteo con los dedos lo que le diferenciaba de los demás maestros del Texas blues. La mayoría de los fanáticos del blues, incluido quien suscribe estas líneas, probablemente marcaríamos la casilla «Todo lo anterior».

En 1990, después de presentar una actuación repleta de estrellas y de altísimo nivel en el Festival de Blues de Long

Beach, el Sr. Collins bajó del escenario para hablar sobre su blues, su camino y su vida como «maestro de la Telecaster» para la KBRAQ FM Radio. «Bueno, desde mi infancia estuve rodeado de músicos de jazz en Texas y también de músicos de blues. Pero sobre todo teníamos trompetistas, como los de los sonidos de las grandes *big bands* de Texas. Eso era un poco diferente, ¿sabes? Incluso estaba lejanamente emparentado con toda una leyenda del género, Lightnin' Hopkins, de quien aprendí mucho en mis comienzos. Pero poco después mi siguiente maestro fue, para dominar la acústica, John Lee Hooker. Y cuando dominé la acústica, tenía a Guitar Slim (Eddie Jones), T-Bone Walker y B. B. King, quienes eran, por supuesto, mis favoritos. Siempre escuchaba su música, pero nunca quise tocar como ellos. Siempre quise tener mi propio estilo, ¿sabes? Solía escuchar sus discos y, luego, tocarlos con mi guitarra».

No todos los músicos de blues del nivel de Albert Collins fueron tan accesibles a la prensa como él, por eso podemos conocer a través de diferentes entrevistas que hemos podido rastrear algunos detalles que merece la pena destacar en este libro, que tiene como vocación e impulso fundamental dar a conocer historias menos conocidas en el mundo del blues más allá de las habituales.

«La forma en la que afino mi guitarra es diferente a la de la mayoría de los guitarristas de blues. Ya sabes que toco sin púa ¿verdad? Pues habitualmente empiezo con una afinación estándar y más tarde cambio para tratar de mantener mi propio estilo. Antes de que apareciera el "wah-wah" yo ya hacía ese "wah-wah" con la mano. Mucha gente usa dispositivos electrónicos, pero a mí eso no me importa nada».

En otras conversaciones, resulta significativo saber cómo muchos de los músicos que hoy son nombres realmente de peso en el mundo del blues deben haber tenido la oportunidad de llegar a donde han llegado gracias a Albert Collins. Es el caso, por ejemplo, del guitarrista Coco Montoya. «Tocó la batería para mí durante cuatro años. Era y es batería, pero le enseñé a tocar la guitarra, ¿sabes? ¡Y toca!, ¡vaya si toca!».

La primera sesión de Albert Collins en Beaumont produciría su primer gran éxito, *Frosty*. «Me alegré de que *Frosty* vendiera millones de copias, eso fue algo muy bueno y lo disfruté. A principios de los 60 hacía canciones instrumentales, nunca pensé que fuera cantante, ¿sabes? Me gusta tocar detrás de un buen grupo, nunca me consideraría un mal cantante, pero hasta que no entras en una cabina de grabación, te pones frente al micrófono, se enciende la luz roja y el técnico te da el "3,2,1... ¡grabando!", no sabes si serás capaz o no de hacerlo. No quiero que suene inmodesto, pero yo fui capaz. Y allí estaba con su cara pálida y lechosa de albino llena de acné juvenil Johnny Winter y otro día una Janis Joplin con 15 años alucinando con lo que estaba viendo y escuchando». Años más tarde, Albert Collins trabajaría en varios conciertos con otro joven *bluesman* de Texas, Stevie Ray Vaughan. «Ah, sí», dice Albert, «Toronto, Canadá y Nueva Orleans, Austin y Dallas... su muerte fue una de esas cosas, habiendo visto el potencial que tenía, que cuesta mucho superar. Fue una pérdida irreparable. Odio hablar de eso».

Como sucedió con muchos *bluesman* de indiscutible talento, pero que nunca tuvieron detrás el impulso ni el apoyo de la gran industria del disco, pasó muchos años con un enorme prestigio detrás, una leyenda incuestionable pero una cuenta corriente en su banco en la cual los descubiertos eran más frecuentes de lo deseable. Los años 80 no fueron en modo alguno los más rentables en ese sentido para Albert Collins hasta que apareció Gary Moore con un contrato recién firmado para Virgin Records y total poder de decisión para elegir los colaboradores en el álbum que iba a grabar a modo de inauguración de su nuevo contrato, que no sería otro que el multimillonario *Still Got the Blues*, el disco que reveló a Gary Moore, hasta ese momento un guitarrista asociado inequívocamente al mundo del heavy metal, como todo un *bluesman*, alumno privilegiado tanto de John Lee Hooker, B. B. King o Albert King como del propio Albert Collins, a quien invitó no solamente a participar activamente en la grabación de ese álbum, sino a girar por todo el mundo con él.

Albert Collins en 1980 (Foto: Lionel Decoster).

También vivió en sus propias carnes el lado sórdido, oscuro y peligroso de la vida del *bluesman* en la carretera, que a pesar de todo en Texas también tenía sus escenarios, a pesar de que lo recordara a *Rolling Stone* en 1990 de manera muy desenfadada. «Oh, hombre… ¡soy un músico de blues! ¡Cómo no voy a haber visto balas alrededor de mi cabeza! Una vez estuve tocando en un club en Texas. El dueño del club salió al escenario al terminar nuestra actuación para anunciar que a la noche siguiente estaríamos de nuevo tocando allí y en medio de su monólogo, un hombre se levantó de la mesa y le disparó a otro tipo. La bala atravesó a este tipo y le dio al dueño del club en el estómago, cayendo redondo al suelo. Cuando vi eso comencé a correr (risas) y simplemente saqué mi amplificador y todo mi equipo por la puerta del *backstage*. Ese es el único gran problema del que tuve que escapar. Tuve que salir corriendo del escenario antes de que llegase la policía u otro tipo sacase otro revolver y siguiera la fiesta».

Perdimos a Albert Collins a consecuencia de un cáncer el 24 de noviembre de 1993. Afortunadamente para los fanáticos de la música de todo el mundo, nos dejó uno de sus regalos más grandes y perdurables: su blues.

JOHNNY «GUITAR» WATSON: UNA GUITARRA EN EL ESPACIO

¿*Bluesman* maldito? Quizá no sea un *bluesman* a la altura de otros con mucho más nombre en lo que a popularidad e impacto mediático se refiere, pero, justamente por eso, en modo alguno se le puede negar un lugar en esta historia del Texas blues. Sobre todo, si gente como Frank Zappa o Eric Clapton le han señalado como una influencia determinante si no en toda su carrera, sí en momentos muy concretos y relevantes de su evolución como guitarristas.

Hasta ases del mástil como Joe Satriani le mencionan en más de una entrevista como una de sus influencias en el ámbito de lo más vanguardista e instrumental, en especial si mencionamos temas como *Space Guitar.* O si vamos más al detalle, *Three Hours Past Midnight.* Esta composición de Johnny «Guitar» Watson de 1956 es la canción que Frank Zappa dijo que le inspiró y le animó a convertirse en guitarrista. Zappa nació en diciembre de 1940 y en el momento en que se empezó a popularizar el blues era un estudiante de secundaria con un gran interés en la música clásica, incluido el compositor de vanguardia Edgard Varèse y que según explicó en sus memorias, no estaba especialmente interesado ni en el rock ni en el blues. Pero... ya se sabe cómo juegan los duendes de la música.

Johnny Guitar Watson durante una actuación en directo.

Este oscuro *bluesman* texano dejó su impronta, apenas conocida, en otros clásicos del rock más contemporáneo en este caso. ¿Se acuerdan del famoso *The Joker*, de la Steve Miller Band, que ha sido tan frecuentemente usada en varios anuncios publicitarios, bien sea de cerveza o de pantalones vaqueros? Bien, pues esta composición de Steve Miller alude a una de las más conocidas piezas de nuestro hombre, *Gangster of Love*, precisamente en *The Joker* en la frase «some call me the gangster of love» *(«Algunos me llaman el gángster del amor»).*

Todo un carácter. Por desgracia, fue otro de los que nos dejó muy prematuramente. Johnny «Guitar» Watson murió de un ataque al corazón en el transcurso de una gira por Asia el 17 de mayo de 1996, haciendo realidad el sueño de muchísimos músicos de blues, rock, jazz y otros muchos estilos: morir en el escenario. Alrededor de las 19:40, cuando estaba interpretando el primer verso de *Superman Lover*, en el escenario del Ocean Boulevard Blues Cafe en Yokohama, Japón, su primera canción de la noche, hizo un gesto como si empujara el micrófono hacia el público, con la mano en el pecho, y cayó de espaldas. Fue ingresado urgentemente en un hospital cercano, pero en modo alguno se pudo evitar su muerte. De hecho, su certificado de defunción fue extendido tan solo dos horas después. Tres días más tarde, uno de los compañeros de banda de Watson le dijo a la audiencia: «Johnny dijo una vez que si muriera, quería morir en el escenario». ¿Final feliz?

Tenía 61 años y sus restos fueron repatriados a Estados Unidos para su entierro en el Forest Lawn Memorial Park Cemetery en Glendale, California. Una leyenda nunca valorada del blues que aún debe ser reivindicada.

UN GENIO ALBINO EN LA CORTE DE B. B. KING

«Nunca he pensado mucho en el futuro. Soy alguien que vive el día a día. Me conformaría simplemente con ser recordado como un buen músico de blues».

Johnny Winter, 1989.

Caso muy similar al de Janis Joplin. Aunque John Dawson, «Johnny» Winter III, más conocido como Johnny Winter, vino al mundo en Beaumont, Texas, el 23 de febrero de 1944. A muy corta edad se trasladó a vivir con su familia a Leland, donde su padre, John Dawson Winter II, además de regentar negocios relacionados con el cultivo del algodón, tocaba el saxofón y la guitarra y cantaba en iglesias, bodas y otros eventos, incluidos concursos de canto en barberías como miembro del Lamppost Quartet y conciertos en el porche de la casa de Winter con la banda familiar, que tenía cinco integrantes y cuyo repertorio incluía canciones pop como *Ain't She Sweet* y *Bye Bye Blackbird,* junto a diversos números populares de teatro y comedia musical.

Johnny Winter durante una de sus últimas actuaciones en directo.

A pesar de su infancia en el corazón del blues del delta, Johnny solo descubrió el blues en Texas, escuchando la radio en la cocina con la criada afroamericana de la familia Winter y haciéndose de inmediato seguidor de los *bluesmen* nacidos en el Misisipi Muddy Waters, Howlin' Wolf, Bobby Bland, B. B. King y Robert Johnson se convirtieron en sus artistas de blues favoritos y decidiendo desde entonces que se dedicaría a la música, contando —curiosamente, pues no solía ser lo habitual— con la aprobación y apoyo de sus padres. Su devoción por el blues del Misisipi fue tal que cuando editó en 1969 su primer álbum para Columbia Records, recabó la colaboración en la grabación de este disco de figuras como Willie Dixon y Big Walter Horton.

No obstante, en 1968 ya había debutado en disco con una compañía independiente texana Vulcan Gan Company, que editó su primer álbum bajo el significativo título de *The Progressive Blues Experiment,* en el que ya encontramos, análogamente a lo que sucedía en Gran Bretaña, versiones de clásicos inmortales de la historia del blues tales como *Rollin' and Tumblin',* *Help me,* de Sonny Boy Williamson, *I Got Love if you Want it,* de Slim Harpo, *Broke Down Engine,* de Blind Willie McTell, o la que sería una de las piezas que muy rara vez dejaría de tocar en directo, su versión de *It's my own Fault,* de B. B. King.

Ya en este disco, y como bien indica su título, Johnny Winter está aportando al blues de raíz más clásica la sonoridad, la energía y la dureza del rock en una fusión de estilos llena de inspiración y en la que se adentra en un universo de sensaciones musicales que llevará a un grado más de inspiración y brillantez en su *Johnny Winter,* disco de 1969, clásico absoluto de la historia de la música popular contemporánea de finales de los años 60 en Estados Unidos.

Be Careful with A fool, de B. B. King, *Good Morning Little School Girl* —que también versionaron en este periodo en Inglaterra Ten Years After— de Don Level y Bob Love, *When you Got a Good Friend,* de Robert Johnson, y

Back Door Friend, de Lightnin' Hopkins, harán de este disco todo un documento sonoro, representativo al máximo de la evolución del blues de finales de los 60 y que catapultará a Johnny Winter al éxito internacional, llegando a ser invitado a tocar aquel mismo año en el Festival de Woodstock, aunque por desacuerdos entre la productora de la película, su mánager y las diversas compañías discográficas involucradas, ni un segundo ni un fotograma de la que se recuerda como su apoteósica actuación en Woodstock'69 se incluyó ni en el álbum oficial ni en la película dirigida por Michael Wadleigh.

Hasta su fallecimiento en julio de 2014, Johnny Winter siempre se mantuvo activo en la música, girando por todo el mundo —su último concierto tuvo lugar en el Festival de Blues de Cahors, Francia, dos días antes de su fallecimiento—, editando grandes discos, del que siempre se recuerda el mítico doble álbum *Johnny Winter And... Live!*, que incluía las históricas y explosivas versiones del *Jumpin' Jack Flash*, de los Rolling Stones, y *Johnny B. Goode*, de Chuck Berry, y siendo siempre una referencia fundamental para el blues contemporáneo, tanto en Gran Bretaña como en Estados Unidos.

Algunas curiosidades que seguramente no sabían acerca de Johnny Winter: como músico, su primera elección no fue la guitarra; Johnny desde niño quiso ser clarinetista, pero su dolencia de maloclusión dental le impedía tocar este instrumento con la precisión necesaria y por consejo médico y para no empeorar su problema, abandonó el clarinete y paralelamente a su descubrimiento del blues, se hizo guitarrista tras una breve y parece que insatisfactoria experiencia con el ukelele.

Ya habiendo hecho sus pinitos como guitarrista, en 1962, a la edad de 17 años, Johnny y su hermano menor, Edgar Winter, asistieron a un concierto de B. B. King en Beaumont y nadie sabe cómo, pero convencieron a King de que permitiera a Johnny subir al escenario y tocar con él. Fue su primera experiencia tocando blues para un público negro. Si ya resultaba chocante ver a una pareja de blancos albinos entre un público negro en su práctica totalidad, cuando Johnny se subió al escenario e hizo su primera actuación en directo, la sorpresa de toda la audiencia e inclusive la del propio B. B. King fue espectacular.

Apenas conocida fue la faceta de Johnny Winter como productor; en 1977, después de que el sello discográfico de Muddy Waters, Chess Records, cesase su actividad, Johnny Winter llevó a Waters al estudio para grabar el álbum *Hard Again* para Blue Sky Records, un sello creado por el mánager de Winter y distribuido por Columbia Records. Además de producir *Hard Again*, Winter tocó la guitarra en varios temas y produjo dos álbumes más para el legendario bluesman, *I'm Ready*, con Big Walter Horton en la armónica y *King Bee*, grabado en 1980, pero que por problemas contractuales no vio la luz hasta 1981, así como el directo *Muddy «Mississippi» Waters – Live!*, que se puso a la venta en enero de 1979. En 1988, después de grabar tres álbumes para el sello de blues Alligator Records en Chicago, se convirtió en el primer músico blanco nominado y elegido por unanimidad miembro del Salón de la Fama del Blues.

LOS DESCONOCIDOS ORÍGENES DE UNA GRAN LEYENDA DEL TEXAS BLUES O CÓMO LA PSICODELIA IMPLOSIONÓ EN HOUSTON

«El blues es una carretera muy larga. O si lo prefieres, puede ser un río que serpentea y se retuerce hasta desembocar en un mar de potencial musical ilimitado».

Billy Gibbons, cantante y guitarrista de ZZ Top, 1983.

Este ya icónico trío texano, ZZ Top, formado en 1969, cuya fuente principal de inspiración, en especial a lo largo de toda su carrera en los años 70 del siglo XX fue el Texas blues, es uno de los más claros exponentes de la evolución del blues hacia el rock, pero conservando siempre esa raíz puramente blues, dejando esa huella y esa impronta en su estilo y llegando a ser, al igual que en el caso de Johnny Winter, otro referente inexcusable para miles de seguidores de todas las generaciones que se han acercado al rock desde su esencia blues.

Pero la historia de ZZ Top no empieza en 1969, sino algunos años antes y como secuela de un grupo de blues psicodélico. ¿A que no se lo imaginaban?

En efecto, mientras Billy Gibbons ya estaba ensayando y tocando con diferentes músicos en torno a 1966-67 con idea de formar un grupo en Houston, en el circuito de clubes entre Dallas y Fort Worth existía un originalísimo trío llamado American Blues que hacía una sorprendente fusión entre la psicodelia más compleja —se declaraban seguidores de 13Th Floor Elevation y de Captain Beefheart & his Magic Band— y el blues clásico. Debutaron con un primer álbum titulado *American Blues Is Here* a comienzos de 1968 y a lo largo de muchos meses fueron habituales de clubes como The Cellar en Dallas o The Walrus en Mockingbird Lane. El *line-up* de American Blues lo formaban Rocky Hill, como cantante y guitarrista, su hermano Dusty, como bajista, y Frank Beard, en la batería, y este primer disco que editaron, uno de esos tesoros ocultos de la historia del blues y del rock; pura creatividad e innovación, baste escuchar su alucinante versión de *If I Were a Carpenter* o su *Mercury Blues* para hacerse una idea de lo revolucionaria que era esta propuesta.

En el otoño de 1968 la banda decidió abandonar el área de Dallas-Fort Worth y mudarse a Houston, pero el grupo no llegó a durar más allá de unos pocos meses tras establecerse en su nueva ciudad. Diferencias muy profundas en torno a qué rumbo musical debería seguir el grupo entre los hermanos Hill provocaron la abrupta ruptura de American Blues. «Dusty quería tocar rock and roll», le dijo Rocky al Texas Chronicle en 1979. «Dusty quería ganar algo de dinero. Y lo hizo. ... Yo quería tocar algo de blues. Y lo hice».

La formación publicó casi de manera paralela a su separación en 1969 un segundo disco llamado *Do their Thing* bajo etiqueta Uni, una filial de MCA Records, que seguía explorando en temas como *You Were so Close to me, Captain Fire* y *Just Plain Jane,* esa línea de evolución progresiva entre el blues, el rock y la psicodelia al tiempo que en *Wonder Man* y *Shady* reflejaban una influencia más acusada de Cream, mientras que la ardiente *Comin' Back Home,* merced a sus solos de Frank Beard y Rocky Hill, era pura inspiración Jimi Hendrix Experience.

Por cierto, si les interesa muévanse por ferias de coleccionistas de discos, que todavía se hacen, y háganse con estos vinilos. No los busquen en Spotify, no están. Al menos en el momento de escribir estas líneas, enero de 2025.

Aunque la genial base de ritmo de la banda en menos de un año iba a reagruparse. Billy Gibbons puso en pie la primera formación de ZZ Top con Lanier Greig como bajista y teclista y Dan Mitchell como batería, pero pronto ambos fueron sustituidos en el caso de Greig por Billy Ethridge, excompañero del hermano de Stevie Ray Vaughan, Jimmy, en The Chessman, una casi desconocida pero interesantísima banda de Garage Rock de Denton, y en la batería por Frank Beard, que ya saben quién es, ¿cierto?

Diciembre de 1969: tras el largo y consabido «tour de los sordos» por varias compañías discográficas y pese a todos los intentos de su mánager Bill Ham, finalmente una subsidiaria de Decca Records en Estados Unidos, London Records, ofreció un contrato al trío, pero Etheridge no lo aceptó al parecerle que incluía cláusulas abusivas, con lo que al negarse a firmar, quedó automáticamente fuera de la banda —no por lo que se ha contado en muchas biografías de ZZ Top sobre un supuesto enfrentamiento con Bill Ham— y sustituido por Dusty Hill, excompañero de Frank Beard en American Blues. A lo largo del verano de 1970 el trío grabó lo que sería su debut para London Records, *ZZ Top's First Album*, que apareció en las tiendas en enero de 1971 y que fue un fracaso comercial. Sin embargo, su compañía siguió creyendo en ellos y en ese blues más puro, más apegado a las raíces, aunque con una fuerte impronta hard rock.

No tardaron en ser recompensados; su segundo álbum *Rio Grande Mud* (1972) mejoró notablemente sus cifras de ventas, colocaron en los charts americanos un primer single, *Francine*, y en el verano de 1973 su celebérrimo *Tres Hombres* los llevó a la cima del éxito. El disco llegó al nº 14 en la lista de álbumes de Billboard, *La Grange* sonó en todas las emisoras de radio del país y dos años más tarde *Fandango* llegaba todavía más lejos en la primavera de 1975, colocándose nº 1 en Canadá y nº 10 en Estados Unidos. Discos de oro, de platino, giras mundiales… el resto de la historia ya es conocida.

Lo que en modo alguno es igual de conocida es la historia del hermano de Dusty Hill, Rocky, el purista del blues que rompió American Blues y quedó fuera de la gloria del éxito de ZZ Top. Una vida de auténtico *bluesman* maldito; no logró formar otra banda ni establecer una carrera en solitario, sobreviviendo a lo largo de toda la década de los 70 como guitarrista acompañante en directo y en estudio de grandes músicos del blues tradicional, caso de Freddie King, Jimmy Reed, John Lee Hooker o Lightning' Hopkins, para quien tocó el bajo.

Grabó con la colaboración de Johnny Winter y Dr. John un excelente álbum en solitario llamado *Texas Shuffle*, que se puso a la venta en 1982 y se dice que, por consejo e influencia de Keith Richards sobre Richard Branson, logró un contrato discográfico con Virgin Records en 1988 merced al cual editó un álbum homónimo que fue producido —¿paradójicamente?— por el mánager y productor de ZZ Top, Bill Ham. Después de otra larga pausa, Hill lanzó un álbum llamado *Midnight Creepers*, en 1994. «Tocamos cuando el blues no estaba de moda en absoluto», le dijo al *Chronicle* en 1993. «Ahora que el blues está muy de moda, voy a hacer una banda de rock'n'roll. Mi carrera, mi mundo y mi vida siempre están al revés».

Rocky Hill debería haber sido una apuesta segura para el mundo del blues y el rock en los años 80. La banda de su hermano estaba vendiendo decenas de millones de discos de rock *mainstream* basado en el boogie, mientras que Stevie Ray Vaughan, un guitarrista de Dallas ocho años menor que él, también estaba recibiendo finalmente su merecido éxito como estrella del nuevo Texas blues. Autodenominado guitarrista «anti-Clapton», se le consideraba un auténtico maestro del instrumento y quienes le conocieron siempre dijeron de él que era tan salvaje tanto encima de un escenario como en el *backstage* o en la barra de cualquier bar. De hecho, falleció el 10 de abril de 2009 a la edad de 62 a consecuencia de la dolencia en el hígado que sufría gracias a muchos años de abusos con el alcohol y las drogas.

LA APENAS CONOCIDA HERMANDAD VAUGHAN DEL TEXAS BLUES

Poco antes de morir en el celebérrimo accidente de helicóptero en 1990 tras actuar como invitado en un concierto de Eric Clapton, Stevie Ray Vaughan grabó *Family Style*, un álbum largamente elaborado y trabajado con su hermano mayor, Jimmie, como los Vaughan Brothers. Para este proyecto, producido por Nile Rodgers de Chic, cada uno de los dos hermanos se acercaron a los estilos del otro, con Stevie tocando menos solos y más riffs al estilo twang al estilo de Lonnie Mack, mientras que Jimmie se concentró en tocar más solos de una sola nota al estilo de Freddie King. Pero este acercamiento simplemente puso de relieve lo diferente que habían sido sus carreras dentro de su riqueza musical y las diferentes aportaciones que cada uno de ellos proporcionó.

Lo cual puso de relieve las diferentes formas en que los músicos y el público modernos interpretan el blues. Los solos ganan las ovaciones, pero el ritmo hace que la música te haga sentir bien durante las dos horas del *show*. Solistas como Stevie Ray Vaughan, Eric Clapton y los tres reyes (Albert, Freddie y B. B.) pueden ser los héroes del mástil cada uno en su estilo, pero los guitarristas rítmicos como el propio Jimmie Vaughan, Keith Richards o Jimmy Nolen, de la banda de James Brown son el ancla de las mejores bandas. Tal vez los *groovers* también deberían ser héroes, ¿no les parece?

Por ello y con independencia de que obviamente el más recordado de los hermanos Vaughan es Stevie, dentro del Texas blues hay que sacar a la luz la figura de su hermano Johnnie —este es un libro sobre lo que no se cuenta en otros, ¿recuerdan?—, cuya personalidad musical fue tan fuerte como la de su hermano, sobre todo como guitarrista rítmico: corcheas punzantes justo en el momento adecuado, un golpe brusco hacia abajo para martillear en la primera y un golpe sutilmente retrasado hacia arriba para hacerla vibrar, todo empapado en un tono tan espeso y sabroso como la salsa de barbacoa de Texas. Incluso cuando toca lo que convencionalmente conocemos como un «solo», cada nueva nota se asienta en ese especialísimo ritmo de tira y afloja.

Es un estilo profundamente arraigado en Texas, especialmente en la escena de Houston, donde Gatemouth Brown, Bobby Bland y Big Mama Thornton hicieron discos de blues con arreglos de instrumentos de viento y un ritmo pulsante para bailarines. Criados cerca de Dallas, los hermanos Vaughan se mudaron a Austin, donde en 1975 abrieron un nuevo club musical, Antone's, que sirvió de escaparate en un primer momento para los veteranos del blues de Chicago y Houston, así como para las bandas más jóvenes y, por supuesto, para ellos mismos. Jimmie pronto gravitó hacia los maestros del riff de la Gulf Coast y volcó todo su talento en los Fabulous Thunderbirds, que Jimmie codirigió con el cantante Kim Wilson, que tocaba la armónica como un saxofonista de Houston y que puede exhibir orgulloso en su biografía que Muddy Waters dijo de él que era el mejor armonicista y cantante de blues que había escuchado nunca.

Este grupo, especialmente en su versión de 1979-1992 con el batería Fran Christina y los bajistas Keith Ferguson y Preston Hubbard, hizo algunos de los discos de blues más atractivos de su época. Por su parte, su hermano menor se inclinó por la escuela y el estilo de Buddy Guy y Jimi Hendrix.

Vamos primero con los «fabulosos pájaros atronadores»: ciertamente, ellos no fueron los primeros ni los únicos en reivindicar la tradición del blues como música festiva más allá de su naturaleza como canto de rebelión, de protesta o de desesperanza, que se tradujo en frecuentes y fecundas colaboraciones con leyendas del blues como Albert Collins, Bonnie Raitt, John Lee Hooker, Lazy Lester, B. B. King, Delbert McClinton, Billy Gibbons, Gary Clark Jr. y Eric Clapton. Una concepción del blues que no excluía que se pudiera bailar y disfrutar de otra manera —como reivindicó el rock'n'roll— y no solamente en Texas, sino también en Estados cercanos como Luisiana u Oklahoma, donde el público tenía más probabilidades de salir a la pista de baile que en la costa este o en el medio oeste. Los guitarristas que perfeccionaron este estilo incluyeron no solo a T-Bone Walker en Dallas, Barbara Lynn en Beaumont y Albert Collins en Houston, sino también a Lowell Fulson en Tulsa y Earl King en Nueva Orleans. Lo que, en una apreciación que comparto, se ha denominado Gulf Coast Groove Blues.

Stevie Ray Vaughan —en el centro— con sus compañeros de Double Trouble Chris Layton a la izquierda y Tommy Shannon a la derecha (Foto: Don Hunstein).

Stevie Ray Vaughan, un icono del blues contemporáneo al que admiraron, apreciaron y respetaron desde los Rolling Stones a Bob Dylan, pasando por Joe Bonamassa, Freddie King, B. B. King o por supuesto Eric Clapton, orientó su carrera en un sentido diferente, aunque en el marco de una filosofía ecléctica y heterogénea que le permitió hacerse un nombre en el mundo del rock en general, como cuando por ejemplo participó en la grabación del álbum *Let's Dance* de David Bowie de 1983, tocando la guitarra en temas como el propio *Let's Dance* o *China Girl*. De hecho, iba a formar parte de la banda en directo de Bowie en la gira mundial en la que presentó aquel disco, pero…

…los problemas con las drogas que Stevie tenía en ese momento —Bowie exigía tajantemente que todo su *crew* en esa gira estuviera absolutamente limpio—, las diferencias que el *management* del texano mantenía con el del propio David Bowie sobre lo que Stevie debía cobrar, así como el desencuentro que ambos músicos tuvieron personalmente acerca de cómo debían ser en directo las canciones que iban a entrar en el *set-list* motivaron que tan solo 24 horas antes del inicio del *Serious Moonlight Tour 1983* Stevie no tomase el avión desde América a Europa en el que se embarcó todo el equipo de gira y que casi a contrareloj se llamase a Earl Slick para que fuera junto a Carlos Alomar el dueto de guitarras de aquel *tour*. Stevie Ray Vaughan nunca quiso hablar demasiado sobre aquel episodio, que se produjo justo cuando estaba, por otra parte, a punto de salir al mercado el disco que le encumbró: *Texas Flood*.

Tras la larga travesía del desierto que vivió el blues a lo largo de la década de los 70 en Estados Unidos, uno de los discos que en gran medida fue el detonador, la espoleta, el factor determinante que impulsó el renacimiento del blues en el continente americano fue la edición y el inesperado éxito comercial que logró en el verano de 1983 este álbum de Stevie Ray Vaughan, así como las giras europeas y americanas que el guitarrista texano y sus Double Trouble hicieron en la segunda mitad de aquel año.

Aunque como muchas veces ha sucedido en el mundo del blues, Stevie Ray Vaughan hizo de esta pieza que dio título a este seminal álbum su tema más conocido y característico sin ser de su autoría: *Texas Flood* fue originalmente un tema compuesto y grabado por el *bluesman* de Arkansas Larry Davis en 1958. La vieja historia de siempre… que no todo el mundo conoce.

EL BLUES DE LA COSTA OESTE: ENTRE TRAGOS DE BOURBON Y CALADAS DE MARIHUANA

«Un niño siempre te guiará y yo he llegado a descubrir a través de los años que he sido un hombre adulto, como algunos niños me han guiado. He escuchado a los jóvenes y me han dado una nueva visión del mundo. Aprendí más de 1968 de lo que aprendí en toda mi vida cuando llegué por primera vez a la Costa Oeste… de los jóvenes hippies de pelo largo y ponchos mexicanos. Cuando dejas de escuchar, es cuando estás en problemas. Lo digo en serio».

Albert Collins.

La prosperidad económica que trajo consigo el establecimiento de la poderosa industria del cine en Hollywood y el crecimiento de una industria que en tiempos de guerra propició un nuevo polo de atracción de gentes de todos los rincones del país, como hemos señalado anteriormente, no llevó a Los Ángeles o San Francisco oleadas de migración tan grandes como las que llevó al norte del país, pero sí dejó una huella considerable en esa California que en los años 60 se convertiría en la tierra prometida de todas y todos los querían cambiar el mundo no con fusiles ni tanques, sino con música.

A partir de finales de los 40 y primeros años 50 del siglo XX, las grandes bandas de swing se habían vuelto poco económicas para los salones de baile, pero las bandas de rhythm and blues más pequeñas con instrumentos eléctricos y uno o dos músicos de viento y metal, como el Johnny Otis Show, y los combos de piano de Big Joe Turner llenaron el vacío que amenazaba con el cierre de esos locales. El jump blues y el rhythm and blues fueron una gran influencia para los grupos de jazz y blues con piano como Percy Mayfield, Nat King Cole, Charles Brown y Ray Charles, que estaban ya radicados en Los Ángeles en esa época. En esas circunstancias empezó a generarse una nueva escena musical donde el blues que trajeron los afroamericanos de otros estados del sur se convirtió en otra de las señas de identidad de muchas ciudades californianas.

El sonido de la costa oeste no se limitaba a Los Ángeles: el área de la bahía de San Francisco, especialmente Oakland, no tardó en transformarse en una fuente muy productiva de música basada en el blues. Pee Wee Crayton se mudó al norte desde Los Ángeles a principios de los años 50 y produjo algunos de sus mejores trabajos allí, mientras que Jimmy McCracklin tuvo un gran éxito en 1958 con *The Walk*. Su productor fue Bob Geddings, quien había grabado a Lowell Fulson en Oakland poco después de que el tejano fuera dado de baja de la Marina. Más tarde, los pesos pesados del blues John Lee Hooker y Charlie Musselwhite también se mudaron al Área de la Bahía. Johnny Otis fue un prolífico generador de rhythm and blues de la Costa Oeste con sus constantes giras y *shows* pero también como promotor de nuevos talentos como Etta James y Jackie Wilson, produciendo discos, creando su propio sello y presentando programas de televisión y radio.

La formación clásica de Canned Heat, el gran grupo de blues-rock de finales de los 60 en Estados Unidos.

Todo ello no fue sino el preludio de la explosión final del *West Coast Rock* de la década los 60, propiciado en gran medida por el establecimiento en Los Ángeles junto a la meca de la industria del cine, de la nueva meca de la industria musical.

Todas las grandes multinacionales del disco abrieron sedes y subsedes de sus oficinas madre de Nueva York o Chicago en LA, lo que atrajo la ciudad a músicos como Carlos Santana o Steve Miller. John Mayall se estableció en Laurel Canyon y todo el movimiento contracultural obviamente tuvo su plasmación, además de en una revista como *Rolling Stone,* en todo un nuevo estilo de rock en el cual van a destacar como continuadores y herederos de la tradición del viejo blues de siempre una banda histórica, que aún en la actualidad continúa activa: Canned Heat. Imprescindible mencionar en un libro de estas características álbumes como *Boogie With Canned Heat* (1968), *Living the Blues* (1968) o *Future Blues* (1970), amén de clásicos ya absolutamente imperecederos de la historia del blues y el rock como su versión de *Rollin' and Tumblin'*, *Let's Work Together*, *On the Road Again* o *Going Up the Country*.

El blues americano (II): el delta del Misisipi

«Si quieres entender algún día este mundo, primero debes entender un lugar como Misisipi».
William Faulkner.

De acuerdo con lo que apunta la última entrada en la *Enciclopedia Británica* sobre el río Misisipi —o Mississippí, ambas formas de pronunciarlo son válidas y en Estados Unidos se usan indistintamente— es un larguísimo río del centro de Estados Unidos que fluye en dirección sur a través de diez estados, a saber: Minesota, Wisconsin, Iowa, Misuri, Illinois, Kentucky, Tennessee, Arkansas, Misisipi y Luisiana. Su desembocadura se ubica en el golfo de México en el océano Atlántico, cerca de Nueva Orleans. Tiene una longitud de 3.734 kilómetros, pero si se considera el sistema Misisipi-Misuri alcanza los 6.275 kilómetros, que lo sitúan como el cuarto más largo del mundo, tras los ríos Amazonas, Nilo y Yangtsé en China.

En sus orillas, afluentes y en el delta del Misisipi, para muchos expertos y estudiosos de las raíces más genuinas del blues, es donde el blues adquirió auténtica carta de naturaleza como estilo musical, donde se generó ese carácter de lenguaje universal que nadie puede negarle y donde además, emergieron muchos de los nombres actualmente más legendarios y más conocidos del género, los más versionados y los que han dado una dimensión más polifacética al blues como escuela musical, como influencia básica a partir de la cual modelar otros lenguajes y como vehículo para expresar sentimientos profundos.

Es indudablemente otra de las cunas del blues, insisto, tal vez la más importante y más allá de lo que ya se conoce, aquí podemos añadir a su acervo histórico más cosas que van más allá de la historiografía tradicional. ¿Empezamos el viaje?

Les advierto, por experiencia propia: En el delta hace habitualmente mucho calor y humedad, hay muchos mosquitos y abundantes ciénagas de arenas movedizas en los márgenes de los afluentes del río. Llévense sombreros, repelente anti-insectos y mucha agua para beber… aunque al final del viaje, descuiden, le estará esperando en cualquier taberna una botella del mejor bourbon artesano de la zona.

¡¡ES LA GUERRA!!

Sumergiéndonos en la niebla de la historia y como sucede habitualmente, no es posible responder con exactitud a la pregunta: ¿Cuándo comenzó lo que hoy conocemos como el blues del delta del Misisipi? Pero sí es posible aproximarse a un periodo concreto de la historia americana en el que es posible contextualizar las circunstancias en las que ese blues más primigenio es alumbrado. Les reconozco que me quedé igual de perplejo que ustedes cuando haciendo mis investigaciones y mis lecturas al objeto de documentarme para escribir este libro, descubrí que la cuna del blues contemporáneo emergió de los campos de batalla de la guerra de Secesión estadounidense.

Tanto en las tropas yanquis como en las confederadas, los soldados blancos notaron que los soldados afroamericanos cantaban diferentes canciones sobre la guerra, en las que enfatizaban tonos menos armoniosos que muchos musicólogos sitúan en los cantos predecesores del blues del Delta, que comenzó como una suerte de evolución de los cánticos de trabajo. De esta manera, el blues de Misisipi actuó como fuerza impulsora y símbolo de superación de la pobreza, la falta de oportunidades, la nostalgia por el hogar, la tierra y las raíces africanas perdidas... la inmensa fuerza simbólica y emotiva de estas canciones, que resultaban ser fruto de una evolución realmente interesantísima como objeto de estudio, el primigenio blues del Delta se convirtió en la primera música dominada por la guitarra afroamericana en ser grabada en fonógrafos en los primeros años del siglo XX.

El blues del delta amalgamó los polirritmos y tonalidades de la música de las tribus africanas negras con las tradiciones folclóricas y los instrumentos de la música predominantemente blanca. No estuvo más ni menos influenciado por ninguna de las dos culturas, sino que fue una combinación a gran escala de ambas que se convirtió en la base de la música de vanguardia durante gran parte del siglo XX.

Durante muchos años esta si se quiere, modalidad del blues, se mantuvo tan oculta como las que habían surgido en Texas, Kansas, Oklahoma o Chicago, pero con la aparición y pronta extensión de los clubes, locales y primigenias salas de conciertos que muy especialmente surgieron en toda esa zona en particular en torno a los años 10 y 20 del siglo XX, y en las que se harían famosos años más tarde todos los *bluesman* que harían del delta la Meca del amante del blues.

¿Características propias? Bien, en comparación si se quiere con el blues de otros lugares o ciudades, probablemente la seña, o las señas de identidad más características del blues del delta serán la guitarra acústica —posteriorrmente tocada con púa y electrificada— en especial la *slide* y el cuello de botella.

Los locales de música en los que se empezaron a hacer actuaciones en eléctrico permitieron que el blues de Misisipi viajara con gran celeridad, motivo por el cual no resulto incongruente que se le considerase el blues más genuino, el blues a partir del cual iban a crecer todos los demás.

CAMINANDO TRISTE POR UNA SUCIA CARRETERA…

«Nadie como Charlie Patton, salvo Blind Lemon Jefferson, tuvo tanta fama en vida ni fue tan considerado por los músicos de su época. La diferencia es que a Blind Lemon la vida le llevó a emigrar al norte donde gozó de una buena situación económica y de unas condiciones que le permitieron grabar y actuar en un entorno privilegiado. Charlie casi nunca salió del circuito de las fiestas campestres y de la miseria de las plantaciones. Con el paso de los años tampoco tuvo mejor suerte y otros intérpretes que se consideraban sus discípulos le pasaron de largo en la época de las reediciones, el descubrimiento de los viejos bluesmen y la forja de leyendas. Patton ya estaba muerto y le importaría muy poco el asunto, pero en ocasiones la vida es así de injusta y hay a quien siempre le toca bailar con la más fea».

Ramón del Solo, La Taberna del Blues.

Como comentábamos anteriormente, en el imaginario colectivo la escena del blues del delta estaba dominada por guitarristas atormentados y acosados por el diablo cuyos discos siguen siendo el estándar de oro para el blues «profundo». Desde siempre la denominación «delta blues» ha sido sinónimo inequívoco de la corriente más desgarrada y cruda de la música estadounidense. A pesar de que la región haya producido artistas de un estilo, digamos, más accesible como Mississippi John Hurt, bandas cercanas al country como Mississippi Sheiks, comediantes como Bo Carter, intérpretes entre el blues y el jazz jazzeros como Joe y Charlie McCoy, amén de Memphis Minnie y Big Bill Broonzy, el delta quedará en la historia como la cuna del blues más amargo y oscuro. Robert Johnson es el nombre más famoso de este panteón, pero entre los seguidores de esta vertiente del blues, a Charlie Patton se le considera casi universalmente el genio fundador y definitorio, la fuente de un linaje musical que va desde los mismos orígenes del blues hasta los maestros de Chicago y que abarca prácticamente todo lo que hoy entra dentro de esta definición.

Nacido supuestamente en 1891 —no existen datos fiables sobre su verdadera fecha y lugar de nacimiento—, Patton era mayor que los otros músicos del Delta que grabaron durante la época dorada de los años 1920 y 1930, y parece haber desarrollado muchos de los temas que ahora se consideran básicos para el repertorio de blues del delta. Sus arreglos de guitarra característicos fueron adoptados por Tommy Johnson, Son House y Willie Brown, así como por músicos más jóvenes como Howlin' Wolf y Roebuck «Pop» Staples, todos los cuales al parecer en algún momento fueron alumnos suyos, siendo precisamente la enseñanza una fuente secundaria de ingresos en los días de semana entre las actuaciones en los locales de mala muerte.

La única imagen verificada y conocida de Charlie Patton.

Sus temas básicos de blues, tales como el arreglo de «afinación española» que grabó primero como Screamin' and Hollerin' the Blues y que reapareció como *Future Blues*, *Jinx*

Blues y *Maggie Campbel* cuando lo grabaron Willie Brown, Son House y Tommy Johnson respectivamente, o el blues básico en mi que llamó *Pony Blues,* que Brown reformuló como M&O Blues y Johnson como *Bye and Bye,* son obras maestras. Sin embargo, cuando los historiadores basan su evaluación de la obra de Patton en estas piezas, lo ven a través del prisma de un fanatismo por el blues que apenas existía en su época, y desestiman tanto su talento como el mundo más amplio en el que vivió.

Aunque su carrera discográfica fue impulsada por la expansión del blues, solo alrededor de la mitad de sus aproximadamente cincuenta discos pueden considerarse razonablemente parte de ese género entonces moderno. Los demás son una mezcla de góspel y música religiosa, comedia *ragtime* como *Shake it and Break it,* baladas como *Frankie and Albert,* estándars más antiguos de *slide* guitar como *Bo Weavil* y *Spoonful,* y un par de piezas inclasificables que parecen ser sus reinterpretaciones de números pop de Tin Pan Alley, *Some of these Days* y *Running Wild.*

Promocionado como el *bluesman* del delta más profundo y crudo de todos, Patton rara vez es escuchado por personas que no sean fanáticos incondicionales del blues. De hecho, en muchos sentidos, las grabaciones de Patton se parecen más a las de Leadbelly que a las de Robert Johnson, y sería fácil reunir una colección de su trabajo dirigida a los fanáticos del folk y del country de antaño. La forma de Patton de abordar el material de «cantante» preblues es aún más interesante y pienso sinceramente que no es exagerado decir que en otras circunstancias, podría haber atraído al mismo público que convirtió a Leadbelly en un ícono del género. Un ejemplo perfecto de esto es la primera grabación de Patton, *Mississippi Bo Weavil Blues.* Una prima cercana de la canción que Leadbelly y otros convirtieron en un estándar popular, una balada sobre el gorgojo del bol, un pequeño insecto resistente que estaba destruyendo los cultivos de algodón y empobreciendo a los agricultores en todo el sur.

La trayectoria vital y musical de Charlie Patton pone de manifiesto un falso mito muy extendido, pero que no se corresponde con la realidad acerca de la extrema pobreza y marginación en la que vivían los *bluesmen* del delta. Contrariamente a como sucedería después, la edición de discos podía mejorar ligeramente la reputación de un músico, pero de ninguna manera eran vitales para el éxito local. Son House, por ejemplo, fue un músico de blues muy popular, aunque sus discos se vendían tan mal que casi ninguno sobrevivió para ser encontrado por coleccionistas posteriores. Patton lo hizo mucho mejor, publicando 26 discos contra cuatro de House, pero no hay razón para pensar que las grabaciones constituyeran una parte significativa de sus ingresos, o que el fracaso de sus últimos discos en venderse implicara que le faltase trabajo en la escena local. Por el contrario, todos los informes sugieren que siguió siendo un artista favorito del público seguidor del género hasta su muerte en 1934, y podría haber seguido trabajando y grabando fácilmente si su salud no hubiera fallado.

Asimismo, aunque el éxito de Patton se debió sin duda en parte a sus asombrosas habilidades como guitarrista y a la profundidad de su sentimiento como cantante de blues, también le debía mucho a su habilidad como artista. Sus actuaciones eran obras maestras del espectáculo: era famoso por trucos como tocar detrás de su cabeza o entre sus piernas al más puro estilo Jimi Hendrix, hasta el punto de que algunos músicos rivales le menospreciaban como un simple embaucador. Para su público en vivo, Patton no era el intérprete y cantante sutil que escuchamos en los discos, ni particularmente conocido por su profundidad conmovedora. Era un hombre que marcaba ritmos a todo volumen, gritaba para que se le oyera hasta el fondo de la sala y era un *showman* deslumbrante; a pesar de su repertorio acústico más antiguo, en cierto modo se lo puede considerar un predecesor de Little Richard y James Brown.

Charlie Patton murió en la plantación Heathman-Dedham, cerca de Indianola, el 28 de abril de 1934. Se erigió una lápida conmemorativa en su tumba, parece ser que anónima durante varios años y cuya ubicación fue identificada por el cuidador del cementerio, C. Howard, quien afirmó haber estado presente en el entierro pagada por el músico ex miembro de la Creedence Clearwater Revival John Fogerty a través del Fondo Conmemorativo Mt. Zion en julio de 1990.

¿PERSIGUIENDO A UN FANTASMA?

Es esta clase de misterios lo que sin duda atrae a muchos periodistas, escritores, investigadores o simplemente curiosos al mundo del blues: historias como las de Robert Petway. Uno de los malditos del delta del Misisipi del que tenemos auténtica constancia histórica de su existencia gracias a que existe una fotografía suya fechada en 1941 y un contrato discográfico, pero poco o nada más. Se ignora tanto la fecha y lugar de su nacimiento como el de su muerte.

Se ha especulado con que nació cerca de la granja J.F. Sligh, cerca de Yazoo City, Misisipi, el lugar de nacimiento de su amigo cercano y compañero *bluesman* Tommy McClennan. Por su parte los investigadores Bob Eagle y Eric LeBlanc sugieren que nació a unas pocas millas de distancia en Itta Bena, condado de Leflore, Misisipi, alrededor de 1902, pero si acudimos a los registros del censo hacen referencia a Robert Pettyway, de 7 años de edad en 1910 y a Robert Petaway trabajador agrario de 18 años en 1920, ambos en el condado de Leflore. Y para aumentar la confusión, el 16 de febrero de 1942, cuatro días antes de la segunda sesión de grabación de Robert Petway en Chicago, un tal Robert Pitway de Benton, Misisipi, se registró en el servicio militar obligatorio de Estados Unidos en Yazoo City, declarando que su lugar de nacimiento había sido Sunflower, Misisipi, en 1903. También se registró en Yazoo City el mismo día Tom McClinnan de Benton, Misisipi. Ambos hombres trabajaban en la misma firma, Williams & Applewhite.

Por su parte otros investigadores americanos que han buceado en infinidad de censos y archivos para tratar de arrojar luz sobre el autor de *Catfish Blues* aseguran que pudo nacer en Gee's Bend, también conocida como Boykin, una comunidad de inquilinos muy pobre en Alabama localizada en el límite del cinturón negro en el condado de Wilcox. En 1845, esta tierra se vendió a otro terrateniente blanco, Mark Pettway, para saldar una deuda de 29.000 dólares. Aproximadamente un año después, en 1846, la familia Pettway se mudó de Carolina del Norte a Gee's Bend, trayendo consigo más de 100 esclavos. Cuando los esclavos fueron liberados, muchos de ellos se quedaron y siguieron ayudando a los Pettway como aparceros y trabajadores agrarios.

Muchos de estos exesclavos adoptaron el apellido Pettway o un derivado de este y Arthur Rothstein, a quien se le atribuye la fotografía de muchos de los inquilinos negros de Gee's Bend contratados por la Administración de Reubicación, señaló que la mayoría de ellos tenían el apellido Pettway o Petway. Es decir, que su nombre probablemente le vino del propietario que tuvo a sus antepasados como esclavos.

Gee's Bend en cualquier caso era una zona económicamente muy deprimida y cabe imaginar que Robert se marchó pronto de allí. Como muchos músicos de blues del delta del Misisipi, Petway viajó como músico y tocó en fiestas, bares de carretera y otros diversos lugares durante muchos años. Robert Petway y Tommy McClennan viajaban y actuaban juntos a menudo y después de que McClennan estuviera en Chicago durante unos años, Petway viajó al norte para unirse a él y grabar discos, al igual que Frank Edwards, de Georgia, que los había conocido en Misisipi. La mayor parte de historiadores que han tratado de seguir las huellas de Robert Petway aseguran que pasó el resto de su vida en Chicago y con toda probabilidad murió allí a finales de los años 70.

La contribución más notable de Robert Petway a nuestra música indudablemente fue *Catfish Blues*, que grabó en 1941, aunque ya se había registrado una muy primigenia versión de este mismo blues en 1928, algo relativamente habitual en aquellos años en los que los derechos de autor eran algo muy difuso, que con frecuencia ni siquiera se recogía en muchos contratos discográficos y en los que entre los *bluesmen* era práctica generalizada tomarse prestados unos de otros riffs de guitarra, melodías o incluso canciones completas a las que se añadían algunos matices para personalizarlas.

Casi una década después de que Petway hiciera la primera grabación, Muddy Waters hizo una singular versión de *Catfish Blues* y la llamó *Rollin' Stone*. La canción tuvo más éxito del esperado y una pequeña banda de Inglaterra tomó el nombre como propio y se llamaron The Rolling Stones. Para los curiosos, la revista *Rolling Stone* efectivamente tomó su nombre de la canción de Muddy Waters. Muddy fue uno de los *bluesmen* más populares e influyentes que han existido, y su popularidad sirvió como conducto para dar al blues de *Catfish* su audiencia más amplia hasta el momento.

Varios años después, apareció un joven artista llamado James Marshall Hendrix, más conocido como «Jimi», el cual tenía una gran inclinación por el blues, los riffs de guitarra intensos y los pedales wah. Con frecuencia tocaba una versión de *Catfish Blues* como homenaje a Muddy Waters, a menudo inyectando varias líneas que Waters había usado en sus otras grabaciones, como es una verdadera tradición del blues. Jimi convirtió *Catfish Blues* en *Voodoo Chile*, una melodía de blues lenta e inquietante que terminó derivando en *Voodoo Child (Slight Return)*, que aceleró el blues de *Catfish* y lo convirtió en un tema de puro hard rock con uno de los solos de guitarra más famosos de todos los tiempos.

La canción fue y sigue siendo profundamente influyente en la música de todo el mundo y sigue siendo objeto de tributo y admiración en pleno siglo XXI, valiendo como muestras la reciente versión en acústico que han hecho de ella los Rolling Stones en su último álbum de estudio *Hackney Diamonds* o los Gov'T Mule de Warren Haynes en su disco *The Deep End Vol.2* de 2002.

MALDITO ENTRE LOS MALDITOS, MAESTRO DE VAN MORRISON Y MALCOLM YOUNG

Pocos ejemplos tan paradigmáticos existen en el mundo del blues procedente del delta como el de este poco conocido pero extraordinariamente influyente músico. Big Joe Williams, a quien no debe confundirse con el cantante de Georgia Joe Williams que lideró la orquesta de Count Basie, aprendió a tocar la guitarra en su ciudad natal de Crawford, Misisipi, donde nació en 1903, y cruzó la frontera estatal para unirse a la Birmingham Jug Band, que grabó para el sello OKeh en 1930. Ocasionalmente se unía también al Rabbit's Foot Minstrel Show, desarrollando en el proceso su propio y muy personal estilo de country blues. Improvisando una guitarra de nueve cuerdas, Big Joe golpeaba y golpeaba su instrumento como si fuera un tambor y su estilo de tocar las cuerdas más graves prefiguró algunos riffs de bajo mientras bramaba su enorme colección de canciones.

Big Joe Williams en una imagen de mediados de los 70.

Los frecuentes viajes y giras de Big Joe Williams le llevaron a San Luis en 1934, donde tocó con su primo JD Short y, a través de él, conoció a Lester Melrose. Como productor de Bluebird Records, Melrose se apresuró a contratar a Big Joe y su primera canción para este ello, *Baby, Please Don't Go* fue un gran éxito en 1935, al igual que *Crawlin' Kingsnake* en 1941. Los años de asociación con Bluebird llevó a Big Joe a grabar con John Lee «Sonny Boy» Williamson, Robert Nighthawk, Henry Townsend y el pianista de San Luis Peetie Wheatstraw. Dave «Honeyboy» Edwards fue uno de los jóvenes músicos que aprendió mucha técnica de las impresionantes actuaciones de Big Joe en el escenario. Su personalidad también era la propia de los *bluesmen* acostumbrados a lidiar con tramposos en partidas de póker, maridos celosos y tipos poco recomendables, llegando a estar arrestado en más de una ocasión.

Big Joe Williams fue un clásico *bluesman* del delta del Misisipi. Había tocado en bandas de jug bands y *minstrels shows*, había vagado por todo el sur como un vagabundo, tocado a cambio de propinas en las esquinas y en los bares de mala muerte y luego, cuando se mudó a Chicago, escribió algunas canciones que todavía se escuchan a través de las legendarias versiones de *Baby Please Don't Go* popularizadas entre otros por los Them de Van Morrison, AC/DC o Aerosmith. Más tarde, cuando comenzó a hacer giras por el mundo como uno de los hombres cuyo estilo original de blues había cambiado nuestra música, mostró al mundo una figura excéntrica y salvaje que nadie que lo haya visto actuar olvidará jamás.

Un enorme repertorio de viejos blues y canciones folk le permitió a Big Joe grabar para al menos siete sellos discográficos cuando los creadores del blues fueron «redescubiertos» a finales de los años 50. Realizó varias giras por Europa en los años 60 y en 1965, grabó el álbum *Hand me Down my Old Walking Stick* en Londres. En los años 70, llegó a girar por Japón y colaboró con músicos como Charlie Musselwhite y Mike Bloomfield.

Cuando Big Joe Williams falleció en 1982 en Macon, Misisipi, el blues perdió a uno de sus auténticos talentos originales.

EL BLUES DE LA CÁRCEL: ENTRE GUITARRAS DE DOCE CUERDAS Y ARMAS DE FUEGO

«Un lunes me arrestaron,
un martes me encerraron en la cárcel,
un miércoles me juzgaron,
un jueves nadie quiso pagar mi fianza.
Sí, ya está casi terminado».

Leadbelly.

Cuando Kurt Cobain tocó *Where Did You Sleep Last Night* en el aclamado concierto *MTV Unplugged* de Nirvana a principios en 1993 en un *show* legendario que tuvo más versiones que originales de la banda, había pasado casi un siglo desde que Leadbelly escribiera la canción, pero sirvió como un claro recordatorio de cómo la música trasciende generaciones y vive mucho después de su concepción. «Nada sobrevive, excepto la poesía y las canciones», ya había escrito Jim Morrison en 1968.

La influencia de Leadbelly se extiende a artistas de todo el espectro del rock'n'roll, el grunge, el pop y, por supuesto, el blues ya desde el comienzo de su carrera en los años 30. Sus composiciones siempre tuvieron una amargura y una oscuridad intrínsecas debido a la tumultuosa historia de su vida, que estaba lejos de ser «fácil de conseguir y fácil de llevar» como se decía en la letra de la canción de J. J. Cale *Anyway the Wind Blows*, con el mismo Cale afirmando que se sentía significativamente influenciado por la música de Leadbelly.

Huddie William Ledbetter, alias «Leadbelly», nació el 20 de enero de 1889 en Mooringsport, Luisiana, hijo único de Wesley y Sally Ledbetter. Dotado de un talento innato y extraordinario para la música, dominó la guitarra y casi cualquier instrumento que tuvo a su alcance, desde el acordeón a la mandolina pasando por la guitarra o el piano. Su historia en ese sentido no difiere mucho de la de la mayoría de los *bluesmen* de esta época; dejó la escuela a los 14 años y siempre acompañado por Stella, su mítica guitarra, viajó como músico ambulante por todo el suroeste, alternando la música con diversos empleos eventuales en cada ciudad por la que pasaba.

Leadbelly, el lado salvaje de la vida en el blues.

Alguno de sus biógrafos afirma que Leadbelly aseguró en cierta ocasión: «Cuando toco mis canciones, muchas mujeres vienen a escucharlas, pero sus maridos vienen con la intención de matarme». Algo así debió de suceder una noche de 1918, en la que tras una acalorada discusión Leadbelly mató a un hombre y fue sentenciado a treinta años de reclusión en la prisión estatal de Huntsville, Texas. A los siete años de su encarcelamiento, en 1925, Leadbelly apeló al entonces gobernador de Texas, Pat Neff, escribiendo una canción y pidiendo el indulto para ser liberado. El gobernador, que había prometido en su campaña electoral no perdonar nunca a ningún preso por homicidio, fue en contra de su palabra y perdonó a Leadbelly, dejándolo en libertad ante su buena conducta y sus trabajos de redención en la cárcel.

Leadbelly aprovechó esta segunda oportunidad y se hizo un músico ampliamente conocido en el sur del país, haciendo frecuentes giras, pero... volviendo a meterse en problemas. En 1930, en una fiesta en una taberna en la que el alcohol probablemente excitó demasiado los ánimos, Leadbelly se vio envuelto en una tumultuosa pelea tras la cual fue detenido, acusado de intento de asesinato y sentenciado a diez años en la infame prisión-plantación de Angola Farm en Luisiana, un lugar reservado a presos que se consideraban muy peligrosos y con unas durísimas condiciones de vida, que incluían interminables y agotadoras jornadas de trabajos forzados en el campo.

El destino quiso que John y Alan Lomax en 1933 visitasen Angola Farm en el curso de sus investigaciones sobre el origen de la música popular americana y allí obviamente se fijaran en Leadbelly. Además de grabar muchas de sus composiciones, intercedieron por él ante el gobernador de Luisiana y consiguieron su indulto a primeros de 1934. Al salir de prisión, se trasladó con los Lomax a Nueva York, donde tocó en numerosos campus universitarios como Harvard, Priceton, NYU y bares y clubes donde fue recibido con gran interés y en donde no tardó en hacerse muy popular. A principios de los años 40 actuó con Josh White, Sonny Terry, Brownie McGhee y Woody Guthrie.

En 1948, Leadbelly grabó, con la ayuda del recién inventado disco de larga duración, lo que luego se conocería como sus *Last Sessions,* el documento definitivo sobre la vida y la música del rey de la guitarra de doce cuerdas.

Su trayectoria también evolucionó con el tiempo. Además del blues, cultivó el folk, las baladas y hasta escribió canciones para niños e himnos religiosos —«Si tengo algún talento como músico, es sin duda un regalo de Dios», solía decir— logrando una fama y un éxito que no se detuvo hasta que enfermó durante una gira europea en 1949. Las pruebas médicas revelaron que sufría esclerosis lateral amiotrófica en 1949, la temible ELA, que destruyó todos los músculos de su cuerpo, lo que le dio pocas oportunidades de tocar la guitarra sin dolor. Por desgracia, la enfermedad evolucionó con una rapidez inusitada y falleció en Nueva York el 6 de diciembre de 1949.

Midnight Special, por supuesto su mítica *Good Night, Irene*, *Cotton Fields*, *Rock Island Line*... canciones que son auténtico patrimonio de la humanidad, que se han incluido en los fondos musicales de la biblioteca del Congreso de los Estados Unidos. Una vida, un legado, una leyenda que son puro blues en toda su concepción.

ENTRE GRANJEROS Y LADRONES DE GANADO, ENTRE PREDICADORES Y DEMONIOS

Uno de los talentos que el mundo del blues reconoció y en gran medida redescubrió durante el resurgimiento del blues de finales de los años 50. A pesar de su apodo, Mississippi Fred McDowell era oriundo de Roswell, Tennessee, donde nació el 12 de enero de 1904. Alrededor de los veintiún años se mudó a Memphis, donde empezó a dar sus primeros pasos en la música, viajando como músico itinerante y actuando por todo el sur hasta que su música llegó a un público más amplio después de que Alan Lomax le grabara en 1959. McDowell aparece de manera destacada en un conjunto de cuatro volúmenes de grabaciones de campo de Lomax, *Sounds of the South* (1960).

Con Dick Waterman como mánager, McDowell apareció en muchos lugares destacados, incluido el Newport Folk Festival en 1964. Al año siguiente, realizó una gira por Europa con American Folk Blues Festival y a partir de entonces su actividad musical fue cada vez más in crescendo, compaginándola con la de su iglesia, que le acompañaba a menudo en sus giras, sobre todo los cantantes de su coro, los Hunter's Chapel Singers.

Mississippi Fred McDowell.

Como guitarrista, McDowell se caracterizó siempre por su maestría y versatilidad con la *slide,* siendo esa la cualidad más apreciada en especial por los músicos de rock que más se sintieron influenciados por él, en especial Bonnie Raitt y los Rolling Stones, quienes grabaron una versión de su *You've Got to Move* para su álbum de 1971 *Sticky Fingers,* rebautizada como *You Gotta Move.* Gracias a los abundantes ingresos que la versión de los Stones generó en concepto de derechos de autor para Mississippi Fred McDowell, quien en 1971 se encontraba en dificultades económicas, pudo mantener los gastos de su iglesia e incluso pudo comprar una estación de servicio y suministrar de gasolina.

Tristemente, McDowell pudo disfrutar poco de la prosperidad que los Stones le proporcionaron. Apenas un año después de cobrar el primer cheque de la Rolling Stones Records, falleció de cáncer el 3 de julio de 1972.

EN LAS MINAS DEL REY SALOMÓN

Nacido como Joe Holmes en 1897 en Misisipi, el cantante y guitarrista King Solomon Hill dejó solo un historial discográfico muy básico, apenas cuatro canciones para ser precisos, razón por la cual no encontrarán ustedes su nombre en muchas enciclopedias del género, en tanto que fusionó de manera genial los estilos de sus amigos Sam Collins y Ramblin' Thomas, músicos del sur de Misisipi y del este de Texas/Luisiana, respectivamente, con elementos característicos de Blind Lemon Jefferson en el personalísimo sonido de guitarra de cuello de botella propio de su estilo en sus grabaciones de 1932.

Durante mucho tiempo existió controversia en torno a la identidad de este *blueman* itinerante. Su nombre artístico se deriva de su dirección en Luisiana, «King Solomon Hill Baptist Church», que dio su nombre a la comunidad de Yellow Pines. Parece que pasó la mayor parte de sus primeros años en Luisiana, recorriendo la ruta de las fiestas, los bares de carretera y los locales de mala muerte con cierto éxito y merced a ello, logrando firmar un contrato con Paramount Records en 1932. En virtud de ese contrato grabó sus cuatro canciones en Grafton, Wisconsin, aunque en realidad cabe hablar de seis, en tanto que grabó versiones alternativas de dos de ellas.

Aunque esas cuatro canciones no supusieron ni mucho menos un gran éxito comercial *—cabe suponer que por ese motivo King Solomon Hill no grabó más—* en pocas grabaciones de ese periodo encontramos canciones que definan mejor la esencia del blues del delta. *The Gone Dead Train*, el hiriente lamento de un vagabundo que resulta aún más impresionante por su dicción casi impenetrable es un paradigmático ejemplo, al igual que *Whoopee Blues* que transforma una anodina pieza de Lonnie Johnson en una canción cargada de sentimiento o *Down on Bended Knee*, puro blues del delta del primer al último acorde que puede escucharse en esta grabación.

King Solomon Hill volvió al circuito de bares y clubes y poco más se volvió a saber de él. De temperamento impulsivo, fuerte bebedor y aficionado a las aventuras con mujeres, bien fueran solteras o casadas, se dice que tuvo frecuentes altercados con la policía y hay quienes afirman que pasó por la penitenciaría del estado de West Feliciana entre 1940 y 1942. Murió en su Luisiana natal a causa de un derrame cerebral en 1949.

BRINDANDO CON EL DIABLO Y CERRANDO NEGOCIOS...

Tommy Johnson fue otro de los músicos que ayudó a crear el sonido del blues del delta y la mitología que lo acompaña, que en el caso de su trayectoria tuvo más de realidad que de mito. Johnson afirmó haber vendido su alma al diablo, se pavoneaba en el escenario tocando la guitarra detrás de la cabeza y entre las piernas y utilizaba una voz de falsete que es inconfundible para los fanáticos del blues contemporáneo.

Nacido en la plantación de George Miller en Terry, Misisipi, en 1896 en el seno de una familia en la que existía afición a la música, ya que sus tíos y dos de sus hermanos, Mager y LeDell, tocaban la guitarra, mientras que otros miembros de la familia tocaban varios instrumentos en una banda de metales. Después de que su familia se mudara a Crystal Springs alrededor de 1910, el hermano de Johnson, LeDell, le enseñó a Tommy los conceptos básicos de la guitarra y, cuando cumplió dieciocho años, Tommy y sus hermanos estaban ya actuando en conciertos en todo el condado de Copiah y más allá. En 1916, Johnson se mudó a la plantación de Webb Jennings, cerca de Drew, con su primera esposa, Maggie Bidwell Johnson, y allí tomó contacto con Charlie Patton. Después de un año de tocar en el delta con Patton, Dick Bankston y Willie Brown, Johnson comenzó a tocar jukes en Misisipi, Arkansas y Luisiana.

Johnson desarrolló a lo largo de su vida una creciente adicción al alcohol junto a una notoria reputación de jugador y mujeriego. De hecho, sus problemas con la bebida inspiraron varias de sus canciones, sin duda la más conocida *Canned Heat Blues*, que grabó junto con otros ocho temas para el sello Victor en Memphis en febrero de 1928, entre los que destacan *Big Road Blues*, *Maggie Campbell Blues* y *Cool Drink of Water Blues*.

Tommy Johnson.

En 1930, Johnson viajó a Grafton, Wisconsin, para una sesión de Paramount en la que grabó once temas más, entre ellos *Slidin' Delta* y otra canción que hacía referencia a su alcoholismo, *Alcohol and Jake Blues*. A pesar de que logró un relativo éxito, toda vez que la depresión provocó la gran crisis en la economía americana, la corta carrera discográfica de Johnson terminó abruptamente.

Hasta su muerte el 1 de noviembre de 1956 en Crystal Springs, Johnson continuó tocando blues en su estilo característico por todo el sur de Misisipi. Aunque la demanda de sus discos había disminuido, el interés por ver y escuchar sus legendarias interpretaciones nunca desapreció. Su influencia, ampliamente reconocida por músicos como Howlin' Wolf, Houston Stackhouse o Floyd Jones, es básica a la hora de entender la evolución posterior del blues en general y muy particularmente, del blues del delta.

DE LAS IGLESIAS BAPTISTAS AL PALACIO DEL KREMLIN: EL HOMBRE QUE AMABA A LUCILLE

Durante más de medio siglo, Riley B. King, más conocido como B. B. King, por encima de cualquier otra consideración, supo llevar el blues del delta del Misisipi convenientemente actualizado a una audiencia mundial. Ha grabado entre 90 y 100 álbumes de blues a lo largo de su carrera como cantante y guitarrista y es conocido por refinar el blues eléctrico más que cualquier otro artista de blues.

En cuanto a sus orígenes, una historia que se repite y que es común a la mayoría de los *bluesmen* del lugar: nació en una familia de aparceros pobres en una plantación cerca de la pequeña ciudad de Itta Bena en el delta del Misisipi. Los padres de King se separaron cuando tenía solo cinco años y su madre lo llevó a vivir a la región montañosa cercana en Kilmichael, Misisipi. A los siete años ya realizaba el trabajo de un hombre adulto en el campo, pero aun así iba con regularidad a la escuela Elkhorn, centro educativo dependiente de la iglesia baptista, en donde por mor de uno de sus profesores, Luther Henson, que descubrió en él las facultades que podía tener como músico, fue la primera persona que le habló sobre el blues y que le recomendó aprender a tocar un instrumento.

Sin embargo y contrariamente a como sucedió con muchos de sus contemporáneos, su vocación como *bluesman* fue relativamente tardía y de hecho sus primeros pasos en la música los dio como disc-jockey en Memphis después de hacer el servicio militar —sí, igual que Elvis Presley y Jimi Hendrix— y en donde fue apodado «Beale Street Blues Boy» y muy poco tiempo después, B. B. King. En 1949 y después de que lograse un gran éxito tocando blues en directo en el programa de radio de Sonny Boy Williamson King comenzó a grabar canciones bajo contrato con RPM Records, con sede en Los Ángeles. Muchas de las primeras grabaciones de King fueron producidas por Sam Phillips, el fundador de Sun Records.

En diciembre de aquel mismo año, B. B. King tocó en un salón de baile en Arkansas. Hacía un intenso frío y para calentar el salón, se encendió un barril medio lleno de queroseno, una práctica bastante común en ese momento. Durante una actuación, dos hombres comenzaron a pelearse, tirando el barril en llamas y esparciendo combustible por el suelo. La sala se incendió de inmediato y todos tuvieron que marcharse de allí para no morir quemados o asfixiados, pero una vez fuera, Riley se dio cuenta de que había dejado su guitarra dentro del edificio en llamas. Sin dudarlo un momento y a pesar del riesgo, entró en el local y como pudo esquivando las llamaradas de fuego, recuperó su adorada guitarra de 30 dólares, una Gibson semihueca eléctrica.

King en directo en un festival de blues en Hamburgo, noviembre de 1971 (Foto: Heinrich Klaffs).

Los dos participantes en la pelea que produjo el accidente que causó el incendio no pudieron salvar sus vidas. Cuando supo que la pelea vino porque los dos pretendían a la misma mujer, una chica llamada Lucille, puso ese nombre tanto a esa guitarra que salvó del fuego como a todas las que tuvo posteriormente, según confesó, para no olvidar que nunca debería volver a hacer algo tan estúpido como entrar en un edificio en llamas o pelearse por una mujer.

Cuando en 1969 lanzó su single de mayor éxito, *The Thrill Is Gone*, B. B. King ya no era la estrella de una minoría segregada ni el héroe de culto de músicos y aficionados; se había convertido en una institución nacional. Sus apariciones en la televisión nacional en *The Tonight Show* y *The Ed Sullivan Show* le brindaron su mayor audiencia hasta la fecha y en aquel otoño junto a Ike & Tina Turner abrió 18 conciertos de los Rolling Stones por toda América.

Fue el primer *bluesman* en realizar una gira por la Unión Soviética en 1979, y para ese entonces también se había convertido en el primer *bluesman* en ingresar al *mainstream* del pop y el rock, haciendo apariciones regulares en Las Vegas, Nevada y en la mayoría de canales de televisión abierta en Estados Unidos. Las frecuentes y numerosas colaboraciones que hizo a lo largo de los años con artistas como Eric Clapton, Elton John, Sheryl Crow, Van Morrison, Bonnie Raitt, por nombrar solo algunos le convirtieron en un auténtico mito, que más allá del mundo de la música fue nombrado doctor honoris causa por varias universidades estadounidenses.

De nuevo en ese aspecto muy distinto de sus contemporáneos, en tanto que no fumaba, no bebía alcohol y era vegetariano, aunque quienes le conocían decían que disfrutaba muchísimo en una buena timba de póker, en sus últimos años de vida enfermó de diabetes y Alzheimer, falleciendo en su casa de Las Vegas el 14 de mayo de 2015 a la edad de 89 años, por causas naturales.

Pocos días antes de su muerte, hizo a muchos de sus llegados una confesión acerca de un hecho fundamental que pudo haber cambiado su vida para siempre y que le unió a toda una leyenda del negocio de la música: Bill Graham, el promotor de giras y conciertos en directo que abrió en San Francisco y en Nueva York las salas de conciertos Fillmore.

B.B.King en directo en el Audimax de Hamburgo, noviembre de 1971.

Justamente cuando Graham se hizo con el Fillmore de Frisco en 1966, este local había sido anteriormente un club de blues que ya no funcionaba. Aunque era un promotor de rock, admiraba y apreciaba el blues, el soul y el rythm and blues y quería presentar al público del Fillmore, principalmente blanco, música que probablemente nunca habían escuchado ni conocido. Empezó a contratar a gente como James Brown y Aretha Franklin junto a nombres como los de Chuck Berry, Santana y The Jefferson Airplane, justo en esos años, 1966-67 en los que en el marco de la lucha por los derechos civiles, la población afroamericana se inclinó por el soul y, en muchos casos, consideraba el blues la música que les recordaba el pasado, los tiempos de la esclavitud, la opresión que querían olvidar.

A B. B. King, que tras unos años de éxito y bonanza en los 50 atravesó en los 60 una larga travesía del desierto —no podía comprender como sus «hermanos», afroamericanos no querían saber nada del blues— pero por consejo de su mánager Sidney Seidenberg, se propuso entrar en el circuito de salas y clubes del público blanco del rock y la idea funcionó, a pesar de que parecía disparatada. B. B. King encontró un público receptivo en el grupo más inesperado: los hippies blancos.

En febrero de 1967, Seidenberg cerró un acuerdo con Bill Graham para que B. B. King actuara en el Fillmore. A Graham, que estaba siempre al tanto de lo que funcionaba y lo que no, anunció a B. B. King y paradójicamente, quien no confiaba en que aquello pudiera salir fue el propio Riley: es más, Bill Graham tuvo que convencerle. «Bill, este no es el lugar apropiado para mí», me dijo muy preocupado, según explicó el afamado promotor, que, sin embargo, le aseguró que iba a ser un éxito y le convenció de hacer la actuación.

Aquella noche Graham se subió al escenario y proclamó sucintamente: «Damas y caballeros, les presento al presidente de la junta: ¡B. B. King!». Tras el anuncio, todos los miembros de la audiencia —alrededor de 3.000 en total— se pusieron de pie y procedieron a darle a King una ovación entusiasta y varios minutos de aplausos. El *show* fue un éxito sensacional y el guitarrista nunca olvidó la pasión y la energía con la que todo el público disfrutó de su concierto. Nunca lo dijo más que a sus íntimos, pero Bill Graham fue el hombre que cambió su carrera aquella noche en el Fillmore y sin el cual, probablemente, no habría conseguido nada de lo que consiguió desde entonces.

UN GRANDÍSIMO HIJO DE PUTA

«Cada canción que canto es algo que me pasó en la vida o en la vida de otra persona. Por eso a todo el mundo le gusta el blues… tiene más sentimiento que cualquier otra música. Cuando canto estas canciones las siento en lo más profundo y te llegan a lo más profundo».

John Lee Hooker.

Llueve sobre mojado. La fecha de nacimiento de John Lee Hooker, como la de otros *bluesman*, es tema de controversia; se han sugerido los años 1912, 1915, 1917, 1920 y 1923. La mayoría de las fuentes oficiales indican 1917, aunque a veces Hooker afirma haber nacido en 1920. La información encontrada en los censos de 1920 y 1930 indica que en realidad nació en 1912. Tampoco hay coincidencia sobre dónde vino al mundo; se cree que nació en Tutwiler, en el condado de Tallahatchie, aunque algunas fuentes dicen que su lugar de nacimiento fue cerca de Clarksdale, en el condado de Coahoma. En cualquier caso, en pleno corazón del Misisipi.

Alumno privilegiado de Charlie Patton, a los 14 años abandonó el hogar familiar. La primera parada de Hooker fue Memphis, donde intentó establecer su incipiente carrera musical mientras trabajaba como acomodador en el teatro de Beale Street. Nadie sabe si la competencia era demasiado dura en la ciudad que era la primera parada al norte del Delta o si simplemente había demasiados músicos de blues. Hooker dejó Memphis y se fue a Cincinnati, donde trabajó en diversos empleos; por la noche tocaba en locales de mala muerte y en fiestas en casas de alquiler, y también volvió a cantar música góspel, trabajando con The Fairfield Four y The Big Six. En 1943 se fue a Detroit, donde había trabajo disponible bien pagado durante la guerra y una escena musical floreciente en Hastings Street. Hooker se convirtió en un gran atractivo y pronto estuvo tocando en el Monte Carlo Club, el Sporty Reed's Show Bar y el más exclusivo Lee's Sensation.

Logró finalmente un contrato en 1948 para Modern Records y entró en las listas de éxitos al año siguiente con *Boogie Chillen*. Dos años más tarde, lograba su primer número 1 en listas con *I'm in the Mood*. Desde entonces Hooker grabó a un ritmo prodigioso y rastrear sus grabaciones es complicado ya que, como muchos otros, grabó bajo numerosos seudónimos para una variedad de sellos diferentes; probablemente fue el artista de grabación de blues más activo de todos durante los primeros años de la década de 1950.

En 1962, Hooker visitó Europa como parte del Primer Festival Americano de Folk Blues. Muchos de los jóvenes músicos británicos lo vieron y se convirtió en una gran influencia para los aspirantes a blueseros que ayudarían a crear la música rock. En la época de su primer viaje al Reino Unido, grabó *Boom Boom*, otra de sus canciones más conocidas para Vee-Jay. Dejó el sello en 1964 y comenzó a grabar para varios sellos, entre ellos Chess y Verve-Folkways.

John Lee Hooker en directo en 1981 (Foto: Brian McMillen).

1964 fue una época en la que el blues estaba teniendo un gran impacto en los compradores de discos en Gran Bretaña. *Smokestack Lightning*, de Howlin' Wolf, entró en las listas a principios de junio. Una semana después, *Dimples*, de John Lee Hooker, originalmente grabado para Vee-Jay en 1956, entró en las listas y pasó el resto del verano en los puestos más bajos de la lista. La semana después de que Hooker entrara en las listas, actuó como telonero de los Stones en un concierto en el Magdalen College, Oxford, lo que debe haber sido una emoción para la banda que tanto hizo por introducir el rock en el *mainstream*. Cuatro días después, Hooker y los Bluesbreakers de John Mayall tocaron con los Stones en una velada que duró toda la noche en el Alexandra Palace de Londres. Hooker incluso llegó a aparecer en el programa de televisión *Ready Steady Go*.

En 1970, Hooker se asoció con Canned Heat para grabar *Hooker'n'Heat,* que se convirtió en su álbum más vendido en muchos años. Durante los años 70 y principios de los 80, Hooker grabó y continuó haciendo giras, antes de hacer un cameo en la película *Granujas a todo ritmo* de 1980; pero en ese momento su carrera se había basado en glorias pasadas, no en nuevos éxitos hasta 1989, cuando grabó un álbum titulado *The Healer* con músicos invitados, incluidos Bonnie Raitt, Keith Richards y Carlos Santana en la canción principal. Está considerado como uno de los álbumes de blues más grandes de todos los tiempos. En 1991, *Mr. Lucky* alcanzó el número 3, lo que convirtió a John Lee Hooker en el artista de mayor edad en llegar tan alto en la lista de álbumes del Reino Unido; también contó con artistas invitados, incluidos Van Morrison, Ry Cooder y Albert Collins.

En 1994, Hooker, después de una operación de hernia, decidió bajar el ritmo. Pasó la segunda mitad de los años 90 en una suerte de semiretiro, grabando esporádicamente, pero pasando gran parte de su tiempo en su casa en la zona de la Bahía de San Francisco en California. En 1997 abrió un club en la ciudad que se llamó John Lee Hooker's Boom Boom Room.

En 2001, justo antes de que estuviera a punto de comenzar una gira por Europa, John Lee Hooker enfermó y murió poco después. Tenía 83 años y dejó una de las carreras más exitosas y prolíficas de la historia del blues contemporáneo.

No está mal para un hijo de puta ¿eh? *(*hooker *significa «puta» en argot en algunas zonas de Memphis).*

El blues americano (III): Chicago

«Lo nuestro era tocar blues de Chicago; de ahí sacamos todo lo que aprendimos, ese fue nuestro punto de partida, Chicago. La forma en que grababan esos músicos era increíble… no había reglas. Si examinas la forma habitual de grabar las cosas, en Chicago todo se grababa muy mal. Pero, ¿qué está mal y qué está bien? Lo que importa es lo que llega al oído. El blues de Chicago era muy crudo, estridente y enérgico. Si intentabas grabarlo limpio, ya podías olvidarte de que saliera de ahí nada que valiera la pena».

Keith Richards, The Rolling Stones, 2012.

DE FORT ADAMS AL LAGO MÍCHIGAN Y DE MUDDY WATERS A CHUCK BERRY: EL LARGO VIAJE DE LA CUNA A LA MECA DEL BLUES

Cuando el 25 de julio de 1965 Bob Dylan fue abucheado por los seguidores del folk acústico tradicional al presentarse en el Festival de Newport con una banda de rock electrificada en la que estaban entre otros Mike Bloomfield, toda una leyenda del blues rock americano, rompiendo con ello la «ortodoxia» de un público que rechazaba categóricamente la electrificación del folk, cabe hablar de un antes y un después en la historia de la música popular contemporánea, que una figura como Bob Dylan abandonase la «ortodoxia» y que además sufriera esa suerte de linchamiento público por parte de una audiencia que representaba el pasado y se uniera al mundo del rock significó que toda la música más enraizada en la tradición popular podía entrar en una nueva fase de evolución y llegar a un público nuevo, joven, que buscaba sus propias formas de expresión dentro de un contexto de rebeldía contra lo establecido y de ruptura con los valores tradicionales, también y quizá sobre todo en la música. Idéntico fenómeno, aunque a otra escala, se producirá en Chicago con la irrupción del blues eléctrico.

El Chicago Blues es la continuación natural del blues del delta del Misisipi y el fruto final de su evolución al electrificarse y adoptar una sonoridad nueva incorporada por la guitarra y la armónica que sienta las bases musicales y los orígenes del rock'n'roll. De hecho, es motivo de cierta controversia entre los historiadores del blues la adscripción de determinados músicos al blues del delta o al Chicago Blues en función del hecho de que a la gran mayoría de los segundos nacieron en Tennessee, Luisiana o Arkansas, pero donde realmente desarrollaron su carrera fue en Chicago, fruto de la gran migración de las zonas rurales y agrarias del sur a las ciudades industriales del norte. A medida que estos músicos sureños se establecieron en su nuevo hogar en el norte, comenzaron a colaborar con artistas de jazz locales, lo que resultó en una dinámica y fecunda fusión que proporcionó un amplio espacio para la experimentación y la innovación.

A diferencia de los estilos de blues acústicos anteriores, el Chicago Blues se caracteriza de manera muy específica por el uso de guitarras amplificadas con diferentes niveles de distorsión que crean un sonido crudo y poderoso, considerado precedente no solo del rock en sentido genérico, sino incluso del Heavy Metal. La armónica también se convirtió en un componente esencial en muchas interpretaciones, a menudo amplificada como la guitarra para lograr un impacto sonoro más intenso. El tratamiento de la voz orientado a proporcionar más intensidad emocional es otra de las características que hace del blues de Chicago el estilo más influyente en la música popular actual y la expresión más avanzada y vanguardista del género.

Este fenómeno, que desarrollamos ampliamente en el siguiente capítulo generará en Inglaterra la eclosión de grupos como los Rolling Stones, The Animals, Them, The Yardbids o The Kinks en un primer momento y a partir de 1966-67 el nacimiento del British bllues con John Mayall & The Bluesbreakers, Cream, Traffic, Ten Years After o Led Zeppelin y en Estados Unidos fenómenos como del primigenio Southern rock con Creedence Clearwater Revival, The Band o The Allman Brothers Band.

La rápida evolución del Chicago Blues y su contacto con otras músicas producirá la creación de nuevos géneros y subgéneros cada uno de ellos dotado ya de características diferenciales propias. En este sentido vamos a tener por un lado el llamado West Side Blues, un estilo más electrificado y funky caracterizado por una fuerte distorsión de la guitarra y un ritmo muy cercano al rock'n'roll. Este estilo se popularizó en la década de 1950 a través de artistas como Magic Sam y Otis Rush en contraposición al Chicago Soul Blues, una variante más suave y pulida con armonías vocales y arreglos más complejos, en el que encontramos a músicos como Bobby Bland y Johnny Taylor.

ENTRE LA REALIDAD Y LA LEYENDA: EL *BLUESMAN* QUE CANTÓ EN SU PROPIO FUNERAL

«Bueno, nací en Misisipi, en el año 1893. Nací en una plantación y me quedé allí hasta que tuve ocho años. Luego, mi padre y mi madre nos trajeron a mí, a mi hermana gemela y a unos ocho más a Langdale, Arkansas. Y años más tarde, Dios, el diablo o tal vez los dos, me trajeron a Chicago».

Big Bill Broonzy, de The Land Where the Blues Began, *de Alan Lomax*

No se sorprendan; los músicos de blues, si bien en general tienen puntos oscuros en sus biografías, en el caso de los de Chicago, hay algunos cuyas vidas son toda una novela. En el caso de Big Bill Broonzy, pionero del Chicago Blues, las únicas partes verdaderas de esa historia de origen que reproducimos en la cita son «nací en una plantación» y «Arkansas». De hecho, Langdale parece no existir más, si es que alguna vez fue un lugar real. Y la hermana de la que habló no era su gemela, sino la hermana más cercana por nacimiento y puro amor, lo que en su interpretación y expresión prácticamente los convertiría en gemelos.

Inventar una ciudad natal, trasladar tu lugar de nacimiento a un Estado vecino y fijar tu cumpleaños una década antes en otro siglo requiere un personaje real, como el que Lee Conley Bradley creó para sí mismo: Big Bill Broonzy. Uno de los artistas de blues por excelencia del siglo XX y un eslabón clave en la cadena que va desde el blues temprano de la década de 1920 hasta el resurgimiento del folk de la década de 1950. A pesar de que aún en la actualidad siga siendo un músico relativamente desconocido incluso para los aficionados casuales al blues, reconocen abiertamente su influencia nombres como los de Elvis Presley, Eric Clapton, Bob Dylan, Muddy Waters, Pete Townshend y Ray Davies, quien hasta el día de hoy nunca pierde la oportunidad de ofrecer elogios y señalar cómo la tarjeta de presentación de The Kinks, *You Really Got me*, fue su «intento de hacer una gran canción de rhythm and blues, algo que Big Bill Broonzy pudiera tocar».

Pero antes de que existiera Big Bill Broonzy, estaba Lee Conley Bradley, que nació el 26 de junio de 1903 en el condado de Jefferson, Arkansas, donde se crio, esto sí es verdad, con sus nueve hermanos en una plantación de aparceros. Como muchos otros *bluesmen* de la época, Broonzy usó varios nombres al grabar y actuar. Algunos de ellos incluyen Willie Broonzy, Big Bill Broomsley, Big Bill Johnson, Little Sam, H. B. Broonzy, Sammy Sampson, Chicago Bill, Willie Lee Broonsey y William Lee Conley.

A pesar de la huella que dejaría en varias generaciones, Broonzy no fue en vida un artista de éxito y, de hecho, fue rechazado en sus orígenes como artista por varias compañías discográficas. Pero nunca se dio por vencido y finalmente logró su primer contrato con Paramount Records en 1927, editando ese mismo año su primer disco, *Big Bill's Blues* con *House Rent Stomp* en la cara B.

A lo largo de su vida, Broonzy registró entre 1927 y 1952 más de 300 canciones originales, siendo probablemente la que más recuerda *Key to the Highway*, cuya autoría no obstante se atribuyó a Chas Segar, quien la grabó por primera vez en 1940, como una melodía de doce compases y ritmo rápido. Poco después, Jazz Gillium grabó la canción a un ritmo más lento de ocho compases con Broonzy en la guitarra. Broonzy le devolvió el favor, grabándola él mismo, con Gillium en la armónica solo siete meses después.

Big Bill Broonzy.

Esa versión se convirtió en el estándar para futuras grabaciones y muchísimos grandes artistas han versionado esta canción, incluidos Little Walter, Derek And The Dominos con Eric Clapton, John Lee Hooker, Muddy Waters, Luther

Allison, B. B. King y Sonny Landreth. Existen grabaciones piratas de ensayos y pruebas de sonido de la gira por Estados Unidos de los Rolling Stones en el verano de 1972 tocando *Key to the Highway*, aunque nunca llegaron a grabarla para ninguno de sus discos oficiales. Otra de sus canciones más conocidas —aunque rechazada por muchos puristas del blues, en tanto que se orientó más al folk— fue *Black, Brown and White Blues*, que se convirtió en un himno de protesta contra el racismo.

Una anécdota que se recuerda sobre su biografía está relacionada con las actuaciones que hizo en 1938 sustituyendo a Robert Johnson en el Carnegie Hall en los famosos conciertos *From Spirituals To Swing*. Broonzy interpretó *It Was Just a Dream*, con el pianista Albert Ammons, y como esta fue la primera actuación de Bill frente a un público blanco, estaba tan abrumado que quedó atrapado frente a la cortina cuando esta bajó. También olvidó, o no se dio cuenta, de que tenía otra canción que interpretar durante la segunda mitad del espectáculo, por lo que abandonó el Carnegie Hall y se fue en un autobús a su casa. Sin embargo, regresó al año siguiente, en la víspera de Navidad de 1939, e interpretó dos canciones, nuevamente con Ammons al piano.

La última sesión de grabación de Broonzy fue en 1957, a cargo del disc-jockey de Cleveland, Bill Randle para uno de los programas estrella de la radio de Chicago WFMT FM, presentado por el conocido experto en blues Studs Terkel. A la mañana siguiente Broonzy fue ingresado en el hospital. Sufría un cáncer de garganta que se estaba extendiendo rápidamente a sus pulmones. Aunque perdió la voz, continuó tocando la guitarra mientras pudo hasta el 15 de agosto de 1958, día en el que murió en una ambulancia camino a un hospital de Chicago. Su funeral se celebró en la Metropolitan Funeral Parlor y asistieron multitudes de artistas y seguidores, entre ellos la gran cantante góspel Mahalia Jackson, que interpretó un himno durante el servicio fúnebre. También durante el servicio se escuchó una grabación del propio Broonzy cantando *Swing Low Sweet Chariot,* de la sesión de grabación de Randle del año anterior. Esto provocó que los periodistas de ambos periódicos de Chicago utilizaran exactamente la misma frase: «Big Bill Broonzy cantó en su propio funeral».

DOBLES PERSONALIDADES, ESTAFAS Y LA MEJOR ARMÓNICA BLUES DE LA HISTORIA: LA INCREÍBLE HISTORIA DE LOS DOS SONNY BOY WILLIAMSON

John Lee Curtis, conocido como Sonny Boy Williamson (1914-1948), fue un verdadero visionario y se le considera acertadamente como el padre de la armónica de blues moderna, al incorporarla como instrumento principal en muchas canciones de blues. Durante su breve pero prolífica carrera, interrumpida cuando fue asesinado en un robo, Williamson tocó en cientos de grabaciones y fue mentor de muchos de los grandes artistas de blues de Chicago de la posguerra, incluidos Junior Wells, Muddy Waters y Jimmy Rogers. Entre sus éxitos se encuentran piezas ya clásicas como *Stop Breaking Down, Good Morning, School Girl* y *Shake the Boogie.*

Pero existe una historia mucho menos conocida relacionada con este singular músico, una auténtica suplantación de personalidad o robo de identidad, como se prefiera calificar. Un músico de nombre Aleck Ford, de Glendora, Misisipi, decidió adoptar el nombre de Sonny Boy Williamson II para impulsar su carrera, logró un gran éxito y se convirtió en un referente para muchos de los músicos del British Blues (Van Morrison, Eric Clapton), pero en realidad, fue un estafador.

Los hechos de su vida están sumidos en el misterio ya desde su nacimiento, pues no se conoce exactamente su fecha, que varía entre el verano de 1894 y diciembre de 1912, aunque sí se sabe que vivió de niño en una plantación en condiciones de semiesclavitud. Cuando era adolescente, tuvo problemas con la ley y durante mucho tiempo vagó por el sur usando el nombre de Little Boy Blue mientras tocaba en bares y fiestas caseras. Fue en su honor que Mick Jagger y Keith Richards bautizaron su primera banda en 1961 antes de los Stones como Little Boy Blue and the Blue Boys.

Su gran oportunidad llegó en 1941, cuando junto al guitarrista Robert Lockwood logró grabar la música de unas campañas de patrocinio de Interstate Grocery Co, quienes aceptaron patrocinar el programa *King Biscuit Time* de una emisora de radio, pudiendo anunciar en los programas sus actuaciones. Aquí es donde comienza la problemática puesto que Ford, hasta ese momento conocido con el apodo de Rice Miller, empezó a utilizar el nombre de Sonny Boy Williamson II.

¿Quién inventó la mentira? Nadie lo sabe con seguridad, aunque la mayoría de las interpretaciones asegura que fue Max Moore, el dueño de Interstate Grocery, quien ideó el plan como una artimaña para vender sus productos a los afroamericanos amantes del blues. Tal vez todos los implicados creían que, como el programa solo se emitía en el sur, no llegaría a oídos del verdadero Sonny Boy Williamson, John Lee Curtis Williamson, pero este acabó enterándose del engaño y el músico residente en Chicago viajó a Arkansas en 1942 para enfrentarse al hombre que había robado su nombre. Según Lockwood, Sonny Boy Williamson II era un hombre de aspecto temible, tenía antecedentes de violencia y parece ser que el Williamson original se asustó cuando le conoció y no quiso volver a desafiarle. Sus identidades se volvieron aún más borrosas cuando la vida de John Lee Curtis se vio truncada tras ser apuñalado hasta la muerte en Chicago en 1948 en un intento de robo con violencia.

Con la muerte de su homónimo, la carrera del nuevo Sonny Boy Williamson fue viento en popa. En los años 50 grabó una serie de clásicos del blues, entre ellos *Cross my Heart*, *Eyesight to the Blind*, *Nine Below Zero*, *One Way Out* y *Bye Bye Bird*. Algunas de sus canciones, como *Don't Start me Talkin'*, *Keep It to Yourself* y *Take your Hands Out of my Pocket* reflejaban su naturaleza cautelosa y suspicaz.

A pesar de todos sus defectos de carácter, Williamson, que murió el 24 de mayo de 1965, impresionó a sus compañeros músicos y nadie duda de que fue un excelente armonicista, siendo muy elogiado, entre otros, por B. B. King. La rocambolesca historia de estos dos músicos fue recreada por Randy Newman en su álbum *Dark Matter* en 2017, en cuya canción *Sonny Boy* se pone en la piel de Sonny Boy Williamson I y canta en su letra: «En cuanto a Sonny Boy II / El hombre que me robó el nombre / Se fue a la gloria, la fortuna y la fama / Es el que se fue a Inglaterra / Y trató de enseñar a esos chicos ingleses el blues».

UNA ARMÓNICA SONANDO EN EL CHECKERBOARD LOUNGE…

Amos Wells Blackmore Jr., nacido en Memphis, Tennessee en 1934 y más conocido como Junior Wells, es otro de los grandes nombres del Chicago Blues, merced a la que podríamos llamar su canción insignia, *Messin' with the Kid* y el aclamado álbum de 1965, *Hoodoo Man Blues*. Jugó un papel importante en la creación del estilo de armónica de blues enérgico y amplificado que se convirtió en sinónimo del blues de Chicago y por el que sin duda ha pasado a la historia.

A lo largo de los 50 se formó como músico en bandas como The Aces, donde coincidió con guitarristas como David Myers, estuvo en la banda de Muddy Waters sustituyendo en la armónica a su maestro Little Walter y en 1957 se puede decir que inició propiamente su carrera junto al productor Mel London, con el que grabó muchos de sus temas más conocidos, caso por ejemplo de *I Could Cry* y *Lovey Dovey Lovely One* en 1957 y su famoso *Little by Little* en 1959 con la colaboración de Willie Dixon, además obviamente de *Messin' with the Kid* en 1960 con el impecable trabajo de guitarra de Earl Hooker. Con Bob Koester como productor, en 1965 grabó el legendario álbum *Hoodoo Man Blues*, disco que en su día mucha gente creyó que estaba grabado en una actuación en el Theresa's Lounge, a pesar de que fue registrado en un estudio convencional con la participación de Buddy Guy bajo el seudónimo de «Friendly Chap», debido a su contrato de exclusividad con la Chess Records.

Desde finales de los 60 en adelante Junior Wells se prodigó fundamentalmente haciendo dueto con Buddy Guy y editando excelentes álbumes en directo, entre los que hay que mencionar *Live at the Golden Dear* (1969) o *Live at Montreux Festival* (1977), aunque hacia el final de su carrera, Wells simplemente no parecía querer grabar más, y sus discos de comienzos de los 90 pasaron tristemente desapercibidos. Ahora bien, su último trabajo de estudio, *Come On in this House* de 1997, evidenció una notable mejoría y los críticos lo notaron: el álbum ganó el premio W. C. Premio Handy Blues al mejor álbum de blues tradicional en 1997. Tristemente, no pudo disfrutar de ese recobrado éxito. Habiéndosele diagnosticado ese mismo año un cáncer linfático, sufrió a finales de año un infarto que le dejó en coma hasta el 15 de enero de 1988, fecha en la que falleció.

EL MAGO DE LA *SLIDE GUITAR*

«Elmore James solo sabía una frase, pero daba la sensación de que la decía en serio».

Frank Zappa.

Elmore James fue un músico de blues admirado como pocos que tocó regularmente en el delta del Misisipi y, más tarde, en Chicago y que aunque James nunca tocó rock'n'roll como tal, su música fue admirada y versionada por los Rolling Stones y los Yardbirds entre otros muchos. Más conocido por su interpretación clásica de blues de *Dust my Broom*, James desarrolló un sonido característico de guitarra *slide* electrificada que fue influenciado por su compañero y maestro del delta, Robert Johnson. El crítico de rock Greil Marcus en su libro *Mystery Train,* describió el estilo vocal áspero y emotivo de James como «un ataque vocal cortante que intercambiaba sutileza por emoción».

Elmore era un nativo de Misisipi que nació en Richland el 27 de enero de 1918, hijo de Leora Brooks. Su madre es una de las razones de su éxito, en tanto que ella fue quien alentó a Elmore a hacer lo que disfrutaba y a tener éxito en su elección de una carrera. Con este estímulo, Elmore comenzó a tocar una guitarra hecha por él mismo. Con cierto éxito y la oportunidad de tocar en varios bares, Elmore se hizo amigo de Rice Miller, alias Sonny Boy Williamson II, el cual le ayudó a conseguir un contrato discográfico con Trumpet Records.

Con un objetivo cumplido, comenzó a buscar un nuevo éxito. James se mudó a Chicago, Illinois, donde formó una nueva banda llamada The Broomdusters, que incluía al piano de Jonny Jones y al saxofonista J.T. Brown. Los Broomdusters son conocidos por éxitos como *Dust my Broom, It Hurts me Too* y *The Sky Is Crying.* A lo largo de los años, Elmore grabó más de cien canciones para varias compañías discográficas, incluidas Modern, Chess, Chief, Fire, Fury y Enjoy Records. Es conocido como el «Rey del *slide*» y ayudó a dar forma a los sonidos rurales del Misisipi en lo que se convirtió en rock'n'roll.

Sufrió un leve ataque al corazón a finales de los años 50 y se retiró temporalmente a Misisipi. El disc-jockey de Chicago «Big» Bill Hill se puso en contacto con él y le convenció para que volviera a Chicago para hacer algunas emisiones de radio. En su primer día de vuelta en Chicago, Elmore James tocó en un pequeño club de blues y le escuchó el productor de discos Bobby Robinson. Como Robinson le dijo a la revista *Living Blues,* «tuve suerte, porque Leonard Chess seguramente lo hubiera contratado, si hubiera estado allí en mi lugar, sin duda».

Robinson y James se reunieron al día siguiente y grabaron en la sala de estar de la casa donde James se alojaba. Robinson describió así la sesión: «Ese día estaba lloviendo, hacía un día muy feo afuera... Creo que el clima nos influyó de alguna manera. A Elmore y a mí se nos ocurrió la idea de hacer una canción llamada *The Sky Is Crying*. Y fue simplemente una idea espontánea y comenzamos a darle vueltas un poco allí y tomé un lápiz y un bloc, nos sentamos junto a la ventana y la escribimos». *The Sky Is Crying* fue lanzado en 1960 por el sello Fire de Robinson y se convirtió en un éxito que ha quedado como un clásico absolutamente imperecedero.

El 24 de mayo de 1963, James sufrió un nuevo ataque cardíaco, que acabó con su vida a la edad de 45 años. Tristemente, no solo comenzó su carrera a una edad muy temprana, sino que lamentablemente fue arrebatado de ella a una edad muy temprana también. Jimi Hendrix, Fleetwood Mac y Brian Jones de los Rolling Stones son solo algunos de los muchos músicos a los que influyó en el transcurso de sus carreras y que le han rendido tributo en numerosas ocasiones. En 1980, mucho después de la muerte de Elmore, fue elegido miembro del Salón de la Fama de la Fundación del Blues y, más tarde, fue incluido en el Rock'n'roll Hall of Fame en 1992.

TOCANDO COMO B. B. KING Y ACTUANDO COMO GUITAR SLIM

«Cuando llegue a Chicago, estaba buscando una moneda de diez centavos. Y lo que encontré fue una de veinticinco centavos».

Buddy Guy, 1992.

George «Buddy» Guy, nació en Lettsworth, Luisiana, el 30 de julio de 1936, en el seno de una familia de aparceros. Su padre, Sam Guy, le compró a Buddy su primera guitarra a otro peón de campo, Henry «Coot» Smith, quien le enseñó a tocar *Boogie Chillen*, de John Lee Hooker, que ya era el disco favorito en la casa de Guy. Inspirado aún más por Lightnin' Slim, Buddy comenzó a tocar en Baton Rouge con «Big

Poppa» Tilley y Raful Neal, cuyo hijo Kenny más tarde tocó en la banda de Buddy. La extravagancia de Eddie «Guitar Slim» Jones causó un gran impacto en él, y se dice que fue el motivo de su decisión de marcharse en septiembre de 1957 a Chicago para dedicarse a la música.

Al poco de instalarse en la ciudad conoció a Otis Rush y Muddy Waters, con los que trabó una estrecha relación y le ayudaron a grabar sus primeros discos para la Chess Records, incluso contando con la supervisión de Willie Dixon en persona. Entre los primeros discos clásicos de Guy se encuentran un sencillo, *Stone Crazy*, que llegó a las listas de la revista *Billboard* en 1962, varias versiones de Willie Dixon y *My Time After While*. Sin embargo, Buddy Guy logró mucho más éxito y reconocimiento como artista en el escenario y como músico de directo. Además de sus intensas y espectaculares actuaciones, tanto en solitario como con Junior Wells, era acompañante habitual de artistas como B. B. King, Eric Clapton o Stevie Ray Vaughan.

Muy poco puesta en valor ha sido su faceta como emprendedor en el mundo del blues: tan importante como su aportación a la historia del género como músico fue la de ser el impulsor de la apertura de uno de los locales de mayor peso e historia en el Chicago Blues, el mítico Checkerboard Lounge en 1972, club de blues por el que pasaron todos los grandes del blues y del rock y cuyas paredes fueron testigo del *show* de Muddy Waters del 22 de noviembre de 1981 en el que aparecieron como invitados improvisados los Rolling Stones en persona para hacer con Waters y su banda una inolvidable *jam-session* inmortalizada en el disco y DVD *Live at The Checkerboard Lounge, Chicago 1981*. Cuando Buddy Guy se desvinculó del club por diferencias con sus socios, abrió en 1989 el Buddy Guy's Legends, otro magnífico club de conciertos de blues en directo. Situado en el 700 de la South Wabash Avenue, si alguno o alguna de ustedes quiere visitarlo, también es un restaurante. Sirve un menú de comida cajún y soul al estilo de Luisiana, que incluye gumbo, jambalaya, pollo y costillas de cerdo, que se puede degustar acompañado de una jarra de la «Buddy Brew», la cerveza artesanal que elabora el propio músico. Y no es nada extraño ver al propio Buddy Guy entre dos y tres veces por semana cuando no está de gira tocar en su club con su banda o con amigos invitados en *jam-session*.

Buddy Guy en directo en una de sus frecuentes apariciones en el Crossroads Festival.

Tras muchos años de lanzamientos simplemente discretos, en 1991 logro un notable éxito con su álbum *Damn Right, I've Got the Blues,* que alcanzó altas posiciones en las listas de Billboard, diez años antes de llegar al nº 1 con su álbum *Sweet Tea.* Plenamente activo en estudio y en directo, consiguió otro nº 1 en 2018 con *The Blues Is Alive and Well,* cuya portada mostraba a Guy de regreso en Lettsworth, un testimonio de un *bluesman* legendario que nunca olvidó sus raíces ni las personas que nutrieron su extraordinario talento. Su último álbum, *The Blues Don't Lie,* se editó en septiembre de 2022 y fue nominado en la categoría de mejor álbum de blues del año en los premios Grammy.

EL ALMA ATORMENTADA Y DOLIENTE DEL BLUES

«Otis Rush es el Thelonious Monk de la guitarra eléctrica: un genio excéntrico e intransigente que redefinió las posibilidades de su instrumento. Su forma de tocar es hermosamente idiosincrásica. Los solos de Rush tienen una cualidad existencial, hay espacios en sus recorridos, espacios de decisión, donde las notas se doblan y quedan suspendidas, antes de volver a su estado original en una coherencia desconcertante».

Jeffrey St. Clair, Counterpounch Magazine, 2018.

Conocido por sus notas chispeantes y largas, el guitarrista zurdo Otis Rush (1934-2018) estableció el sonido del blues del «West Side» de Chicago, caracterizado por una sonoridad más suave con influencia del jazz y una sección de vientos muy sólida. Inspirado por su compañero de blues Muddy Waters, Rush comenzó su carrera discográfica a mediados de los años 50, logrando un éxito con su primer sencillo, "*I Can't Quit you Baby*", seguido por el tema *Double Trouble*, del que se hacían versiones con regularidad.

Gracias a una aparición en la influyente serie *Chicago/The Blues/Today!*, así como a apariciones regulares en festivales tanto en Estados Unidos como en Europa, Rush se convirtió en todo un referente para músicos como Eric Clapton, Michael Bloomfield y el fundador de Fleetwood Mac, Peter Green.

Como muchos *bluesmen* de Chicago, tuvo una infancia dura y solitaria, creciendo en la zona rural de Misisipi en una familia de aparceros. Sin embargo, a diferencia de Muddy Waters, Howlin' Wolf, Sonny Boy Williamson y sus otros colegas de Chicago, que a menudo internalizaban su sufrimiento para crear un sonido de textura áspera y dura, Otis Rush buscó mucho más profundamente dentro de sí mismo, enfrentándose a sus traumas e inseguridades. En su opinión, los músicos de blues no deberían limitarse a insinuar dolor emocional, sino que deberían hacer que el género sangrara, llorara, se lamentara y gritara de agonía, y si alguna convención del blues le impedía lograr el máximo efecto confesional, simplemente la reescribía. «Por eso me encantaba Janis Joplin», dijo en algunas entrevistas.

Otis Rush en directo en el Ann Arbour Festival, julio de 1970.

Entre 1956 y 1959, Otis Rush grabó ocho sencillos para el sello que se convertirían en hitos del género, liberándolo de su solemne reserva y permitiéndole ser un vehículo para expresar sus miedos, arrepentimientos y penas más profundos. En las sesiones para el primer sencillo de Rush, Willie Dixon le tarareó una melodía que Rush transformaría en un estándar del género: "*I Can't Quit you Baby*", un éxito comercial que llegó al nº 6 de la lista de rhythm and blues de Billboard. Muy poco tiempo después, temas como *Double Trouble, Keep On Loving me Baby* y *All your Love,* se convirtieron en algunas de las grabaciones más veneradas del género y serían versionadas docenas de veces. La más famosa sin duda *All your Love,* principalmente por la versión de Eric Clapton con los Bluesbreakers y su influencia posterior en *Black Magic Woman,* de Peter Green y Santana.

Esta emocionante carrera artística, por desgracia, no duraría mucho más. Debido a una mala gestión y una recesión inminente, el sello discográfico que editaba los trabajos de Otis Rush, Cobra Records, quebró. A partir de ahí sus mánagers no supieron manejar bien su carrera y aunque siguió lanzando algunos sencillos excelentes —*You Know my Love, Homework*— y álbumes como *Mourning in the Morning,* ya nada volvió a ser igual. Aun así, continuó grabando algunos discos y tocando en directo de forma intermitente hasta su fallecimiento en 2018.

EL TAHÚR DEL SOUTH SIDE QUE ENSEÑÓ A TOCAR LA ARMÓNICA A MICK JAGGER

Little Walter, unos de los armonicistas más grandes de la historia de la música, a menudo comparado con músicos como Jimi Hendrix o Charlie Parker, sigue siendo el único artista que ha sido incluido en el Rock and Roll Hall Of Fame específicamente por sus habilidades con la armónica. Como solista, Little Walter logró 14 éxitos Top Ten de rhythm and blues, incluidos *You're so Fine* (1954) y el éxito *Juke* (1952), el único sencillo instrumental de armónica que llegó al nº 1 de la lista rhythm and blues de Billboard.

Nacido en mayo de 1930, se crio en Rapides Parish, Luisiana, donde aprendió a tocar la armónica por su cuenta. A los 12 años dejó la escuela y se fue de la Luisiana rural para viajar, haciendo trabajos ocasionales en la carretera y tocando en la calle por todo Estados Unidos hasta que en

1945 se estableció en Chicago. Aunque empezó como guitarrista acompañando a varios *bluesman*, su habilidad con la armónica le decidió a tocar solo este instrumento.

Cansado de que las guitarras eléctricas bloquearan los sonidos de su armónica, Walter comenzó a sostener un pequeño micrófono en sus manos junto con la armónica y a conectar el micrófono a un amplificador de guitarra.

Si bien esta técnica ya la usaban otros armonicistas, Walter llevó las cosas un paso más allá, llevando sus amplificadores al extremo, mucho más allá de sus límites técnicos, lo cual le permitió explorar tonos y efectos de sonido realmente revolucionarios. Grabó en la Chess Records y giró con Muddy Waters a lo largo de la década de los 50 y también formó parte de las bandas de Memphis Minnie, Johnny Shines, Floyd Jones, Bo Diddley, Otis Rush y Jimmy Rogers ente otros.

Little Walter.

A pesar de sus éxitos, la vida de Little Walter terminó por convertirse en un infierno. Bebedor compulsivo, enfermó de alcoholismo siendo relativamente joven, era conocido por su carácter irascible y violento, rasgos que la bebida potenciaba todavía más. A lo largo de su vida tuvo infinidad de peleas a puñetazos que le dejaron la cara y el cuerpo magullados y marcados con cicatrices, en especial tras sus partidas de póker. Walter llevó su cuerpo al límite continuamente, lo que finalmente derivó en su prematura muerte a los 37 años, en la noche del 15 de febrero de 1968 después de una pelea en un bar en el South Side de Chicago.

Se afirmó que la causa de la muerte fue una hemorragia cerebral producida por un fuerte golpe en la cabeza en el transcurso de la pelea, aunque el certificado de defunción oficial estableció que murió a causa de una trombosis coronaria. Sus restos mortales fueron enterrados en el cementerio de St. Mary, en Evergreen Park, Illinois.

Su viejo compañero y amigo de muchos años, Muddy Waters, no se sorprendió al conocer la noticia de su muerte. «Little Walter había muerto diez años antes de morir», declaró.

BLUESMAN PADRE DEL ROCK'N'ROLL, ABUELO DEL HIP HOP

Guitarrista, luthier, boxeador, productor discográfico y figura reverenciada en el mundo del rock como uno de los *bluesman* que más influyó en el British blues, Bo Diddley nació con el nombre de Otha Ellas Bates en McComb, Misisipi, el 30 de diciembre de 1928. Su apellido se lo cambió a McDaniel cuando el primo de su madre lo adoptó a los 8 años y en cuanto a su apodo, él mismo dijo que su nombre artístico provenía de otro artista que su madre adoptiva conocía en Chicago. También se ha dicho que obtuvo el nombre de amigos que se lo pusieron cuando era adolescente y boxeador, o que Leonard Chess le dio el nombre que también era el de un comediante de Chicago. Algunos afirman que tomó el nombre del instrumento de una sola cuerda, el arco Diddley.

Cuando de niño su familia se desplazó a Chicago, Bo Diddley tomó lecciones de violín clásico del profesor O.

W. Frederick de la iglesia bautista Ebenezer, famosa por ser donde se organizaron los primeros coros góspel. De hecho, aprendió a construir violines y guitarras en la Foster Vocational High School, pero pronto descubriría que su vocación musical le iba a llevar por otros caminos. Se interesó por la guitarra después de escuchar a John Lee Hooker en la radio y no tardó en formar su primera banda, The Hipsters, que luego cambió a The Langley Avenue Jive Cats. A principios y mediados de la década de 1940, Bo Diddley tocó en el Maxwell Street Market en una banda con Earl Hooker, que tenía 13 años en ese momento.

Bo Diddley en una foto promocional de mediados de los años 50 del siglo XX.

Diddley escribió o coescribió éxitos tan populares como *I'm a Man*, *Mannish Boy*, *Before you Accuse me* y *Who Do you Love*. También escribió el éxito de Mickey & Sylvia *Love Is Strange*, y la canción instrumental de Dave «Baby» Cortez, *Rinky Dink*.

Escribió bajo el nombre de Ellas McDaniel, pero también bajo los nombres de sus esposas en varias ocasiones, como Ethel Smith. Técnicamente, creó un ritmo propio muy característico, similar al «hambone», que con el tiempo se transformó en un estándar musical del rock'n'roll utilizado en innumerables canciones, entre ellas *Willie and the Hand Jive*, de Johnny Otis, *I Want Candy*, de The Strangeloves, *Magic Bus*, de The Who, *She's the One*, de Bruce Springsteen, *Faith*, de George Michael o *Mr. Brownstone*, de Guns N' Roses entre otras.

En 1987, Bo Diddley fue incluido en el Rock & Roll Hall Of Fame y en el Salón de la Fama del Blues en 2004. En sus últimos años de carrera, llegó a grabar con Chuck D, del famoso grupo de hip hop Public Enemy, una colaboración simbólica que indica la línea que va desde el rock'n'roll de los años 50 hasta el surgimiento del hip hop y el rap a finales de los 70 y principios de los 80 es sinuosa y oscilante, pero es toda una escuela de evolución musical.

En 2008, Bo Diddley recibió póstumamente un doctorado en Bellas Artes de la Universidad de Florida, poco después de su muerte el 2 de junio de ese año.

LOBO HOMBRE EN CHICAGO

«El blues no es nada más que, si estás insatisfecho, no tienes las cosas que quieres, no tienes dinero ni un lugar donde quedarte y solo estás yendo de un lugar a otro, todo lo que pasa por tu corazón. Estás buscando algo y no sabes lo que es hasta que lo encuentras, ¿sabes? Veo a mucha gente caminando por la calle y veo en sus caras que están en ese viaje. De ahí viene el blues. Mira, el blues es algo que te hará cantar. Cantas lo que sientes. Si te han engañado, lo cantas de esa manera. Como algunos vaqueros en el campo. Siempre he cantado como me sentía en ese momento».

Howlin' Wolf, 1967.

Howlin' Wolf nació como Chester Arthur Burnett el 10 de junio de 1910, cerca de West Point, Misisipi. El padre de Wolf, Leon «Dock» Burnett, era aparcero y su madre, Gertrude

Jones, cocinera y criada. Sus padres se separaron cuando Chester tenía un año y Gertrude se llevó a Chester al norte, al condado de Monroe. Gertrude era una fanática religiosa mentalmente inestable que envió a su hijo lejos de casa cuando tenía diez años.

El joven Wolf se dirigió a la casa de su tío abuelo, Will Young. Will maltrataba a todos sus hijos, pero era especialmente duro con Chester: nunca le dejaba ir a la escuela, a menudo no le daba comida y le propinaba duras palizas con su cinturón incluso por auténticas nimiedades. Chester se interesó por la música desde muy joven: cantaba mientras araba, hizo un arco de una sola cuerda y empezó a aprender a tocar la armónica. Cuando Will lo echó definitivamente de la casa a los trece años, Chester se dirigió al delta en busca de su padre, quien le acogió y le introdujo en la música.

Entre los primeros maestros de Wolf se encontraba un reputado «Padre del delta blues», Charlie Patton. Wolf, fascinado por Patton, le pidió a Dock que le comprara una guitarra. Con la nueva guitarra, Wolf comenzó a pasar más tiempo con su maestro, quien lo ayudó a aprender a tocar y, finalmente, actuó con Patton en Ruleville. Antes de dejar el delta, el joven Wolf también viajó y tocó con Sonny Boy Williamson II (Rice Miller), quien lo ayudó a perfeccionar sus habilidades con la armónica y actuó con Robert Johnson, Son House, David «Honeyboy» Edwards, Johnny Shines y Jimmie Rodgers. Wolf admiraba el canto tirolés de Rodgers, pero no podía reproducirlo, así que adoptó un «aullido de lobo» que le dio el más famoso de la media docena de nombres con los que acabó actuando. La voz extremadamente grave de Wolf era el producto de una amigdalitis mal curada de la infancia que dañó sus cuerdas vocales.

Como muchos *bluesman* y a consecuencia de su afición al alcohol, al juego y las mujeres, existen episodios en la vida de Howlin' Wolf oscuros y sobre los que corren distintas versiones. En Hughes, Arkansas, por ejemplo, Wolf intentó proteger a una conocida de un novio celoso y violento, lo que degeneró en una violenta pelea entre los dos a resultas de la cual Wolf mató accidentalmente a su oponente. Lo que pasó después es tema de disputa no aclarada: Wolf huyó de la zona o cumplió una condena de cárcel, pero nunca se supo qué pasó realmente.

La gran oportunidad de Wolf llegó en 1951, cuando el legendario productor Sam Phillips le invitó a él y a su banda a mudarse a Memphis para grabar. Phillips envió una maqueta a los Chess Brothers en Chicago, y el resto es historia del blues. La habilidad de Wolf con el «blues eléctrico» hizo que sus discos se vendieran bien tanto en el sur profundo como en las ciudades del norte y que su fama se extendiera rápidamente. Se estableció permanentemente en Chicago y a partir de ahí, cimentó su leyenda. La carrera como estrella del blues de Howlin' Wolf alcanzó su punto máximo en la década de 1960, pero el auge del rock'n'roll, el rhythm and blues y el soul de la Motown comenzó a debilitar su atractivo para los afroamericanos más jóvenes. Al igual que otros intérpretes de blues durante este periodo, Wolf finalmente fue «redescubierto» y solicitado por músicos de otra generación, como Charlie Musselwhite, Michael Bloomfield y Paul Butterfield.

A fines de 1969, la salud de Wolf comenzó a deteriorarse. Sufrió un ataque cardíaco en Chicago y salvó la vida milagrosamente, pero desoyó los consejos médicos y siguió viviendo la vida al límite, como había hecho siempre. En mayo de 1970, mientras estaba en el Reino Unido grabando *The London Howlin' Wolf Sessions*, surgieron más problemas de salud. Un año después, Wolf sufrió otro ataque cardíaco y sus riñones fallaron. Sin embargo, siguió adelante: en mayo de 1973, Wolf estaba de gira nuevamente, rumbo a Cambridge, Massachusetts, donde entre sus actuaciones de teloneros se encontraban Bonnie Raitt, Bruce Springsteen y George Thorogood.

A finales de 1973, Wolf se había desilusionado de la industria musical, creyendo que estaba siendo explotado por músicos jóvenes y blancos que ganaban millones con su música.

En mayo de 1974, sus abogados demandaron a Arc Music y Chess Records por aprovecharse de él y ganaron el pleito, pero el lobo no viviría para disfrutar de los frutos de los esfuerzos de sus abogados; le diagnosticaron un tumor cerebral y murió el 10 de enero de 1976.

UNA LEYENDA ETERNA QUE DESTILABA WHISKY SIN LICENCIA

«A medida que de adolescente fui conociendo toda la música que triunfaba en Inglaterra entre 1966 y 1969, tanto los Stones como Cream, Hendrix, el rock de la costa oeste, Bob Dylan o la psicodelia, pronto fui aprendiendo que había un hilo conductor que relacionaba todos esos lenguajes musicales, que era el blues, sobre todo el blues de Chicago. Y el mejor de todos ellos, la fuente de la que todos se nutrían era Muddy Waters. Un genio irrepetible. Nunca se ponderará suficiente todo lo que hizo por la música actual y por ello, dar a conocer su música, difundir su legado, para mí es un deber de conciencia».

Paul Rodgers, cantante de Free y Bad Company, 1994.

Como se documenta en *Can't Be Satisfied: The Life and Times of Muddy Waters*, de Robert Gordon, los primeros años de Muddy Waters están envueltos en misterio, en gran parte creado por él mismo. Waters no dio muchos detalles en las entrevistas, citando el año de su nacimiento como 1915. También le dijo a la gente que nació en Rolling Fork, en el condado de Sharkey, Misisipi. En verdad, Muddy Waters nació como McKinley Morganfield el 4 de abril de 1913, en el condado de Issaquena, al noroeste de Rolling Fork, en una pequeña comunidad llamada Jug's Corner y creció en la plantación Stovall.

Pocos músicos ocupan un lugar tan importante en la historia y el desarrollo del blues como McKinley Morganfield. Más conocido por su nombre artístico, Muddy Waters, Morganfield abandonó los campos de algodón de Misisipi en la década de 1940 en busca de mejores oportunidades en el norte. Trayendo consigo el blues rural del delta, Waters tomó una decisión práctica que revolucionaría la música. Al dejar de lado su instrumento acústico y abrazar el potencial de la guitarra eléctrica amplificada, ayudaría a desarrollar una forma sofisticada de música blues de orientación urbana que conduciría directamente al desarrollo del rock'n'roll en la década de 1950. Sobre su nombre, parece ser que fue su abuela Della Grant quien le apodó Muddy Waters —«aguas embarradas o cenagosas»— por la pasión del pequeño McKinley Morganfield por chapotear en las aguas turbias y a menudo peligrosas que rodeaban la casa familiar.

Aunque el trabajo dominaba la vida de Waters en la plantación Stovall, descubrió la alegría de la música a una edad temprana. Della Grant se aseguró de que el joven Muddy asistiera a la iglesia todos los domingos en tanto que el culto era un refugio para los aparceros de Stovall, y los servicios eran animados y llenos de canciones. En los bancos de la iglesia de Stovall, Waters descubrió el poder del ritmo y la melodía. Sin embargo, fue la música con una intención claramente diferente la que realmente encendió el alma de Muddy Waters. «La señora que vivía al otro lado del campo tenía un fonógrafo cuando yo era un niño pequeño», le dijo Waters a Robert Palmer, autor de *Deep Blues*. «Ella nos dejaba ir allí todo el tiempo, y yo lo ponía día y noche». Al conocer grabaciones de artistas de blues como Blind Lemon Jefferson, Tampa Red y Memphis Minnie, Waters desarrollaría un vocabulario musical y una sofisticación muy superior a la de otros músicos rurales.

A los 14 años, su vida cambiaría definitivamente cuando ve tocar en directo a Son House en un local de mala muerte en las afueras de Clarksdale.

Poco después de comprar su primera guitarra, Muddy Waters comenzó a tocar *jukes* toda la noche en Clarksdale y durante estos primeros meses como incipiente músico, sobrevivió limpiando botellas y vendiéndolas a los destiladores clandestinos. De joven, aprendió a fabricar y vender whisky él mismo, una actividad a la que los dueños de Stovall hacían la vista gorda hasta que en el verano de 1941, escuchó un rumor en Stovall acerca de un hombre blanco que le estaba buscando. En la mente de Waters, eso podía significar solo una cosa: las autoridades lo perseguían por contrabando de whisky. Afortunadamente para él, ese hombre blanco no era otro que Alan Lomax. De hecho, al acabar la primera grabación, Muddy Waters invitó a Lomax a una copa del whisky que destilaba ilegalmente.

Muddy Waters en directo en París, verano de 1976 (Foto: Lionel Decoster).

Muddy Waters llegó a Chicago en 1943 con una maleta y una guitarra. Fue a trabajar como camionero y tocaba en fiestas en casas particulares y en pequeños clubes por la noche. Sin embargo, la escena musical de Chicago no era en absoluto lo que esperaba. «El blues estaba desapareciendo», le dijo Waters a

Peter Guralnick, autor de *Feel Like Going Home: Portraits in Blues and rock'n'roll.* «No pasaba nada... Era bastante duro».

Finalmente en 1945, llamó la atención de Columbia Records. Grabó canciones para el sello, pero nunca se publicaron. La suerte discográfica de Waters cambió pronto cuando un cazatalentos de Aristocrat Records lo escuchó. Después de varios discos sin pena ni gloria, Waters tuvo su primer éxito en 1950 con *Rollin' Stone.* Aristocrat, rebautizada como Chess Records, se convertiría en el principal sello discográfico de blues de América.

En 1954, Muddy Waters tuvo su mejor año como artista discográfico. Con tres sencillos en el Top Ten de rhythm and blues de la Billboard, incluidos dos de sus mayores éxitos, *Hoochie Coochie Man* y *I Just Want to Make Love to you,* Waters había revolucionado la música blues. Sin embargo, en 1956, las ventas de blues estaban en rápido declive gracias en gran parte a la llegada del rock'n'roll y artistas como Chuck Berry, a quien Waters había recomendado a Chess Records solo un año antes. Y cuando las cosas empezaron a ponerse difíciles de verdad, de pronto le llegó una oferta para girar por Inglaterra... el resto de la historia ya está en otros libros y parte de ella, unas páginas más adelante.

Tras varios años en los que su carrera se mantuvo con gran dignidad, a Waters, que padecía hipertensión desde hacía mucho tiempo, se le diagnosticó cáncer de pulmón y se sometió a una cirugía para extirparle parte. Tras dejar de lado la quimioterapia, el cáncer de Waters remitió y estuvo lo suficientemente bien como para volver a subirse al escenario el 30 de junio de 1982, como invitado especial en un *show* de Eric Clapton en Miami.

Sería su última actuación. Al regresar a su casa de Chicago, Waters comenzó a toser sangre. Su cáncer se había reproducido y empeoraría en el transcurso de un año. El 30 de abril de 1983, poco más de tres semanas después de su 70 cumpleaños, McKinley Morganfield, más conocido como Muddy Waters, el padre del blues de Chicago, murió a consecuencia de un carcinoma de pulmón.

UN LEGADO QUE PERDURA

Hoy en día, todavía se pueden escuchar ecos del impacto del blues de Chicago en la música popular actual a través de artistas como Jack White o The Black Keys, que incorporan elementos de los sonidos tradicionales del delta en sus composiciones contemporáneas. La historia del blues de Chicago es una parte crucial del patrimonio cultural de la humanidad y es esencial preservar esta rica tradición musical, como se ha hecho con los estudios de la Chess reconvertidos ahora en un museo. Documentales como la serie *Martin Scorsese Presents The Blues* arrojan luz sobre cómo los primeros pioneros dieron forma al blues moderno y aunque los tiempos han cambiado, la influencia del blues de Chicago en otros géneros musicales continúa hasta el día de hoy.

A partir de la página siguiente, la historia empieza de nuevo.

El blues tuvo un hijo, y le llamaron…

«A partir de 1967, el blues americano e inglés empezaron a amalgamarse en un vasto y complejo conglomerado, renovando y preservando a la vez las peculiaridades del estilo que salían a la luz en todas partes. El Festival de Monterey celebrado en California en junio de 1967 reunió a formaciones americanas como Jefferson Airplane, Canned Heat, Big Brother & the Holding Company con grupos ingleses como The Who y el grupo "mixto" anglo-americano de la Jimi Hendrix Experience, cuya carrera acababa de empezar fulgurantemente en Gran Bretaña. Cream, trío inglés en el que destacaba la figura de Eric Clapton, hizo en ese periodo frecuentes giras por Estados Unidos que tuvieron como efecto más visible la popularización de muchos elementos característicos del blues a la experiencia del rock».

El blues moderno, *Philippe Bas-Babérin, 1973.*

A comienzos de la década de los 60, justo en este momento histórico en el que América y el mundo va a vivir una de sus décadas más convulsas y controvertidas, cuando el blues más puro, el blues de Chicago y del delta del Misisipi va a vivir también, como en el caso británico, un momento de revitalización y de segunda juventud, pero no tanto encarnado en sus protagonistas pioneros —aunque también en gran medida—, sino a través de sus alumnos privilegiados, los músicos blancos americanos que paradójicamente a través de la influencia del British blues, van a «redescubrir» sus propias raíces musicales, actualizándolas y sumándose a un fenómeno de evolución que proporcionará al rock americano en este periodo, y ya con los años 70 en el horizonte, una historia y una personalidad propia de la cual, como en Inglaterra, se derivarán nuevos estilos, lenguajes y propuestas: del southern rock al nuevo country & western, pasando por el primigenio hard rock americano que desembocará en el heavy metal.

Dentro de ese fenómeno, se vivió un nuevo interés por el blues rural acústico anterior a la Segunda Guerra Mundial y propició que muchos *bluesmen* que llevaban años y años en el más oscuro anonimato volvieran a hacer actuaciones que irían alcanzando un poder de convocatoria progresivamente creciente, tanto por parte del público como por parte de los medios. John Lee Hooker, Mississippi John Hurt, Skip James o el Reverendo Gary Davis entre otros, aunque sin llegar a los niveles de las nuevas estrellas del rock, llevaron en la América de mediados de los 60 el blues a una nueva generación de jóvenes americanos blancos de clase media acomodada, que empezaron a comprar sus discos, a asistir a sus giras y, en muchos casos, a muchos de esos jóvenes en los que ya afloraba una vocación musical, adoptar ese lenguaje para empezar a dar sus primeros pasos, animados igualmente por la huella que grupos como Cream, Jimi Hendrix, The Rolling Stones, Eric Burdon & The Animals o The Who van a dejar en la juventud americana de ese periodo.

Entramos por tanto en este capítulo en un aspecto absolutamente fundamental de la historia del blues, que si bien ha sido ampliamente explicado en artículos de prensa, entrevistas con músicos e incluso en diversos libros y enciclopedias de historia del rock, sin embargo —y aquí venimos a justificar el título de este libro— muy pocas, poquísimas veces, probablemente por cierta vocación en exceso purista que existe en el mundo del blues, se ha tratado en los libros de historia del género: su evolución, proyección y establecimiento como base fundamental de todo un lenguaje, estilo y cultura musical que nace del blues y cuyos principales artistas, grupos y músicos más reconocidos nunca han dejado de reivindicarlo, respetarlo y vivirlo, como es el rock.

La música que sobre todo en los años 60 revolucionó el mundo, la conciencia de toda una generación, que convirtió a los jóvenes en sujetos activos de su anhelo de cambio social y cultural, incluso político, hunde sus raíces en el blues, si se quiere incluso en el blues más puro, en las aguas pantanosas del Misisipi, en los campos de algodón del sur de los Estados Unidos y en el Chicago nocturno y *underground* de los años 30 y 40.

Es el momento, por tanto, de entrar a analizar en profundidad cómo el blues va a seguir vivo, mejor dicho, no solamente vivo: va a cobrar una nueva identidad, una nueva dimensión, una nueva vida como influencia fundamental en el rock, la música que va a cambiar el mundo. Un proceso musical complejo, con muchas ramificaciones, difícilmente explicable desde un solo punto de vista o desde una sola óptica histórica o musical, pero que es pura historia del blues y que en tanto en cuanto desde el mundo del blues no se ha hecho esa necesaria reivindicación con la suficiente profundidad, al menos a nuestro juicio, entendemos que este es el momento de hacerlo.

En la Inglaterra de finales de los años 50 ya se conocía, por supuesto, el rock'n'roll; el suceso que supuso la irrupción de Elvis Presley, Buddy Holly y Chuck Berry, incluso la legendaria gira inglesa de Bill Haley & The Comets —los creadores del famoso *Rock Around the Clock*, himno de los comienzos del rock— no tardó en llegar a las islas británicas y a nadie le pasó inadvertido, en especial a la gente más joven. Podría decirse que aquello en cierto modo, plantó una semilla. Por primera vez, una forma de hacer música llegaba a una generación como nunca antes había llegado en la historia, indudablemente gracias a los avances de la revolución científico-técnica que gracias sobre todo a la radio, hizo posible que millones de personas pudieran escuchar la música que se hacía lejos de sus fronteras.

Por supuesto, el rock'n'roll cayó como una bomba no solamente en Inglaterra, sino en toda Europa, tanto por la radio como por los sistemas de venta de discos por correo que inauguró la Chess Records para difundir su catálogo en Europa de discos de jazz y de blues y la lenta pero progresiva implantación de los sellos discográficos americanos en Europa. Pero paralelamente a ese proceso y de una manera menos llamativa pero que con el tiempo se demostraría mucho más profunda, en esa misma época un tipo de música que no sonaba en la radio y que no tenía apenas difusión fuera de América, fue llegando a Europa casi a cuentagotas, pero provocando un impacto inmenso en quienes la escucharon, la vivieron y aprehendieron su mensaje y su espíritu.

Esa música fue el blues.

1942: Tras una propuesta aprobada por el Congreso de los Estados Unidos tras la declaración de guerra contra Japón y la Alemania nazi, el Gobierno norteamericano, de acuerdo con el británico, establece una serie de instalaciones aéreas y militares a lo largo de todo el territorio de las islas británicas al objeto de establecer una base de operaciones tanto para defender ese territorio de posibles nuevos ataques de las fuerzas del III Reich como para que desde allí las tropas aliadas puedan liberar la Europa ocupada del nazismo y ganar en el frente occidental la Segunda Guerra Mundial.

Terminada la guerra en 1945 y dada la temprana evolución de la situación política internacional hacia la posibilidad de una nueva confrontación bélica en esta ocasión con la Unión Soviética y los países de su esfera de influencia política y militar, se decide que las bases americanas no se retiren de Gran Bretaña; al contrario, se decide implícitamente que sean bases permanentes y de hecho, desde el Gobierno de los Estados Unidos se aprueba un ambicioso presupuesto para su mantenimiento y casi podría decirse que como una suerte de «ciudades-embajadas» de los Estados Unidos en el país. Ello conllevará en muy poco tiempo la conversión de las bases militares en auténticas ciudades norteamericanas trasplantadas a territorio británico, con sus propios supermercados, sus propios colegios para sus hijos e hijas, sus propios cines, clubes de música, salas de baile y, lo más importante en el caso que nos ocupa, sus propias emisoras de radio.

THE ROLLING STONES: LOS PIONEROS DEL BLUES BRITÁNICO Y DE LA REVOLUCIÓN GENERACIONAL DE LOS AÑOS 60

Explicaba en otro libro de esta misma colección, *Esto no estaba en mi libro de historia del heavy metal* mi colega periodista y compañero de tantas andanzas en el mundo de la música Mariscal Romero cómo cuando él y su familia emigraron desde Andalucía a Madrid y se establecieron en la zona este de Madrid a finales de los años 50, las emisiones de los programas musicales de Radio Torrejón a partir de 1966-67, la radio de las bases americanas del Ejército estadounidense establecidas en España a partir de finales de los años 50 llegaban sin apenas interferencias a esa zona de Madrid. Obvio es decirlo, lo que el Mariscal Romero escuchó en aquellas emisiones pesó decisivamente en sus gustos musicales. Afirmaba Romero, no solamente en ese libro, sino en otras muchas entrevistas, cómo el tener la oportunidad de escuchar en esos programas a Jimi Hendrix, The Doors, Eric Burdon & The Animals o los Rolling Stones influyó decisivamente en su vocación por hacer de la radio su vehículo para difundir la música que le cambió la vida.

Exactamente ese mismo fenómeno fue el que sucedió en la Inglaterra de finales de los años 50 con la llegada de emisoras de radio americanas. No eran pocos los soldados americanos, la mayor parte de ellos procedentes de la clase obrera y muchos de ellos de raza negra, que solo habían podido encontrar una escapatoria a la precariedad, la pobreza, la marginación y el racismo institucional al que estaban condenados a vivir en su país enrolándose en el ejército y ofreciéndose voluntarios para trabajar en delegaciones extranjeras. Pero llevaron con ellos su música y sobre todo, los discos que empezarían a sonar en las emisoras de radio de las bases militares. Y que escucharon muy pronto jóvenes como Brian Jones, el fundador unos pocos años más tarde de los Rolling Stones.

Brian Jones, que escuchaba cada noche desde su habitación en la casa de sus padres en Cheltenham en un rudimentario transistor las emisiones de los programas musicales de las radios del Ejército americano en sus bases de Gloucestershire y que ya manejaba con soltura varios instrumentos musicales, especialmente la guitarra, se enamoró de esa música tan cargada de sentimiento, sinceridad, energía sonora y capacidad de comunicar que era el blues de Elmore James, Howlin' Wolf, Muddy Waters y Willie Dixon y no tardó en volcar su capacidad como músico en el objetivo de vivir, expresar, sentir y hacer sentir lo que a él le despertó el blues como motor de su creatividad como músico y como filosofía de vida.

Movido por ese estímulo, y al margen de diferentes circunstancias y condicionantes personales que no tenían que ver con la música, terminó por abandonar su Cheltenham natal y marcharse a vivir a Londres, en donde no tardó en familiarizarse con el ambiente que se vivía en locales como el Ealing Club o el Crawdaddy Club y, poco después, conocer a otros dos jóvenes músicos que vivían en Dartford, pero que cada fin de semana viajaban a Londres para asistir a las *jam-sessions* del Ealing Club, uno de ellos suscrito al boletín de novedades discográficas de la Chess Records y que les compraba a menudo discos de blues no editados por otras compañías en Inglaterra. ¿Adivinan quién era ese chico?

¡Bingo! Mick Jagger.

A partir del encuentro de Brian Jones, Keith Richards y Mick Jagger el 7 de abril de 1962 en el Ealing Club, tres meses y medio después la banda que los tres integraron junto a Ian Stewart como pianista, Bill Wyman como bajista y Tony Chapman como batería, hacen su debut el 12 de julio de 1962 como The Rolling Stones en el Marquee Club de la capital británica. Entre lo más destacable de su repertorio en aquel mítico debut en vivo de la que después sería la banda más grande de la música rock de la historia, versiones de *Honey, What's Wrong, Hush, Hush, Happy Home* y *Bright Lights, Big City*, de Jimmy Reed, *Confessin' the Blues*, de Walter Brown y Jay McShann, *I Believe I'll Dust my Broom*, de Robert Johnson, *Blues Before Summer*, de Elmore James, *I Want you to Love me*, de Muddy Waters, *Ride'em On Down*, de Big Bill Broonzy —recuperada por los propios Stones para su disco de estudio de homenaje al blues clásico *Blue and Lonesome* en 2016— y *Big Boss Man*, de Willie Dixon, más allá del rock'n'roll *Down the Road a Piece*, de Don Raye y el Will Bradley Trio y el *Back in the USA*, de Chuck Berry.

A partir de ese día, la historia de la música popular contemporánea iba a cambiar, y el motor de ese cambio, es decir, de la transición del blues al rock, aunque aún tardaría unos años en cristalizarse y adoptar, en adquirir la forma de un nuevo estilo musical, fue imparable a partir de ese momento. El blues había tocado la fibra sensible de miles de jóvenes ingleses que dentro de su espíritu de autoafirmación, de independencia, si se quiere incluso admitir de esta manera, de rebeldía contra el sistema económico, laboral, de costumbres, de forma de vida en definitiva en el que se les había obligado a vivir, despertó en ellos el anhelo de comunicar y transmitir de manera muy personal, marcando con ello la personalidad y el lenguaje de su propia generación, sus inquietudes, su descontento, incluso su ira y su rabia contenida contra el mundo que habían heredado de sus padres y de las anteriores generaciones.

Según afirmó en su magnífica autobiografía el primer mánager y descubridor de los Rolling Stones, Andrew Loog Oldham, los Stones de aquellos años del comienzo de su carrera estaban tan inmersos y obsesionados con el blues que asegura que cuando Mick Jagger, hablando con él en un camerino de una de las pequeñas salas en las que empezaron a hacerse un nombre tocando ya con él como manager, en torno al verano de 1963, le dijeron que querían convertirse en la mejor banda de blues de Londres, Oldham se echó a reír a carcajadas y casi le da una colleja.

«¿La mejor banda de blues de Londres…? Vamos, chavales, ¿sois gilipollas o qué? ¿Eso es todo a lo que aspiráis en vuestras miserables vidas de familias de clase media, hijos de funcionarios del Estado y amas de casa? ¡Vamos, joder! ¡Idos a la mierda! Vosotros podéis ser los más grandes. Escuchadme, yo vengo de trabajar con Brian Epstein y con los Beatles, sé cómo funcionan y os aseguro que podemos llegar a ser tan grandes o más que ellos, pero necesitáis ambición, creéroslo, estar convencidos de que les podéis ganar, pero… ¡esa no es la actitud! Joder, escuchad a esos *bluesmen* que tanto os gustan y sed ambiciosos, como ellos lo hubieran sido si hubieran tenido las oportunidades que vosotros tenéis ahora… "La mejor banda de blues de Londres…". ¡Joder! ¡Vamos, dejaros de estupideces, vamos a cargarnos a esos petimetres de Liverpool!».

Pocos meses después, más allá del éxito de sus versiones de *You Better Move On,* un clásico del blues más estándar, si se quiere más del rythm and blues de Arthur Alexander o *I Want to Be Loved,* de Willie Dixon, que fue cara B de su primer single oficial con *Come On,* de Chuck Berry como sencillo principal, los Rolling Stones editaban el 17 de abril de 1964 su primer álbum de larga duración, *The Rolling Stones,* también conocido y editado en algunos países como *England Newest Hit Makers: The Rolling Stones* y que va a quedar para la historia como un tributo de admiración a la música que les dio su razón de ser, el blues.

No aparece en este LP ningún tema firmado por Mick Jagger y Keith Richards, pero sí una amplia selección de piezas del blues más clásico que les dieron su personalidad musical. *I Just Want to Make Love you,* de Willie Dixon, *Walking The Dog,* de Rufus Thomas, *Honest I Do,* de Jimmy Reed, *Mona (I Need you Baby*), de Bo Diddley o *I'm a King Bee,* de Slim Harpo —aunque popularizada por Muddy Waters— mostraron a los Rolling Stones como uno de los grupos que más y mejor aprehendieron la esencia, el lenguaje, la naturaleza musical del blues a comienzos de los años 60 y supieron hacerla suya, dándole su personalidad y haciéndolo avanzar hacia el rock a través de su propia visión, de ese nuevo impulso que deliberadamente o no, le proporcionaron con su forma de versionarlo.

El 30 de enero de 1965 se puso a la venta el segundo larga duración de los Rolling Stones, llamado simplemente *The Rolling Stones II* en Inglaterra y Europa, denominado en Estados Unidos *The Rolling Stones Now!* Ambos discos son trabajos ya más orientados a un estilo musical más heterogéneo, en el que las versiones que graban recogen otras influencias, como por ejemplo la del rythm and blues en *Everybody Needs Somebody to Love*, de Bert Berns, Solomon Burke y Jerry Wexler, el soul pop de The Drifters en *Under the Boardwalk* o el rock'n'roll del *You Can't Catch me*, de Chuck Berry, pero la profunda huella del blues en modo alguno va a desaparecer; baste señalar como ejemplos su versión del *I Can't Be Satisfied*, de Muddy Waters, el *Little Red Rooster*, de Willie Dixon, que se incluirá en la versión americana de este trabajo y, por supuesto, cómo trabajan una canción como *Time Is on my Side*, de Norman Meade, un tema originalmente de rythm and blues para reconvertirla en un blues más puro, más apegado al sonido cenagoso del delta.

Tanto los singles que los Rolling Stones editaron entre 1963 y 1965, así como sus primeros discos de larga duración, con independencia de sus cifras de ventas y más allá de la popularidad que adquirieron como grupo que no tardó en convertirse en la abierta competencia de los Beatles desde la transgresión, la rebeldía, la confrontación con los padres, los profesores, la iglesia, contra todo símbolo de autoridad y de poder en el marco de esa revolución contracultural que aquella generación inició, aportaron un elemento fundamental de evolución y de desarrollo que lo que serían las bases de un fenómeno que se conocería convencionalmente en un primer momento como British blues, después de un modo más amplio como blues progresivo y que entre 1967 y 1969 va a protagonizar un cambio musical de una magnitud fabulosa, que proporcionará al rock su propia entidad como estilo y como lenguaje y le abrirá un horizonte ilimitado de caminos de evolución.

Dicho de otra forma: si hasta 1967 el rock había logrado éxito comercial y repercusión social por mor del éxito de singles como *She Loves you*, *Can't Buy me Love* o *I Want To Hold Your Hand*, de los Beatles, *(I Can't Get No) Satisfaction*, de los Stones, *My Generation*, de los Who o *You Really Got me*, de The Kinks, el contexto musical cambiará de manera radical en cuestión de muy pocos meses en tanto en cuanto y dada la propia evolución de la sociedad, cuyos sectores más dinámicos, comprometidos con una idea de cambio, de revolución, de superación de los esquemas caducos y acartonados del mundo occidental, en especial los jóvenes, buscan un cambio radical en la forma de vida y en las instituciones políticas, también extienden ese reclamo a las manifestaciones culturales de ese crucial momento.

Al lado de los fenómenos de renovación radical del lenguaje cinematográfico que en los años 60 llega de la mano de directores como Jean Luc Goddard o François Truffaut en Francia, Rainer Werner Fassbinder, Volker Schlöndorff, Werner Herzog o Wim Wenders en Alemania o Lindsay Anderson, Joseph Losey o Tony Richardson en la propia Inglaterra, la ruptura formal, estética y argumental que proponen en las artes escénicas Julian Beck y Judith Malina, las nuevas narrativas que en esos años triunfan tanto desde América Latina con el *boom* de autores como Gabriel García Márquez, Juan Carlos Onetti, Adolfo Bioy Casares o Julio Cortázar, en todo el mundo se produce un movimiento de reivindicación de una nueva cultura que en cada uno de sus ámbitos critica, remueve y revoluciona todo el establishment anterior.

En la música, en América Latina esa corriente se traduce en la explosión de la canción popular latinoamericana —Mercedes Sosa, Víctor Jara, Quilapayún— en la nueva trova cubana, en la radicalización estética, vivencial e ideológica de artistas de la canción de autor europeos como Georges Brassens, la nova cançó catalana —María del Mar Bonet, Joan Manuel Serrat, Quico Pí de la Serra—, los cantautores españoles como Paco Ibáñez, Rosa León, Luis Eduardo Aute, Amancio Prada, Labordeta, Luis Pastor…

De esa misma manera en el rock, un nuevo concepto que partiendo de la libertad creativa que ofrece el blues, se basa precisamente en el blues para crear lo que se conoció en aquel momento como música de vanguardia, es decir, rock por un lado más duro, más intenso y más eléctrico en cuanto a su sonoridad y por otro, más complejo y más elaborado, en el que partiendo de las posibilidades del blues para improvisar, cambiar y trabajar las canciones sin las cortapisas comerciales impuestas por la industria del disco para hacer canciones de tres minutos para la radio, buscan ampliar el horizonte creativo, poder expresar más y mejor las ideas, sensaciones y sentimientos que quieren comunicar y moverse en un ámbito de libertad infinitamente mayor. Todos los artistas y grupos de rock que apostarán en ese periodo por desarrollarse en el blues progresivo serán todos alumnos del blues de Muddy Waters, Willie Dixon, Robert Johnson o Leadbelly.

EL NACIMIENTO DEL «BRITISH BLUES» Y LA HISTORIA DE UNA GIRA QUE CAMBIÓ EL RUMBO DE LA MÚSICA POPULAR

«Recibí en la escuela una educación religiosa, pero debo decir que encontré a mi Dios en la música y las artes, con escritores como Hermann Hesse y músicos como Muddy Waters, Howlin' Wolf y Little Walter. De alguna manera, de alguna forma, mi Dios siempre estuvo ahí, pero ahora he aprendido a hablar con él. Y todo fue gracias al blues».

Eric Clapton, 1967.

Al igual que le sucedió a Brian Jones y a los Rolling Stones, a otros muchos jóvenes músicos británicos de su generación, el blues fue el lenguaje, el estímulo, el mensaje que les llevó no solamente a descubrir su vocación como músicos, sino a descubrir las inmensas posibilidades de evolución que poseía en su más primigenia esencia y como desde esa base, podían crear un estilo propio y nuevo, un tipo de blues evolucionado —progresivo, como se le llamó durante mucho tiempo— que en contacto con el rock'n'roll, iba a marcar todo un espíritu nuevo en el rock de los años 70 partiendo de su aportación en esa suerte de magma creativo que fue el convencionalmente conocido como British blues de finales de los años 60 del siglo XX.

¿De dónde llegó esa inspiración? Bien, la radio en el caso de quienes no vivían en la capital británica, fue el medio de comunicación principal a través del cual conocieron el blues, pero para otros músicos de esa misma generación ubicados en otros lugares, al igual que a finales de los 50 la gira de Bill Haley & The Comets despertó la fiebre por el rock'n'roll, un fenómeno similar se produjo cuando en el otoño de 1958 —en un episodio que muy rara vez se menciona en los libros de historia del rock, menos aún del blues— llegó al Reino Unido en gira Muddy Waters, dentro del programa de conciertos del Festival de Música del Centenario de la ciudad de Leeds, un programa centrado básicamente en la música clásica, pero que ese año se abrió a otras músicas que encarnaban la vanguardia que indudablemente estaban empezando a ser muy populares en el país.

El escenario del primer concierto de Muddy Waters en el Reino Unido debió haber sido relativamente tranquilo —el Teatro Odeon de Leeds— y más bien formal o previsible, pero el 16 de octubre de 1958, cuando el *bluesman* de Chicago subió al escenario como parte de una serie de conciertos anunciados supuestamente como sesiones de jazz, la tierra tembló. El mismo shock a otra escala que provocaron los movimientos de cadera de Elvis Presley en la televisión americana se produjo cuando el *bluesman* inscrito en el registro como McKinley Morganfield revolucionó la escena merced al volumen de su guitarra Fender Stratocaster, la cadencia abiertamente sexual de su ritmo y su absoluta desinhibición se revelaba como algo nunca visto antes en el Reino Unido.

Nunca antes se había escuchado nada parecido en un escenario en la Inglaterra de aquellos años: esto era blues; crudo, visceral y literalmente electrizante. Un encomiable intento de reconocer las tendencias musicales contemporáneas, pero que iba a encontrarse con la oposición de los sectores más tradicionalistas y conservadores.

Exactamente igual que le sucedería a Bob Dylan cuando se atrevió a electrificar el folk en su actuación del Festival de Newport y ello provocó el ataque de los puristas del género —la eterna lucha entre lo viejo y lo nuevo, lo que se resiste a pasar a la historia y lo que aspira a ocupar un lugar en ella— y aunque este episodio no haya sido suficientemente analizado ni tomado en cuenta en la historia ni del rock ni del blues, Muddy Waters fue duramente criticado por la prensa musical inglesa de aquel momento.

Sobre su intento de electrificar el blues acústico tradicional junto a su amigo y socio Otis Spann, la prensa fue negativamente concluyente: un crítico citado en el famoso libro de historia del blues *How Britain Got the Blues*, de Roberta Schwartz, describió la actuación de Waters como «grosera y repetitiva». El famoso historiador del blues Paul Oliver, también citado en el libro de Schwartz, escribió en ese momento: «Cualquiera que hubiera escuchado a Muddy Waters se habría sentido satisfecho por verle atreverse a tocar en acústico. Cuando enchufó sus amplificadores y empezó a hacer una actuación en eléctrico, fue una sorpresa... mucha gente todavía pensaba que el blues era parte del jazz, por lo que no coincidió del todo con sus expectativas. Y la respuesta en modo alguno resultó entusiasta».

Waters, confundido y decepcionado, en cierto modo se culpó a sí mismo y más tarde declaró a *Melody Maker*: «No creo que el público británico esté acostumbrado a mi nuevo estilo de interpretar el blues. No puedo imaginar qué salió mal la noche del estreno, pero fuera lo que fuese, fue culpa mía».

Aun así y como sucede con frecuencia, la naturaleza rupturista y transgresora de los grandes eventos en la historia de la cultura, si bien no son entendidos ni reconocidos en su momento, sí consiguen ser apreciados en su auténtica dimensión pasado el tiempo y cuando son observados desde la perspectiva histórica necesaria para comprender la huella que dejaron. Así se puede comprobar por ejemplo en un texto académico de la importancia de la tesis doctoral del eminente sociólogo y musicólogo Lawrence Davies *British Encounters with Blues and Jazz in Transatlantic Circulation* que arrojó mucha luz sobre esta actuación y que, entre otras apreciaciones, aseguraba:

«El repertorio de aquella actuación no creó demasiadas expectativas: si hemos de estar de acuerdo con lo que se dijo en la prensa musical, sus canciones destacaron el origen rural de Waters y confirmaron que su música representaba un vínculo vivo con la tradición folclórica del «Deep South». Lo cual sin duda caracterizó el comienzo de su carrera antes de dejar el delta del Misisipi, cuando tenía 30 años y después de ser descubierto por el famoso historiador y documentalista de folk y blues Alan Lomax. Sin embargo, desde entonces había seguido adelante; había actualizado su vida y su sonido. Ahora que tenía poco más de 40 años, tenía más arrogancia, más personalidad y cantaba sobre la cruda experiencia urbana de los negros pobres que habían emigrado a Chicago desde las tierras agrícolas del sur de los Estados Unidos. Y sus actuaciones en aquella gira demostraron que era un artista de personalidad propia y que como se demostró muy pocos años después, despertó en toda una nueva generación de músicos ingleses el espíritu de una auténtica revolución».

Pero aquel episodio, aunque sumamente significativo, con el tiempo no fue sino solo una anécdota dentro de todo que lo que significó aquella gira para la evolución del blues en estos años. La actuación de Muddy Waters en el Festival de Leeds no era más que una más de las que haría invitado por el trombonista Chris Barber a una gira de diez fechas. La Chris Barber Jazz Band fue uno de los grupos más populares de Gran Bretaña en los años 50. A Barber le gustaba el jazz tradicional más que el moderno, pero era un hombre de mente y oídos abiertos y de hecho, fue idea suya presentar a Muddy Waters como «el mejor cantante de blues vivo del mundo».

Aun así, los planes de Waters y Spann de ensayar con la banda de Barber nunca se materializaron. Simplemente acordaron qué número abrirían —*Hoochie Coochie Man*—, así como la tonalidad correcta y en qué momento Waters entraría en la segunda parte del concierto de Barber. Waters y Spann no debieron estar tranquilos mientras estaban detrás del escenario escuchando a la banda de Barber tocar el primer set de jazz tradicional de Nueva Orleans, antes de que se convirtieran en la sección rítmica de Waters y Spann, pero aun así cuando salieron a escena, la magia se apoderó del escenario... «Les anuncié y cuando subieron al escenario tocamos el riff de apertura», dijo Barber. «Sus rostros se iluminaron. Supieron de inmediato que estábamos en su misma onda».

El lunes 20 de octubre, la gira llegó al St. Pancras Town Hall, en Londres. El crítico de jazz del Melody Maker, Max Jones, le dio a Muddy Waters una crítica favorable, citada más tarde por Roberta Schwartz en el anteriormente mencionado libro *How Britain Got the Blues*. «Notable... fue duro, aconvencional, fuertemente rítmico, a menudo quizá demasiado estridente pero con algo de luz y sombra en cada número... el repertorio era puro blues, y el estilo era vital, desinhibido y decididamente "del Sur"».

La gira de Waters con la Chris Barber Band había recorrido el país en zigzag desde Bournemouth hasta Glasgow, donde terminó el lunes 27 de octubre, pero cuando estaban ya haciendo las maletas para regresar a América, convencieron a sus managers para cambiar sus billetes cuando a Muddy Waters y Otis Spann les llegó una invitación para actuar en el The London Blues And Barrell House, local propiedad del propio Korner y del armonicista Cyril Davies.

Una historia entronca con otra y se empieza a crear una red... porque en este capítulo de la historia entra otro protagonista fundamental en la historia del blues contemporáneo: Alexis Korner, el tan inmenso como desconocido pionero del blues blanco en Inglaterra que fue indirectamente el creador de los Rolling Stones y cuyo encuentro con Muddy Waters marca un antes y un después en la historia que estamos contando desde sus aristas menos difundidas.

UN REVOLUCIONARIO FRANCÉS EN EL EPICENTRO DE LA EXPLOSIÓN DEL BLUES EN GRAN BRETAÑA

Alexis Korner fue un crítico musical, locutor de radio, promotor, mentor musical y músico pionero en el mundo del blues, el rhythm and blues y el rock'n'roll británicos cuya huella ha sido de las más profundas en la historia de la música popular contemporánea, en especial en ese momento de fusión del blues con el rock'n'roll. Aunque nacido en París en 1928, se trasladó a Londres en su adolescencia, donde escuchó por primera vez *Slow and Easy Blues*, de Jimmy Yancey, una canción que tuvo un impacto emocional inmediato y poderoso en él, lo que provocó su deseo de dedicarse por completo a la música, curiosamente en un primer momento no como guitarrista, sino como disc-jockey: en 1947 empezó a emitir programas de música en la radio de la Red de las Fuerzas Británicas desde Hamburgo, donde escuchó a artistas como Leadbelly y compró su primera guitarra. A su regreso a Londres se decidió a dedicarse por completo a la música y a comienzos de la década de los 50, se unió a varios grupos de skiffle, interpretando una mezcla de canciones folk y material nuevo junto a músicos como Cyril Davies y Lonnie Donegan.

Pero hacia 1955-56, se situó a la vanguardia de la incipiente escena británica del blues y junto a su amigo Cyril Davies formó el grupo Blues Incorporated, que se convirtieron a partir de 1962 a modo de grupo residente en el Ealing Club y en el Marquee, en una suerte de orquesta blues en la que cada noche se organizaban *jam-sessions* en las cuales se conocieron y compartieron sus primeras experiencias musicales encima de un escenario gente como Mick Jagger, Keith Richards, Brian Jones y Charlie Watts de los Rolling Stones, Eric Clapton, Ginger Baker y Jack Bruce, posteriormente compañeros en Cream, Pete Townshend, Steve Winwood, Elton John, Rod Stewart o Jimmy Page.

Alexis Korner en directo en el Fehrman Festival, Alemania, verano de 1970.

La Alexis Korner's Blues Incorporated no logró gran éxito comercial, e incluso su LP de 1962, R*hythm and blues From The Marquee* apenas logró repercusión, pero nadie pone en duda que la labor de Korner fue absolutamente decisiva para que el blues conociera en Inglaterra y por consiguiente en Europa, el crecimiento y la trascendencia que adquirió a lo largo de toda la década de los 60. Sumamente significativa resulta en este sentido esta frase de Keith Richards: «Sin Alexis Korner nunca habrían existido los Rolling Stones».

Pero con anterioridad a su experiencia en el Marquee y en el Ealing Club, puso en funcionamiento, como hemos mencionado anteriormente el London Blues and Barrel House Club, que funcionó entre 1957 y 1961 en el pub Round House, en la intersección de Wardour Street y Brewer Street en el Soho de Londres. Anteriormente, en septiembre de 1955 fue el pub en cuya primera planta albergó el London Skiffle Club que Korner y Davies regentaban con

Bob Watson, quien al abandonar el proyecto, dio vía libre a sus exsocios para dar otra orientación musical al local. Hasta su desaparición, fue un lugar de parada imprescindible para todos los músicos de blues americanos que pasaban por Inglaterra.

Chris Barber, ayudado por Alexis Korner, había establecido múltiples conexiones con músicos de blues estadounidenses y les había organizado giras por Gran Bretaña, con frecuentes actuaciones en el Blues and Barrel House Club. En 1957 y 1958, entre los artistas invitados se encontraban Big Bill Broonzy, Brother John Sellers, Sister Rosetta Tharpe, Sonny Terry & Brownie McGhee, Memphis Slim, Little Brother Montgomery, Champion Jack Dupree, Speckled Red, Otis Spann y Ramblin' Jack Elliott. En octubre de 1958, Muddy Waters actuó en este local, dentro de la gira a la que nos hemos referido siendo la primera vez que un artista que utilizaba una guitarra eléctrica aparecía allí, lo cual empezó poco a poco a cambiar la historia.

En respuesta al impacto que supuso esta actuación, Korner y Davies comenzaron a tocar música amplificada en lugar de acústica, lo cual paradójicamente determinó el final de la existencia del club en Round House y el comienzo de su residencia en el Ealing Club y el Marquee, como hemos explicado anteriormente. Pero la semilla ya se había plantado y no tardaría mucho en empezar a dar sus frutos más fecundos, sobre todo cuando en ese contexto cuando dos avezados empresarios y promotores del mundo del espectáculo tuvieron la brillante y entiendo que muy poco puesta en valor idea de dar un paso más allá, que será el que definitivamente establezca el blues como un fenómeno que iba a cambiar la historia de la cultura popular contemporánea.

EL FESTIVAL DE BLUES FOLK AMERICANO 1962-1972: LOS PROMOTORES ALEMANES DEVUELVEN LA PAZ A LA EUROPA DE POSGUERRA A TRAVÉS DEL BLUES

A comienzos de los años 60 el rock'n'roll por un lado y el jazz por otro se habían consolidado como los estilos más populares dentro de la cultura popular en Europa y Estados Unidos, pero como consecuencia de lo que ya hemos comentado acerca de cómo el blues penetró a través de los programas de radio en los gustos de mucha gente joven que buscaba otras alternativas —la Chess Records de Chicago vendía miles de discos por correo a tiendas de discos de todo el continente y de Gran Bretaña— un visionario promotor de conciertos tuvo una idea que influiría decisivamente en todo lo que el blues aportó como espoleta, como detonador de todo ese cambio musical, social y cultural que supondrá la explosión del rock. Se contaba además con el precedente de la gira antedicha de Muddy Waters, que si bien no había funcionado todo lo bien que se esperaba, fue todo un acontecimiento que había demostrado que el blues tenía potencialmente una capacidad muy grande de penetración en el público joven de la Inglaterra de comienzos de los 60.

Quien tuvo esa idea fue el publicista especializado en el mundo del jazz alemán Joachim-Ernst Berendt, quien propuso a varios promotores organizar una gira de los más destacados artistas del blues estadounidense afroamericanos por Europa, pensando en que si había tanta gente escuchando programas de blues en las radios americanas y comprando a precios muy caros por el transporte intercontinental álbumes de los grandes *bluesman* americanos, ese mismo público acudiría en masa a las salas de conciertos para ver a esos mismos *bluesmen* en persona.

No se equivocó.

Los promotores Horst Lippmann y Fritz Rau creyeron en la idea de Berendt y se asociaron con él para hacer realidad esta idea. Ambos habían viajado a Estados Unidos años antes y tenían contactos con aquella escena, de manera que no les resultó difícil organizar la logística y estructurar en 1962 la primera edición del American Folk Blues Festival en 1962 y continuó celebrándose casi anualmente hasta 1972, después de una pausa de ocho años que lo reanudó en 1980 hasta su última actuación en 1985.

Nota al margen que me parece relevante, sobre todo cuando hablamos de cosas que no se han dicho en otros libros: el promotor alemán Fritz Rau no solamente promovió el American Folk Blues Festival, sino que fue uno de los más grandes promotores de conciertos y giras de blues y rock a lo largo de los años 60 y 70 en toda Europa, siendo quien llevó a los Beatles y a los Rolling Stones por primera vez a Alemania a mediados de los 60 y, posteriormente, organizador de giras europeas entre muchos otros de Jimi Hendrix, The Doors, Janis Joplin, Led Zeppelin, Jethro Tull, Deep Purple, Pink Floyd o Emerson, Lake & Palmer.

Justamente con Emerson, Lake & Palmer, Fritz Rau contactó en 1974 con Gay Mercader, que trajo al afamado trío de rock sinfónico y progresivo a tocar por primera vez a España aquel año y que cuando vio el nivel de organización, profesionalidad y eficacia que Gay demostró organizando unos conciertos que eran de una gran complejidad técnica, fue quien le dijo que estaba perfectamente preparado para asumir la organización de un concierto de los Rolling Stones... un año y medio después, los Stones daban el 11 de junio de 1976 en Barcelona su histórica primera actuación en el Estado español, organizada por Gay&Company. Fritz Rau tuvo algo que ver en aquello...

El Festival de Blues Folk Americano realizó una gira anual por Europa durante varios años a partir de 1962. Presentó al público europeo, incluido el del Reino Unido, a los principales intérpretes de blues de la época, caso de Muddy Waters, Howlin' Wolf, John Lee Hooker y Sonny Boy Williamson, la mayoría de los cuales nunca habían actuado fuera de Estados Unidos y que a partir de ese momento empezaron a ver cómo su popularidad crecía considerablemente en Europa y Gran Bretaña en todos los aspectos. Las giras atrajeron una importante cobertura mediática, incluidos programas de televisión, y contribuyeron al crecimiento de la audiencia de la música blues en Europa, aunque paradójicamente en el Reino Unido, la venta de entradas en su primera edición resultó, siendo generosos, muy discreta hasta que la afamada revista *Melody Maker* y el avezado promotor de Mánchester, Paddy McKiernan, unieron sus fuerzas y patrocinaron la gira. A partir de ese momento la gira se convirtió en un suceso a todos los niveles, tanto de repercusión entre la gente y los fans del blues y del rock como en el aspecto mediático, donde además se dieron determinadas controversias que obviamente aumentaron el interés por esa explosión de esa música nueva que estaba llamada a cambiar el mundo.

Muddy Waters, Howlin' Wolf, Willie Dixon, John Lee Hooker y Sonny Boy Williamson, algunos de ellos actuando en combinaciones únicas, como T-Bone Walker tocando la guitarra para el pianista Memphis Slim, Otis Rush con Junior Wells y Sonny Boy Williamson con Muddy Waters convirtieron aquellos conciertos en acontecimientos únicos, alguno de ellos incluidos en los DVD a los que hemos hecho mención, como por ejemplo las únicas imágenes conocidas de Little Walter y grabaciones raras de John Lee Hooker tocando la armónica.

En 1962, el primer festival celebrado en Gran Bretaña, el público de Mánchester incluyó a Mick Jagger, Keith Richards, Brian Jones y Jimmy Page. Entre los asistentes posteriores a los primeros festivales de Londres también se sabe que se encontraban músicos como Eric Burdon, Eric Clapton y Steve Winwood. Obvio es incidir una vez más en que estos festivales influyeron directamente en esa generación de jóvenes músicos británicos que harían evolucionar el blues en fusión con el rock'n'roll y que desembocaría en la celebérrima «invasión británica» de los grupos de blues-rock ingleses en Estados Unidos.

Datos significativos: la visita de Sonny Boy Williamson II a Londres con motivo del festival de 1963 le llevó a pasar un año en Europa, donde grabó el álbum *Sonny Boy Williamson and the Yardbirds,* publicado por primera vez en Star-Club Records en 1965 y grabó también con The Animals. El 7 de mayo de 1964, la cadena Granada Television emitió *Blues and Gospel Train,* un programa dirigido por John Hamp en el que aparecían Muddy Waters, Sonny Terry con Brownie McGhee, Sister Rosetta Tharpe, el reverendo Gary Davis, Cousin Joe y Otis Spann. Para la filmación, la compañía transformó la estación de tren abandonada de Wilbraham Road en «Charltonville», dándole el supuesto aspecto de una estación ferroviaria de estilo sureño de Estados Unidos. Unos 200 fans fueron llevados en tren al andén frente a los intérpretes y de la que siempre se recuerda como anécdota que la actuación fue interrumpida por una tormenta, tras la cual Sister Rosetta Tharpe interpretó el góspel *Didn't it Rain.*

Los ya mencionados Muddy Waters, Sonny Boy Williamson, John Lee Hooker, Sippie Wallace o T-Bone Walker, junto a Sonny Terry & Brownie McGhee, Memphis Slim, Otis Rush, Lonnie Johnson, Eddie Boyd, Big Walter Horton, Junior Wells, Big Joe Williams, Mississippi Fred McDowell, Willie Dixon, Otis Spann, Big Mama Thornton, Bukka White, Howlin' Wolf —con una banda formada por Sunnyland Slim, Hubert Sumlin, Willie Dixon y el batería Clifton James—, Champion Jack Dupree, Son House, Skip James, Sleepy John Estes, Little Brother Montgomery, Victoria Spivey, J. B. Lenoir, Little Walter, Carey Bell, Louisiana Red, Lightnin' Hopkins, Joe Turner, Buddy Guy, Magic Sam, Lee Jackson, Matt «Guitar» Murphy, Roosevelt Sykes, Doctor Ross, Koko Taylor, Hound Dog Taylor, Archie Edwards, Helen Humes y Sugar Pie DeSanto conformaron el elenco de todos los artistas que protagonizaron aquellas históricas giras, cuya huella quedaría plasmada de manera indeleble en la historia del rock y del blues contemporáneo.

COMIENZA LA ANDADURA DE LOS PIONEROS DEL BRITISH BLUES

Indudablemente y en especial por el apoyo que recibieron por parte de Alexis Korner, cabe mencionar a los Rolling Stones como la primera banda que muy especialmente en sus comienzos, van a ser los abanderados del blues en Inglaterra y se van a convertir durante varios años en el grupo pionero del British blues por definición, aunque este concepto musical a finales de los años 60 adopte otra naturaleza musical, sea resignificado en función de su asociación con un movimiento que aunque parte del blues más clásico y en modo alguno renuncia a su esencia, se propone llevarlo más allá y utilizarlo como base desde la cual desarrollar una nueva sonoridad, mucho más sólida, dura y guitarrera, así como una nueva personalidad dentro del rock.

Es lo que van a hacer en un primer momento grupos como The Yardbirds, el Spencer Davis Group, Chicken Shack, Cream, The Jimi Hendrix Experience, Traffic o Blind Faith, posteriormente en una segunda oleada que profundiza más en la dureza y el volumen del sonido como un elemento que refuerza la intensidad de su mensaje y creando con ello, a partir del British blues, todo un nuevo estilo que ya en los años 70 se conocerá como heavy metal: Led Zeppelin, Black Sabbath, Free, Uriah Heep, Deep Purple, Ten Years After... una vez más, el blues como madre de todas las inspiraciones, como el útero del que nacen todas las músicas populares de auténtica proyección en la cultura, muy especialmente en el rock.

Repasemos a alguno de los nombres más determinantes en la evolución del blues en este periodo y que van a ser quienes merced a su trabajo y su trayectoria musical van a conformarse como los nombres imprescindibles para entender la evolución del blues más primigenio, de raíz más clásica, hacia ese blues evolucionado del que nace el rock contemporáneo y sienta las bases para que puedan situarse en la actualidad en un mismo plano desde Carvin Jones a Warren

Haynes, desde Maggie Bell a Beth Hart, desde Gary Clark Jr. a Joe Bonamassa o desde The Black Crowes a Blackberry Smoke.

DE CHICAGO A CARNABY STREET (I): JOHN MAYALL

Indudablemente es un lugar común, pero no se puede obviar: la banda de John Mayall fue toda una academia para la evolución del blues en los años 60 a ambos lados del Atlántico. Muy similar en ese sentido a Alexis Korner, fue un músico de un talento verdaderamente extraordinario al cual la música popular contemporánea debe haber descubierto artistas que de no haber trabajado con John Mayall, quizá no habrían tenido la oportunidad de trascender. A él, más que a cualquier otro músico blanco se le llama «El padrino del blues». Más vale que lo crean.

Pocos músicos veteranos de blues podían presentar una canción diciendo: «Esta es una canción que escribí sobre las malas experiencias en el ejército...», y probablemente se estarían refiriendo a Vietnam. Pero no muchos, mejor dicho, tal vez ninguno, podían decir: «Cuando me enviaron a Corea». En efecto John Mayall fue reclutado para servir en el Ejército británico en Corea entre 1950 y 1953. Este es un primer dato no siempre puesto en valor en sus biografías, coincidente con el de su maestro J. B. Lenoir y, sin embargo, esta experiencia inspiró canciones como *One Life to Live*, que seguía tocando en sus últimas giras.

John Brumwell Mayall nació en Macclesfield, Cheshire, el 29 de noviembre de 1933 y creció en Mánchester en un ambiente familiar que muy pronto determinó su vocación; su padre era un apasionado amante del jazz y un buen guitarrista que le enseñó a tocar la guitarra y le estimuló también a aprender piano y armónica. Fue a la escuela secundaria de arte y, en 1956, muy influenciado por *bluesmen* tales como Eddie Lang, Leadbelly o Pinetop Smith, fundó Powerhouse

Four, una banda de lo que él mismo llamaba «primigenio rythm and blues».

Consiguió trabajo como decorador de escaparates para unos grandes almacenes y en un estudio adjunto a una agencia de publicidad antes de que le llamaran al ejército. Cuando regresó a los 29 años, creó The Blues Syndicate en Mánchester antes de que Alexis Korner le convenciera de que fuera a Londres, donde ya a comienzos de 1963 formaría The Bluesbreakers.

John Mayall en una de sus últimas actuaciones en España.

«El blues encajaba con el estilo de vida que apareció por el cambio social de principios de los años 60», aseguraba Mayall al ser preguntado por cómo nació y creció en él su vocación como músico de blues. «De todos modos, las cosas estaban cambiando: en la moda, en el arte, en la política... en Gran Bretaña habíamos pasado los años 50 escuchando jazz tradicional: Alexis Korner y Cyril Davies formaban parte de la escena del jazz, pero sin embargo muy pronto se interesaron por el blues y vieron el potencial que poseía. Y tuvo que ocurrir aquí en Inglaterra en lugar de en Estados

Unidos, porque en ese momento, la escena americana estaba condicionada por la segregación racial. Sin embargo, en Europa, no solo en Inglaterra, el blues negro comenzó a ser escuchado por un público que no lo escuchaba en Estados Unidos. Descubrimos a Elmore James, Freddie King, J. B. Lenoir, y hablaron de nuestros sentimientos, nuestras historias personales, de nuestra propia vida y eso fue todo. Nos enganchamos al blues como una forma de vida».

Si bien la legendaria compañía de discos ya desaparecida Decca Records pasó a la historia por rechazar a los Beatles, aunque posteriormente se resarciría de su falta de intuición incorporando a su catálogo a los Rolling Stones, en 1963 tuvo otro importante acierto: a través de Mike Vernon, ficharon a John Mayall & The Bluesbreakers. Comercialmente, la decisión desde el punto de vista de los intereses de Decca fue discutible, puesto que John Mayall nunca vendió grandes cantidades de discos; el primer sencillo de los Bluesbreakers, *Crawling Up the Hill,* con *Mr. James* en la cara B, se lanzó en mayo de 1964 y su paso por los charts fue bastante discreto. Más tarde grabó un álbum, *John Mayall Plays John Mayall* en directo en el Klooks Kleek de Londres, pero tampoco se vendió en grandes cantidades y el grupo recibió la carta de libertad de Decca. Sin embargo, mostró hacia dónde se dirigía la evolución de la música popular.

En el otoño de 1965 se va a producir el hecho que cambiará la historia: Eric Clapton, que era un rendido fan de John Mayall e incluso había entablado amistad con él, anunció su marcha de los Yardbirds. Clapton ha recordado siempre desde entonces cómo llegó al blues, alojándose en una pequeña habitación con Mayall y su familia, inmerso en la colección de discos de su maestro, quien no tardó en proponerle que se uniera a su banda. «Escuchábamos mucho blues y escogíamos canciones que fueran adecuadas para tocar en directo. Él estaba ansioso por sacarme a la luz y descubrir lo que pensaba. Era de lo más inusual», decía Clapton. Mayall, por su parte, aseguraba: «Escuchamos esos discos en mi casa en los primeros días cuando estábamos trabajando en los

Bluesbreakers. Él decía: "¡Hey, escucha este de Otis Rush!". Serían cosas desconocidas para la mayoría de la gente, pero yo tenía esos discos y Eric y yo disfrutábamos escuchándolos».

Clapton había dejado los Yardbirds para tocar blues puro, y los Bluesbreakers le permitieron dar salida a esa vocación. Comenzó muy pronto a ser considerado uno de los grandes virtuosos de la guitarra y su fama alcanzó una repercusión sin precedentes: «Clapton es Dios», decían los grafitis en Londres a mediados de los 60. Sin embargo, el en ocasiones conflictivo e inestable nuevo supuesto dios de la guitarra dejó inesperadamente en 1965 a los Bluesbreakers para iniciar un extraño viaje a Grecia, dejando a Mayall rezagado y probando con varios posibles sustitutos, incluido Peter Green, quien más tarde volverá a tener una segunda oportunidad que no desaprovechará. Clapton volvió a finales de 1965, más o menos al mismo tiempo en el que se publicó en *Immediate*, un excelente sencillo de blues-rock, *I'm Your Witchdoctor*, con un John Mayall sublime en la guitarra y la producción nada menos que de Jimmy Page, quien entraría año y medio después en los Yardbirds de los que provenía Clapton y que en 1968 revolucionó la historia del rock creando Led Zeppelin.

Su regreso marcó, en enero de 1966, la grabación de una obra absolutamente fundamental en la historia del blues contemporáneo: *Blues Breakers*. No *Bluesbreakers with Eric Clapton*, como se dice en muchas enciclopedias. El hecho de que la leyenda *Blues Breakers with Eric Clapton* aparezca en la portada del álbum en letras azules diferenciadas del nombre de John Mayall en color rojo ha hecho que mucha gente pensara que ese era el nombre completo del álbum. Un disco que esta vez sí fue un éxito comercial inesperado, llegando al Top Ten en Gran Bretaña y en el que Eric Clapton se muestra como un auténtico héroe de la guitarra blues, tanto versionando a Otis Rush o Freddie King como al propio John Mayall.

Clapton, indudablemente gran artista y músico de facultades privilegiadas, como la mayoría de los grandes creadores siempre tuvo una personalidad controvertida y contradictoria que le llevó a dejar a Mayall para crear Cream aquel mismo año de 1966. Su lugar fue ocupado por Peter Green, quien junto con John McVie tocando el bajo, como lo había hecho desde el primer álbum, grabó el brillante *A Hard Road*. Cuando a su vez Green se marchó para formar Fleetwood Mac, entra en escena un joven y extraordinariamente talentoso guitarrista llamado Mick Taylor, que grabará con John Mayall los álbumes *Crusade* en 1967, *Bare Wires* y *Blues From Laurel Canyon* en 1968 antes de que él también se marchara para unirse a los Rolling Stones. Demostrando una vez un talento innato para elegir a sus músicos, tras la marcha de Taylor entró en su banda Harvey Mandel, quien a su vez también formó parte de los guitarristas que pudieron haber sido miembro de los Rolling Stones cuando Taylor les dejó en diciembre de 1974 y que años más tarde integrará una de las bandas más grandes del blues americano contemporáneo de la que ya hemos hablado: Canned Heat.

En este sentido los Bluesbreakers, como Fairport Convention o The Fall, eran más un concepto que un núcleo estable. Mayall también, todo hay que decirlo, tenía la reputación de ser un empleador difícil y exigente, dispuesto a dar a los músicos sus papeles de despido a medida que su música evolucionaba, aunque también les impartió, y todos ellos siempre lo han reconocido, una valiosa educación musical mientras duró su asociación con él.

John Mayall es un líder de banda en el sentido clásico y tradicional de la palabra y del término. Para él, los músicos individuales siempre son menos importantes que la suma de sus partes y además de los que ya hemos mencionado, su banda incluyó entre otros a Mick Fleetwood, Keef Hartley, Jon Hiseman (batería) y Dick Heckstall-Smith. En 1969, John Mark y Johnny Almond se unieron a él para grabar *The Turning Point*, un excelente álbum en vivo registrado el 12 de julio de 1969 en el Fillmore East. De hecho, trazar una línea histórica a través de sus diversas formaciones de los años 60 es una tarea abrumadora: al menos 15 formaciones diferentes de los Bluesbreakers existieron desde enero de 1963 hasta mediados de 1970. Algunos músicos notables, como el guitarrista Davy Graham, Mick Fleetwood o el bajista Jack Bruce pasaron por allí por poco más de un año.

Durante el resto de los años 70 y hasta el final de su carrera y de su vida, John Mayall fue un intérprete excepcional en vivo y, aunque sus álbumes posteriores ya nunca llegaron a tener la influencia y la capacidad de transformación en el blues y el rock que tuvieron sus trabajos con los Bluesbreakers, nunca dejaron de ser interesantes y, sobre todo, repletos de calidad musical.

Existe una circunstancia en John Mayall como músico de blues que siempre me ha llamado la atención: nunca sabremos si deliberadamente o no, pero el propio Mayall ha tendido a eclipsar sus propias y considerables habilidades musicales como multiinstrumentista en favor del talento de sus músicos. Cierto es que como cantante era simplemente válido, y tal vez por ello se convirtió en todo un experto en sacar lo mejor de sus jóvenes pupilos —el propio Mayall tenía más de treinta años cuando los Bluesbreakers empezaron a hacerse un nombre— e hizo todo lo posible por proporcionar un contexto en el que pudieran tocar blues eléctrico al estilo de Chicago, pero nunca se quedó satisfecho: escribió la mayor parte de su propio material, renovó su formación con una regularidad desconcertante y experimentó constantemente dentro de su formato básico de blues.

Algunos de estos experimentos, incluso discos de jazz-rock y un álbum en el que tocaba todos los instrumentos excepto la batería fueron olvidables; otros, como su incursión en el blues acústico de finales de los años 60, tuvieron un más que considerable éxito. La producción de Mayall ha recibido críticas por parte de algunos especialistas por palidecer al lado de la verdadera música afroamericana, pero gran parte de su obra clásica, si se filtra de forma selectiva, es realmente muy sólida.

Su legado, su historia, su carrera y su aportación a la historia del blues es absolutamente fundamental y, por desgracia, no siempre ha sido suficientemente valorada ni en la historiografía del blues ni del rock, tanto en España como en el mundo anglosajón. Por ello he querido dedicar un capítulo pormenorizado a su figura en este libro que tiene la pretensión de contar a sus lectores lo que difícilmente es posible encontrar en otras monografías dedicadas a glosar la historia de los cantos de rebelión, desesperanza y alegría de la población negra del sur de los Estados Unidos.

DE CHICAGO A CARNABY STREET (II): THE YARDBIRDS

Como hemos apuntado hablando de John Mayall & The Bluesbreakers, mucho antes de que álbumes como *Disraeli Gears* de Cream, *Blind Faith*, de Blind Faith y *Layla and other Assorted Love Songs* convencieran a la gente de que Eric Clapton era una especie de «Dios» y mucho antes de que el protometal inspirado en los discos *Truth, Beck-Ola* y el jazz de vanguardia de *Blow by Blow* y *Wired* señalaran el verdadero genio de Jeff Beck, e incluso antes de que los cuatro primeros álbumes de Led Zeppelin brillaran en los ojos de Jimmy Page, existió un grupo, paradójicamente —o no— con evidentes similitudes con los Bluesbreakers y exactamente igual que aquellos, jugaron un papel total y absolutamente determinante en la evolución del blues hacia el rock. Este grupo fueron los Yardbirds.

Yardbirds nunca estuvieron ni cerca de igualar el dominio alucinante de los Beatles en las listas de ventas de discos ni fueron capaces nunca de adoptar la misma actitud displicente, despreocupada y burlona de Mick y Keith con los Rolling Stones. Tampoco podían dominar físicamente el escenario con el mismo tipo de energía explosiva y devastadora con la que lo hacían The Who. Pero en el Londres de los años 60, demostraron ser uno de los grupos que cambiaron la dinámica musical que abrió ese horizonte de cambio que garantizó la supervivencia del blues, convenientemente mutado en el rock de vanguardia de finales de los 60 y comienzos de los 70.

The Yardbirds nacieron en los humeantes clubes de jazz que salpicaban el área metropolitana de Londres en 1963, cuya carrera fue inicialmente guiada por un emigrado suizo nacido en la Unión Soviética llamado Giorgio Gomelsky, director y propietario del Crawdaddy Club en Richmond, donde los Rolling Stones se dieron a conocer por primera vez. Cuando Andrew Loog Oldham apareció un día y le arrebató a los Stones ante sus propias narices, Gomelsky juró que nunca permitiría que eso volviera a suceder. Y a la busca de un nuevo grupo, cuando encontró a los Yardbirds, se decidió a lanzarles como la nueva sensación del blues británico. Esta banda, cuyos miembros en gran parte venían de la escuela de arte de Sidcup, como por ejemplo el propio Keith Richards de los Rolling Stones, eran posiblemente, al lado de los Stones, el grupo más prototípico del primigenio blues británico de la primera mitad de los años 60.

Al principio, los Yardbirds no dejaron de ser un grupo de buenos aficionados y cultivadores del género, como los Stones de los comienzos, que desarrollaban sus habilidades blues mientras acompañaban a celebridades locales como Cyril Davies y leyendas estadounidenses como Sonny Boy Williamson. Las raíces blues de los Yardbirds fueron obviamente más evidentes durante el tiempo en el que Eric Clapton estuvo en la banda gracias, por ejemplo, a su versión de *I Ain't Got You*, de Jimmy Reed, una de las mejores de su primera etapa, todo armónica y espíritu de garage-rock crudo, con Clapton tocando la guitarra, mostrando la solidez de la banda, totalmente concentrada incluso en esta primigenia etapa de su carrera en 1965. Lo mismo sucede con su versión del *Smokestack Lightning*, de Howlin' Wolf, y del *Louise*, de John Lee Hooker, incluidas en uno de los grandes discos en directo de la década de los 60, *Five Live Yardbirds*, editado en enero de 1965.

No obstante, tan pronto como la banda logró su primer éxito Top 5, una *rave* impulsada por el bongo titulada *For Your Love*, Eric Clapton consideró una traición a la propia esencia del grupo la edición de ese single y anunció que no continuaría con los Yardbirds.

En cualquier caso y aunque los Yardbirds combinaron su vocación y su personalidad de banda de blues con, llamémoslas así si se quiere, «concesiones» comerciales, como el *hit-single* que provocó la marcha de Clapton, *For Your Love,* fue justamente a partir del abandono de «mano lenta» cuando empezaron a obtener más éxito y a crecer tanto popular como musicalmente, por cuanto que su nuevo guitarrista sería uno de los más grandes revolucionarios del blues, el rock, el jazz y la música popular contemporánea en general: Jeff Beck, uno de los músicos más talentosos que jamás haya tocado una Telecaster.

The Yardbirds en 1964. De izquierda a derecha: Keith Relf, Eric Clapton, Jim McCarty, Chris Dreja y Paul Samwell-Smith.

Con Beck a bordo, el blues en cierto modo fue sacrificado en el altar de la psicodelia mientras los Yardbirds metamorfoseaban su sonido en formas nuevas y únicas en canciones como *Heart Full of Soul, Shapes of Things, Over Under Sideways Down* y *Train Kept a Rollin'*. Pedales de distorsión, sitar y *feedback* en una explosiva combinación disparada desde sus amplificadores como para derribar murallas enteras. Esto se convirtió en su seña de identidad más característica.

El bajista del grupo, Paul Samwell Smith, decidió no continuar con los Yardbirds en el verano de 1966. Una vez más, no importa. Jeff Beck simplemente llamó a su viejo amigo y uno de los mejores músicos de sesión de Londres, Jimmy Page, para que lo reemplazara. No pasó mucho tiempo antes de que Page cambiara cuatro cuerdas por seis —Chris Dreja se hizo cargo del bajo, dato nunca o casi nunca reflejado en las biografías del líder de Led Zeppelin— y por un momento breve, pero sumamente intenso, los Yardbirds pudieron presumir con justicia de tener la mejor formación de dos guitarras jamás concebida. Si alguien tiene alguna duda, que vea la película de Michelangelo Antonioni *Blow Up, el deseo de una mañana de verano* y se fije en la secuencia en la que esta formación de los Yardbirds con Beck y Page como guitarristas exhiben su genialidad tocando en el Ricky Ticky Club de Londres *Stroll On*, también conocida como *Train Kept' a Rolling*.

Esta versión de la banda solo grabó unas pocas canciones juntos antes de que Beck, de temperamento y carácter tan controvertido e imprevisible como el del propio Eric Clapton, se fuera de los Yardbirds. La mejor se llama *Happenings Ten Years Time Ago* y el potencial que este tema nos deja bien claro hasta dónde podría haber llegado el grupo de no ser porque parecía estar destinado, como los Bluesbreakers, a ser una cantera de talentos para proyectos diferentes.

Cuando Beck se fue en 1967, Page naturalmente tomó las riendas de The Yardbirds. O al menos lo intentó. El *management* de la banda llamó a un sustituto, un reconocido productor pop llamado Mickie Most, para ayudar a pilotar a The Yardbirds de regreso al intento de entrar en las listas de *hit-singles*. Pero cuando llegó el momento de grabar, Most demostró que no sabía ni entendía lo que estaba pasando en

1967. Page podía ver el futuro y quería grabar material más vanguardista y progresivo, que tomase el blues como base y fuente de inspiración fundamental, es decir, canciones de puro blues progresivo como *Dazed and Confused*, que posteriormente serían uno de los clásicos de Led Zeppelin. Most, por el contrario, les obligó a grabar composiciones pop empalagosas como la versión de *Ha Ha! Said the Clown*, de la Manfred Mann's Earth Band, en su lugar. Los resultados fueron obvios. En 1968 Jimmy Page abandonó la nave y el grupo no sobrevivió al naufragio que Mickie Most provocó tratando de convertirles en un grupo de pop al uso cuando justamente la tendencia iba en sentido contrario.

Ya en la época de Jeff Beck, aunque The Yardbirds están en esa transición musical hacia el rock progresivo de vanguardia combinado con *hit-singles* para los *charts* británicos y americanos, el blues más puro sigue marcando poderosamente su trayectoria: *New York City Blues* es uno de los ejemplos más representativos, pero en modo alguno hay que dejar de mencionar canciones menos conocidas, pero en las que se aprecia la profunda huella del blues, caso del magnífico instrumental *Steeled Blues* —que fue en 1966 la cara B del single *Heart Full of Soul*—, el legendario y mil veces versionado *Jeff's Blues* o ya en la última época del grupo con Jimmy Page como cabeza visible tras la marcha de Jeff Beck, su personalísima adaptación del *Rollin' & Tumblin'*, de Hambone Willie Newbern —aunque más conocido por las versiones de Muddy Waters y Elmore James— que en su álbum *Little Games* de 1967 incluyeron bajo el nuevo nombre de *Drinking Muddy Water*.

El epitafio final de los Yardbirds se resume, a mi juicio, de manera genial en un ensayo escrito en 1970 por uno de sus más ardientes acólitos, el crítico de rock Lester Bangs. «Los Yardbirds, a pesar de toda su grandeza, finalmente se desvanecerían en un pantano ecléctico de experimentos confusos e intentos fallidos de adaptarse a un mundo al que en el fondo no pertenecían ni querían pertenecer», escribió. «Porque los músicos de los Yardbirds eran demasiado buenos, demasiado experimentados y cultivados como para gastar su energía y su inspiración a partir de 1967 en un experimento que, de todos modos, ninguno de ellos parecía entender».

Aunque lo que estaba por llegar tras la ruptura iba a ser una verdadera conmoción en la historia del rock y del blues…

DE CHICAGO A CARNABY STREET (III): CREAM

«Pretendemos ser un grupo que toque blues, tanto blues clásico como moderno y también algo de rock'n'roll, pero desde una perspectiva distinta a como se ha hecho hasta ahora. Queremos hacer algo diferente, algo que no ha hecho nadie antes. Mi amigo Pete Townsend de los Who ha escuchado algo de lo que hemos empezado a grabar y está entusiasmado, hasta puede que escriba una canción para nosotros. No somos, como mucha gente puede pensar, tres músicos solistas que compiten entre sí en un mismo grupo. Queremos hacer desaparecer esa idea y ser un grupo que toca al unísono».

Eric Clapton, declaraciones en la rueda de prensa de presentación de Cream publicadas en Melody Maker, *30 de junio de 1966.*

Eric Clapton, cuando todavía estaba en los Bluesbreakers en la primavera de 1966 con John Mayall fue invitado por un viejo conocido de los días del Ealing y el Crawdaddy Club, el batería Ginger Baker, a tocar en un concierto de su grupo, la Graham Bond Organisation en el Flamingo de Londres en la primavera de 1966. Pocas semanas después sería Baker quien se subiese al escenario en un concierto de John Mayall's Bluesbreakers en Oxford.

Esa misma noche, Ginger Baker le preguntó a Eric Clapton si le apetecía formar una banda nueva que llevara a otra dimensión el tipo de blues que estaban tocando en sus respectivas formaciones. Eric estuvo de acuerdo e insistió en que el trío se completara con Jack Bruce como bajista, a pesar de los encontronazos que Baker y Bruce habían tenido en el pasado, y de ahí nació una de las bandas que más decisivamente influyeron en la evolución del blues británico hacia esa nueva concepción y ese nuevo estilo que denominamos blues progresivo, en la que la energía y la fuerza dc una base de ritmo muy sólida, muy en primer plano junto a unas guitarras más fuertes, más recargadas, sentarían la base de un nuevo sonido, duro, denso, un blues eléctrico y penetrante que cambiaría para siempre la música popular contemporánea.

Cream en directo en el programa de la televisión holandesa «Fanclub», marzo de 1968.

Además de todo ello, Cream introdujeron en su avanzada concepción del blues en transición hacia el rock un elemento de innovación que se convirtió en una de sus características más definitorias y que impregnaría durante muchos años tanto el espíritu de progresión del rock como la idea del concierto en directo. Cream en cada concierto, con toda seguridad influidos por el pasado jazzístico, especialmente de Jack Bruce, improvisaban, se iban de un tema a otro, le daban la vuelta, lo alargaban —escúchense los casi 17 minutos de pura experimentación blues de *Spoonful*, en su álbum *Wheels of Fire*, una genial improvisación llena de magia musical—, volvían sobre él... nunca una noche era igual a otra, a pesar de que en ocasiones tocaran los mismos temas. Convertir cada actuación en una verdadera experiencia fue algo que ya en los 70 convertirían también en toda una seña de identidad de sus directos grupos como The Who, Led Zeppelin, Deep Purple, The Allman Brothers Band o Humble Pie. Y siempre con el blues como inspiración suprema.

El éxito a todos los niveles que Cream logró tanto en Europa y Gran Bretaña como en Estados Unidos fue espectacular, pero tristemente la existencia del trío apenas duró dos años; si bien el entendimiento musical entre Jack Bruce y Ginger Baker era excelente, en lo personal las tensiones entre ellos eran constantes y cada vez más agresivas, con un Eric Clapton que, llegado el momento, se cansó de hacer de mediador entre ambos. El grupo creció muchísimo rápidamente, lo cual llevó a sus mánagers a programar giras extenuantes y agotadoras que tenían constantemente al grupo en la carretera, lo cual, según Eric Clapton, desgastó mucho la creatividad de la banda al no tener materialmente tiempo de madurar sus ideas y de trabajar más sus composiciones. Cansados y bloqueados, en noviembre de 1968 Cream hicieron su último concierto en el Royal Albert Hall de Londres.

Si el hecho determinante del éxito de Cream y la trascendencia que su música dejó para la posteridad fue su carácter de grupo innovador, rupturista y capaz de crear toda una nueva forma de entender el blues y su transversalidad en la música, sus raíces nunca dejaron de estar hundidas en aquellos blues que fueron la escuela musical más primigenia de cada uno de ellos. Mencionemos en este aspecto ya en su primer disco *Fresh Cream* de 1966, sus geniales versiones de *Spoonful*, de Willie Dixon, *Rollin' and Tumblin'*, el maravilloso *Four Until Late*, de Robert Johnson, o el puro blues instrumental *Toad*. En *Disraeli Gears* (1967) se decantarían por el blues más clásico en *Blue Condition* y por el más evolucionado en *Outside Woman Blues* y en *Wheels of Fire* (1968), no podemos dejar de recordar su explosiva versión de *Born Under a Bad Sign*, su adaptación más clásica, más estándar, pero igualmente cargada de sentimiento de *Sitting on the Top of the World*, de Mississippi Sheiks, o el sensacional *Crossroads*, de Robert Johnson. En cuanto a composiciones propias, en *Politician*, *Desert Cities of the Heart* o *Those Were the Days*, entre otras, son las piezas cuya escucha es imprescindible para entender y apreciar ese blues progresivo de finales de los 60 en Gran Bretaña, del que emanará mucho de lo mejor del rock en la década de los 70.

La trayectoria posterior de los tres miembros de Cream sería muy diversa y su relación con el blues, aunque de una u otra forma no dejó de estar en su bagaje, pasó a ser más esporádica y tangencial, aunque en el caso de Eric Clapton retomó con fuerza sus raíces blues a mediados de los 90 con la publicación de su álbum *From the Cradle*, un tributo al blues clásico versionando piezas de Tampa Red, Robert Hicks, Muddy Waters o Willie Dixon entre otros, mientras que en 2000 editó *Riding with the King*, un disco grabado conjuntamente con B. B. King, en el cual tocó varios de sus clásicos, tales como *Ten Long Years*, *Three O'Clock Blues*, *Help the Poor*, *Days of Old* y *When my Heart Beats Like a Hammer*, así como otros blues históricos como el *Key to the Highway*, de Big Bill Broonzy, que Clapton ya versionó a principios de los 70 con Derek & The Dominos, *Worried Life Blues*, del pianista de Chicago Maceo Merriweather, y *Hold On, I'm Comin'* de Isaac Hayes.

Aunque curiosamente la vinculación de Eric Clapton en los últimos años con el blues se ha estrechado más en su faceta de promotor de espectáculos: desde 1999 es el impulsor y organizador del Crossroads Guitar Festival, un evento que adquirió regularidad a partir de 2004 y se ha convertido en uno de los festivales de blues de referencia a nivel internacional. Además del propio Eric Clapton, Robert Cray, Jeff Beck, Steve Winwood, ZZ Top, Buddy Guy, Johnny Winter, Joe Bonamassa, Steve Cropper, B. B. King, Bo Diddley, Gary Clark Jr. o Taj Mahal han sido algunos de los nombres más relevantes que han actuado en este festival.

DE CHICAGO A CARNABY STREET (IV): JIMI HENDRIX

«Lo primero que me llamó la atención fue el rock'n'roll. Elvis Presley, Little Richard, Eddie Cochran y Chuck Berry puede decirse que fueron quienes despertaron en mí la vocación de ser músico. Pero muy poco tiempo después descubrí el blues. Empecé a escuchar discos de B. B. King, Elmore James y, sobre todo, de Muddy Waters. La primera vez que escuché un disco de Muddy Waters y todos esos sonidos tan alucinantes me quedé fascinado. Investigué más y me di cuenta de que el blues está detrás de todas las músicas actuales. No sé mucho de jazz. Sé que la mayoría de esos tipos en realidad, solo tocan blues. Eso sí lo sé».

Declaraciones de Jimi Hendrix en 1968 recogidas en el libro de Keith Chadwick Jimi Hendrix, Musician.

1 de octubre de 1966: Jimi Hendrix, quien apenas llevaba unas horas en Inglaterra tras venir desde Nueva York con su nuevo manager, el ya exmiembro de los Animals de Eric Burdon, Chas Chandler, se sube al escenario a hacer una breve *jam-session* con Cream en el concierto que esa tarde-noche celebraban en el Central London Polytechnic, tocando una extensa versión del *Killing Floor*, de Howlin' Wolf. Se sabe que cuando acabó el concierto, Jimi estaba fuera del *backstage*, Clapton encaró a Chandler y le dijo: «¿Es que te has propuesto arruinar mi carrera? ¿Dónde has encontrado a ese monstruo? ¿No te das cuenta de que este tío va a hacer que a su lado todos los demás parezcamos aprendices?».

La llegada de Jimi Hendrix a Londres fue, en efecto, toda una conmoción. Su revolucionaria forma de tocar la guitarra, el inmenso horizonte de posibilidades de evolución que abrió y, sobre todo, la fuerza incontenible y el volumen demoledor de sus directos, que llevaba mucho más allá lo que los Who habían hecho hasta entonces, se considera unánimemente que está, junto al espíritu de vanguardia y progresión de Cream, en la génesis del heavy metal. Pero una vez más, un ingrediente, de hecho, el ingrediente fundamental en la revolucionaria música de Hendrix es el blues, tanto en su versión más clásica como en sus manifestaciones más avanzadas. Por supuesto, hubo más influencias, pero siempre como un complemento a la base fundamental, el blues.

Rápidamente se corrió la voz en la capital inglesa sobre el sorprendente recién llegado que pasaba las noches improvisando en pequeños clubes. Además de su fascinante forma de tocar la guitarra, el estilo de Jimi como cantante atrajo a los aficionados al blues de Londres. «Jimi cantaba como Muddy Waters», observó John McLaughlin. «Jimi tenía ese espíritu, esa vida dentro de su voz. Era casi mitad hablar, mitad cantar. Tenía el timbre, la personalidad, lo mismo que tenía la voz de Muddy Waters. Así que cuando la gente lo veía, se quedaba hechizado. Era impresionante».

Incluso su vida antes de llegar a Londres entronca con la de los muchísimos músicos que escribieron a lo largo de todas las décadas precedentes la historia de este sentimiento. Siguiendo la tradición de muchos *bluesmen* que pasaron su vida de ciudad en ciudad cada noche, Jimi Hendrix pasó sus años de formación viajando por Norteamérica, desde su infancia en Vancouver y Seattle hasta la cuna del blues, el sur profundo. Y allí, en el sur, fue donde como músico profesional desarrolló su estilo, fusionando el blues del delta, el rhythm and blues, rock'n'roll y soul. En su camino conoció a muchos músicos de blues, entre ellos Albert King, que tuvo, según el propio Jimi Hendrix reconoció, un impacto muy fuerte en su formación.

Después de tocar en grupos locales, el adolescente Jimi se alistó en la 101.ª División Aerotransportada del Ejército de los Estados Unidos. Aunque la vida militar no estaba hecha para él, allí encontró un amigo para toda la vida en Billy Cox, que tocó el bajo junto a él durante sus días de oficial. Años más tarde, Billy volvió a unirse a Jimi para sus apariciones en Woodstock con la Band of Gypsys y durante sus últimas giras. «"Puedes llamar a Jimi Hendrix como quieras", dijo Cox en 1970 a *Rolling Stone*, "pero era un maestro del blues". Eso es lo que era por encima de todo, un gran *bluesmen*. Pasas ese tipo de canciones de Leadbelly o Robert

Johnson por un Fuzz Face y un amplificador a todo volumen, ¿y qué tienes? Tienes algo que alguien puede interpretar como otra cosa, pero en realidad es simplemente blues. Como tocaba tan bien la guitarra, la gente decía: "Espera un momento, ¡nunca hemos oído un blues tocado así!", pero así era. Su estilo también reflejaba su juventud y su conciencia social, pero casi todo lo que Jimi y yo grabábamos era blues. Todo venía directamente de la tierra, directamente de lo más profundo de la humanidad, del alma de los esclavos negros. El blues era parte de nuestro ser».

Continuaba afirmando Billy Cox: «La forma de tocar de Jimi siempre estuvo arraigada en el blues. Esas eran las únicas canciones con las que improvisamos al principio, porque musicalmente todavía estábamos muy limitados. En ese momento en particular, él era básicamente un músico de rhythm and blues. Esas eran sus raíces. Sus músicos favoritos eran Muddy Waters, Howlin' Wolf, Lightnin' Hopkins, Albert King, B. B. King y, especialmente, Slim Harpo. Esos maestros del blues fueron las primeras influencias de Jimi, y muchas de las canciones que empezamos a tocar al principio eran de ese tipo. Luego pasamos al Top 40 del rhythm and blues y después a canciones más pop. También conocía a Robert Johnson, Leadbelly y Elmo "Elmore" James, como él mismo decía». Antes de que Jimi se fuera por su cuenta como músico *freelance*, Billy y él compartían habitación en Nashville y acompañaban a artistas de blues y rhythm and blues como Nappy Brown, Carla Thomas y Ironing Board Sam.

A mediados de 1966, Hendrix ya estaba harto de tocar como músico mercenario con Little Richard, Curtis Knight, Jackie Wilson, los Isley Brothers y otros grupos de rhythm and blues en sus giras. Estos conciertos le exigían permanecer en un segundo plano y ceñirse a partes cuidadosamente arregladas, con un sueldo misérrimo, oportunidades de grabación muy escasas y una vida en la carretera especialmente dura, sobre todo en el sur de Estados Unidos, donde todavía se aplicaban las leyes Jim Crow sobre segregación racial. En el escenario, Hendrix tenía que adaptarse a la imagen de los músicos de rhythm and blues de gira, con su pelo lacio, sus trajes a juego y sus movimientos coreografiados sobre el escenario. En una situación muy precaria y sin apenas oportunidades, vivía al día en la ciudad de Nueva York cuando aquella noche en el Café Wha! del Greenwich Village se le presentó a través de Chas Chandler una oportunidad que no desaprovechó.

Sí debemos señalar lo más interesante de Jimi Hendrix en su discografía en lo que a blues se refiere, ya en su primer álbum *Are you Experienced?* de 1967 por un lado en *Foxy Lady* y *Highway Chile* está iniciando esa transformación musical del blues enfocada hacia el rock progresivo, al tiempo que en su versión de *Red House*, un tema grabado originalmente por Albert King en 1961 bajo el título de *Travelling to California* muestra al Hendrix más devoto del blues tradicional. De hecho, este blues convencional de doce compases se inicia con un séptimo acorde disminuido, algo muy característico de las piezas de blues más clásicas.

En *Axis: Bold as Love* (1967), su segundo larga duración, aunque la evolución de su música le sitúa ya en otros parámetros donde la psicodelia, el rock más duro y la experimentación predominan, el blues más estándar permanece en piezas como *Little Wing* y la menos conocida pero magnífica *If Six Was Nine*, que como seguramente muchos recordarán formó parte de la banda sonora original de aquella obra maestra del cine independiente de finales de los 60: *Easy Rider*. En *Electric Ladyland* (1968) aunque no pueda considerarse del todo un blues, *Gypsy Eyes* tiene ese eco y esa cadencia como base fundamental, aunque, por supuesto, *Voodoo Child* en sus dos versiones sea una de las piezas de blues progresivo más magistrales nunca grabadas.

Paradójicamente —o no— después de la muerte de Jimi Hendrix el 18 de septiembre de 1970, en medio de toda la ingente cantidad de grabaciones de material inédito, tanto en estudio como en directo que se han puesto en el mercado, es donde hemos podido conocer si cabe más en profundidad su faceta más vocacional como artista de blues. Baste una sola canción como ejemplo: *Hear my Train A Comin'* —también conocida como *Get my Heart Back Together*— es una canción de base fundamental blues, cuya letra está inspirada en otras piezas blues y cantos espirituales que usan la metáfora del tren como imagen simbólica de la salvación. Hendrix grabó la canción en vivo, en estudio y en escenarios improvisados varias veces entre 1967 y 1970, pero nunca la completó a su entera satisfacción.

El documental *See my Music Talking* (1968) presenta la única versión de este tema lanzado durante la vida de Jimi Hendrix, en donde se le puede ver tocando esta canción en solitario como un blues de estilo country con guitarra acústica, secuencia que también se utilizó en 1973 en la película *Jimi Hendrix* y el álbum de la banda sonora que la acompañó. La canción también se lanzó como sencillo en el Reino Unido.

Este conocido blues de Jimi Hendrix integró en abril de 1994 el álbum recopilatorio *Blues*, que recogía lo mejor de las versiones de blues que el genio de Seattle trabajó a lo largo de su corta, pero intensa carrera. Hendrix escribió siete de las canciones incluidas en el álbum; el resto del material son temas de Muddy Waters, Booker T. Jones y Elmore James, siendo en unos casos y en otros la mayoría de grabaciones demos, improvisaciones y grabaciones en vivo. Entre lo más destacable, las versiones de *Born Under a Bad Sign*, una maravillosa improvisación instrumental del clásico de Albert King escrito por Booker T. Jones y William Bell e interpretado en su día por la Band of Gypsys, *Red House*, que en este disco es la toma original en mono de la versión europea de *Are you Experienced?*, pero sin parte de la charla del final y con Noel Redding tocando la guitarra eléctrica afinada para parecerse a un bajo o *Catfish Blues*, tomada del programa de televisión neerlandés *Hoepla*, grabado en noviembre de 1967. Hendrix usa aquí los dos primeros versos de *Rollin' Stone*, de Muddy Waters, que se basa en versiones anteriores que normalmente tienen solamente la palabra *Catfish* en el título, mientras que el último verso es de *Still a Fool*, también de Muddy Waters.

Por otro lado, *Mannish Boy* es en realidad un híbrido del original de Muddy Waters y de *I'm a Man*, de Bo Diddley. *Once I Had a Woman* es una versión editada un poco más larga de una canción grabada en los Record Plant de Nueva York con Buddy Miles en la batería y Billy Cox en el bajo, *Bleeding Heart* es una versión de Elmore James, interpretada aquí por Band of Gypsys, mientras que *Jelly 292* es en realidad la segunda toma de la misma canción que apareció en el álbum de 1974, *Loose Ends,* editado en su día exclusivamente en Europa. La última canción de *Blues* es una versión en vivo de *Hear my Train a Comin'*, grabada el 30 de mayo de 1970 en el Berkeley Community Theatre, que había sido lanzada previamente en el álbum póstumo *Rainbow Bridge* en 1971.

A modo de conclusión en relación con el papel de Jimi Hendrix en la historia del blues, el nuevo sonido que el gran guitarrista forjó se inspiró en los clásicos, figuras legendarias del blues tradicional como Buddy Guy, Albert King o Muddy Waters, canalizadas a través de la tecnología sonora que apareció en los años 60, incluido el Fuzzface, el pedal Vox Wah y los *stacks* Marshall de 100 vatios.

Era un sonido totalmente distinto de ningún otro que se hubiera escuchado antes. A lo largo de su carrera, si se quiere desde un punto de vista estrictamente técnico, Hendrix incorporó todas las características de la guitarra blues a su propio e inimitable estilo: ejecución simultánea de solos y ritmos, riffs pentatónicos, solos estridentes y riffs tan intensos como brutales. Pero, sobre todo, fue la naturaleza musical del blues, su esencia, matizada, amplificada y electrificada lo que heredó y supo transmitir a una nueva generación.

DE CHICAGO A CARNABY STREET (V): JEFF BECK

«Me gusta que haya un elemento de caos en la música. Esa sensación es lo mejor que existe, siempre y cuando no haya demasiado caos. Y esa sensación siempre me la proporciona el blues».

Jeff Beck, declaraciones a la revista francesa Rock&Folk, *1972.*

Gran parte de lo que fueron los comienzos de Jeff Beck en la música y, sobre todo, el papel que jugó en los Yardbirds, ya lo hemos narrado algunas páginas antes, de manera que ahora nos centraremos en el papel de Jeff Beck como pionero del blues progresivo en la Inglaterra de finales de los años 60 a partir de su marcha del grupo.

Desde el momento en el que Beck dejó de ser miembro del grupo, tuvo claro que ya no se uniría a otra banda, sino que desarrollaría su carrera en la música o bien en solitario o bien como líder de su propia formación. En esa decisión está el origen del inicio del The Jeff Beck Group, un nombre clave en la historia del rock e indisolublemente unido al de ese movimiento al que nos estamos refiriendo de blues progresivo como núcleo básico del cual se desarrollará el rock actual y más específicamente, el hard rock.

Jeff Beck editó como artista en solitario dos singles en 1967 con él mismo como vocalista principal y uno instrumental en 1968, los tres producidos por Mickie Most y que buscaban hacerse un hueco en las posiciones más altas de los *charts*. Mickie Most, repitiendo el mismo error que cometió con los Yardbirds, intentó convertirle en una estrella del pop, un papel para el que Beck no estaba en absoluto preparado, aunque la unión produjo el exitoso *hit-single Hi Ho Silver Lining*. Sin embargo, su verdadero futuro estaba en la cara B de aquel single, en un instrumental llamado *Beck's Bolero,* que había grabado con Jimmy Page, el posteriormente bajista de Led Zeppelin, John Paul Jones, y Keith Moon, de The Who, en la batería en mayo de 1966. Era épico, duro, impactante y asombrosamente profético, señalando la dirección que seguiría el rock en la era postpsicodélica un año antes del celebérrimo Verano del Amor.

El talento musical de Jeff Beck y su capacidad de situarse en la vanguardia adquirió su dimensión más explícita cuando formó el The Jeff Beck Group y grabó en los primeros meses de 1968 su álbum debut *Truth,* con un por aquel entonces desconocido Rod Stewart como cantante, todo un ferviente seguidor del blues clásico, que junto a la guitarra distorsionada, cruda y cortante del propio Beck conformó un nuevo sonido, un sonido envolvente, cargado de fuerza, energía e intensidad que está, como en el caso de Jimi Hendrix y Cream, así como un año más tarde en el de Led Zeppelin, en la génesis del hard rock, uno de los estilos más relevantes a lo largo de la década de los 70, ya metamorfoseado en heavy metal en los años 80.

Jeff Beck en directo en Chelsea, Londres, verano de 2018.

El ecléctico conjunto de material de *Truth*, que ofrecía una readaptación de *Shapes of Things*, de los Yardbirds, más versiones de *Greensleeves* —un viejo tradicional del folk británico— *Ol' Man River*, el *You Shook me*, de J. B. Lenoir y Willie Dixon, aunque conocido fundamentalmente a través de la versión grabada por Muddy Waters, y *I Ain't Superstitous*, también de Willie Dixon, no solo presagiaba el sonido de Led Zeppelin y la eclosión del hard rock; desveló una nueva mirada musical a las propias raíces del blues y proporcionó una nueva inspiración a generaciones enteras de músicos tanto de blues más, llamémosle, «tradicional» como de rock'n'roll en sus más diversas facetas a partir de entonces y hasta el día de hoy.

No cabe obviar en esa *masterpiece* sonora tres canciones originales acreditadas a «Jeffrey Rod», un seudónimo de Beck y Stewart, todas ellas reelaboraciones de clásicos blues de la vieja escuela: *Let me Love you*, de Buddy Guy; *Rock my Plimsoul* y *Blues Deluxe*, que derivan respectivamente de *Rock me Baby* y *Gambler's Blues*, de B. B. King.

Si el Jeff Beck Group hubiera podido consolidar aquella formación tras la edición de su segundo disco *Beck Ola* en 1969 con toda seguridad habrían seguido el camino de Led Zeppelin hacia el estrellato mundial, pero Jeff Beck rompió el grupo en mitad de una gira americana y Rod Stewart formó un nuevo proyecto, Faces, con Ronnie Wood. El pianista Nicky Hopkins también se fue y a partir de ahí, tras recuperarse del grave accidente automovilístico que sufrió en 1970 y que le mantuvo fuera de la actividad musical casi un año y medio, Jeff Beck aunque nunca abandonó sus raíces blues más adheridas a su cultura musical, se dedicó a experimentar y a trabajar en otras tendencias musicales, básicamente el jazz rock, el funk y el soul, así como las tendencias más vanguardistas y más cercanas a la música electrónica en las primeras décadas del siglo XXI hasta su fallecimiento en enero de 2023. Pero su inmensa aportación a la evolución del blues en esos años clave de finales de los 60 y comienzos de los 70 es ya todo un legado de nuestra historia.

DE CHICAGO A CARNABY STREET (VI): LED ZEPPELIN

«Cuando grabé en octubre de 1968 en los Olympic Studios de Londres el primer disco de Led Zeppelin, fue para mí una experiencia que creo no olvidaré jamás. Aunque era esa clase de grupo muy profesional, que venía con todo muy trabajado y muy ensayado al estudio, listos para grabar, muchas veces improvisaban, le daban la vuelta a un tema en la misma sala de grabación, grababan una segunda toma que era como una apisonadora aplastando todo lo que encontrase a su paso... y toda esa magia, Jimmy Page siempre lo decía, se llamaba blues. Y tenía razón».

Glyn Johns, ingeniero de sonido de Led Zeppelin I,
en declaraciones recogidas en el libro de Stephen Davis,
Hammer of the Gods: The Led Zeppelin Saga.

Contrariamente a lo que durante mucho tiempo se mantuvo desde la historiografía tradicional del rock, los Yardbirds no se separaron en 1968 porque Jimmy Page se marchara del grupo para crear Led Zeppelin. Lo que realmente sucedió fue que tras terminar su gira por Estados Unidos, en junio de 1968 —recomiendo la escucha del álbum pirata en directo *Last Rave-Up in Los Angeles*, que recoge excelentes grabaciones de los últimos conciertos de aquella formación de los Yardbirds en la ciudad californiana el 4 y 5 de junio de 1968—, Keith Relf, cantante, y Jim McCarty, batería, anunciaron que ya no continuarían en el grupo e hicieron pública a la prensa su abandono de The Yardbirds tras el último concierto que tenían firmado, el 7 de julio de 1968, en el College of Technology de Luton, Bedfordshire. Una noticia publicada sin contrastar fuentes oficiales por la revista *Rolling Stone* asegurando que Yardbirds se separaban y que Jimmy Page tenía la intención de iniciar una carrera en solitario quedó como versión oficial de los hechos, cuando realmente no fue así.

Dado que el 50% de la banda no seguía en el grupo, Jimmy Page, de acuerdo con el bajista Chris Dreja y el mánager Peter Grant iban a buscar nuevo cantante y nuevo batería para seguir siendo The Yardbirds, aunque llamándose ahora The New Yardbirds. Bajo ese nombre el grupo hizo, ya con Robert Plant como cantante y John Bonham como batería, una gira de diez *shows* por Escandinavia, a cuyo regreso a mediados de octubre empezaron a grabar su primer álbum de estudio, ahora bajo el nombre de Led Zeppelin, debido a que Peter Grant les convenció de cambiar de nombre dado que seguir llamándose Yardbirds podía crear problemas legales sobre el derecho a usar una marca que no estaba registrada por Jimmy Page. Ya estaba también en la formación John Paul Jones, que entró en sustitución de Chris Dreja.

Led Zeppelin en directo durante su gira americana de comienzos de 1975.

Exactamente igual que en el caso del Jeff Beck Group, el álbum debut homónimo de Led Zeppelin cambió la historia de la música popular contemporánea y, muy específicamente, junto al álbum que le siguió, *Led Zeppelin II* fueron discos claves en la nueva vida que el blues va a experimentar dentro del hard rock de la década de los 70.

Las señas de identidad más características del hard rock en sus inicios serían las que Led Zeppelin imprimieron en todos los temas que grabaron para este disco: guitarras cargadas de distorsión y dureza ejecutando riffs brutales, bases de ritmo densas, con unas líneas de bajo penetrantes, unas baterías demoledoras y un tratamiento de la voz que en sus desgarradores gritos expresaban un sentimiento tan cargado de emoción, dolor, intensidad, que su fuerza expresiva inspirará a miles de músicos en todo el mundo a seguir sus pasos. En ese sentido, uno de los ingredientes fundamentales de la fórmula magistral que hizo nacer todo un nuevo lenguaje dentro del rock fue en ambos discos, pero sobre todo en su debut, el blues.

Si en *Baby, I'm Gonna Leave you* tomaron, al igual que el Jeff Beck Group con *Greensleeves*, una pieza tradicional del folk esta canción que ya había versionado Joan Báez para convertirla en un blues eléctrico formidable, repitieron, aunque dándole un tratamiento distinto, el *You Shook me* que habían grabado el Jeff Beck Group. Retomando un tema inicialmente compuesto en la etapa final de los Yardbirds que estos nunca llegaron a grabar, una versión llevada al blues de otro estándar del folk tradicional compuesto en los años 60 por el cantautor Jake Holmes, *Dazed and Confused*, los Zep llevaron esa canción al blues, pero a ese blues progresivo, a esa adaptación del blues a una nueva sonoridad y a un nuevo sentimiento, generador de todo un nuevo estilo. Ídem de ídem cabe decir de su versión de *I Can't Quit you Baby*, de Willie Dixon: el blues más puro arrancando de sus entrañas, el rock duro más lleno de esencia.

Más matizado, pero en su segundo álbum, *Led Zeppelin II*, editado en el otoño de 1969, el blues sigue alimentando la inspiración de sus canciones. Por un lado, en piezas como *The Lemon Song*, una singular readaptación de *Killing Floor*, de Howlin' Wolf, que era un tema habitual en su *set-list* durante sus primeras giras de 1969 y a la que modificaron la letra incluyendo la estrofa «squeeze my lemon», tomada del *Travelling Riverside Blues*, de Robert Johnson, que la banda había tocado para el programa de radio de la BBC *Top Gear* transmitido el 29 de junio de 1969 y que se recuperó y editó en diversas recopilaciones posteriores, como el *Remasters* de otoño de 1990. Por otro, tenemos *Bring it on Home*, versión de una canción de Willie Dixon interpretada originalmente por Sonny Boy Williamson II y cuya versión en *Led Zeppelin II* incluye una sección intermedia más rápida además de la estructura de blues sencilla del original.

A partir de entonces y a lo largo de su carrera hasta su disolución en diciembre de 1980, Led Zeppelin seguirán desarrollando su evolución prestando atención e incorporando nuevas influencias a su bagaje, fundamentalmente de la música india y magrebí, así como de los ritmos latinos e intensificando su estilo de rock duro, crudo, precedente incontestable del heavy metal, pero con una personalidad propia inmensa y siempre dejando ver la huella que el blues dejó en su ADN musical.

DE CHICAGO A CARNABY STREET (VII): FLEETWOOD MAC

«En aquella época yo era todavía muy joven, tal vez con apenas 17 años y trabajaba a tiempo parcial durante el día en una factoría, pero por las noches tocaba el bajo con un grupo llamado Muskrats. Los chicos vivían a medio camino de Richmond, en Sheen, así que allí hacíamos nuestros ensayos. También iba a ver ensayar a los Yardbirds y empecé a copiar y aprender de Paul Samwell-Smith, que tocaba el bajo en la versión original de los Yardbirds en la que aún estaba Eric Clapton. Pronto descubrí que podía sujetar el bajo de la misma forma que los Yardbirds sujetaban sus guitarras. Esto me hacía entrar en estados de ánimo muy extraños. Luego me decidí a tocar la guitarra y el blues se convirtió en todo para mí: mi escuela, mi religión, mi forma de expresarme, mi manera de vivir en general».

Peter Green, declaraciones a Elliot Stephen Cohen de Guitarplayer.com.

«Peter Green tiene el tono de guitarra blues más dulce que he oído. Fue el único que de verdad me hizo sudar».

B. B. King, 1970.

Una deuda más que la historia del blues contemporáneo tiene con John Mayall. Además de Eric Clapton y Mick Taylor, Mayall descubrió y potenció a un genio del blues como Peter Green, uno de los mejores músicos del British Blues, alguien inexcusable a la hora de contar esta historia apócrifa del blues como filosofía, religión, género musical, forma de vida o como cada uno o cada una prefiramos definirlo.

En sus comienzos, la historia de Fleetwood Mac fue básicamente la historia de Peter Green, un guitarrista procedente del barrio de Bethnal Green en Londres, habitual de las *jam-sessions* y *shows* del Ealing Club y el Crawdaddy Club, al que se le presentó la oportunidad de sustituir a Eric Clapton en John Mayall & the Bluesbreakers en tres conciertos hasta que Clapton retornó al grupo. Como es sabido, unos meses más tarde Clapton se retiró definitivamente de la banda y Green fue contratado como miembro oficial por el mismo John Mayall, que en una entrevista con *NME* afirmó: «Peter iba a tener que afrontar las comparaciones con Clapton, eso era inevitable. Los fans eran abiertamente hostiles hacia el nuevo guitarrista, fuera quien fuera, gritando que querían que Eric volviera, pero, poco a poco, Peter fue demostrando que tenía no solamente conocimientos, virtuosismo y habilidad como para crearse un nombre e incluso un mito en la escena del blues británico». Efectivamente, su talento se impuso ante las críticas de los fanáticos y al poco tiempo logró una gran repercusión en la escena musical británica.

Peter Green venía de un grupo llamado Shotgun Express, en el que ya estaban entre otros, Mick Fleetwood y Rod Stewart, que llegó a editar un single llamado *If you Wanna Be Happy*, una versión instrumental del cantante Jimmy Soul que se convirtió en su debut discográfico en listas en 1966. En febrero de 1967, al entrar en los Bluesbreakers, grabó con ellos su álbum *A Hard Road*, en el que se le acredita como compositor en *The Supernatural* y *The Same Way*. Pero una vez más, se cumplió la tradición: Peter Green dejó a los Bluesbreakers de John Mayall para formar su propio grupo menos de un año después, Fleetwood Mac, retomando su relación con Mick Fleetwood y proponiéndose en ese proyecto recrear ese nuevo blues progresivo, ese estilo de música revolucionario en un nuevo contexto musical, pero siempre con el blues como fuente principal, como inspiración más directa y primigenia.

En ese mismo año crucial de 1967 decidió fundar su propia banda y para ello convocó a alguno de sus amigos y compañeros en Bluesbreakers como Mick Fleetwood y John McVie así como al guitarrista Jeremy Spencer, que por ese entonces tocaba en The Levi Set. El nombre del grupo, en un primer momento Peter Green's Fleetwood Mac —dato que muy rara vez aparece en las biografías de la banda—, posteriormente acortado solo a Fleetwood Mac, vino dado por la conjunción de los apellidos de sus compañeros de grupo, con independencia de que McVie tardó en unirse a la formación debido a problemas contractuales. Fleetwood Mac hizo su primera actuación el 13 de agosto de 1967 en el British Jazz and Blues Festival y tras trabajarse durante meses el circuito de rock, jazz y blues de la Inglaterra de aquellos años, lograron finalmente un contrato discográfico a través del cual editaron en 1968 su álbum debut homónimo, que logró el puesto 4 en la lista británica oficial de álbumes más vendidos de ese año.

En ese mítico primer disco de Fleetwood Mac ya encontramos piezas tan geniales como su versión de *Hellhound in my Tail*, de Robert Johnson, *Shake your Money Maker*, de Elmore James, *No Place to Go*, de Howlin' Wolf, o una de sus más inspiradas composiciones propias, *No Merry Go Round*, así como varias de las composiciones de Jeremy Spencer, tales como *Cold Black Night* o *My Baby's Good to me*. En su segundo álbum, además de impregnar todo su estilo de ese blues progresivo tan propio de la época y tan marcado por la evolución de la música en esos años y aun dando ya protagonismo a sus propios temas, no dejan de rendir tributo a sus maestros grabando excelentes *covers* de clásicos como *Dust my Broom*, tal y como harían en su tercer disco *English Rose* de 1969, versionando de manera genial el *Coming Home*, de Elmore James.

En 1970, según siempre se ha mantenido y nunca desmentido por el interesado, el abuso de las drogas produjeron un impacto muy fuerte en la psicología y la personalidad de Peter Green que dejó el grupo para iniciar una carrera en solitario sumamente errática, marcada por largos periodos de ausencia de los estudios y los escenarios y por graves problemas de salud mental. En los últimos años de su vida recuperó el interés por dedicarse a la música y formó a mediados de los 90 el Peter Green's Splinter Group, para el cual contó con varios músicos de una excepcional calidad, como por ejemplo el batería Cozy Powell o el bajista Neil Murray, ambos exmiembros del grupo de hard rock Whitesnake, entre otros proyectos, aunque decidió terminar con su actividad en 2004.

Antes de ello, Green editó en 1998 una auténtica obra maestra a la que puso el nombre de The Robert Johnson Songbook, un tributo al blues más clásico inspirado por el *bluesman* cuyo genio se dice pactó con el diablo en el cruce de caminos de Clarksdale. Para este excelente trabajo, Peter Green grabó con su grupo formidables versiones de *When you Got a Good Friend, Phonograph Blues, Stop Breakin' Down Blues* —grabada después en 1971 por los Rolling Stones bajo el título de *Stop Breakin' Down* en su legendario álbum *Exile On Main Street—, Love in Vain, Ramblin' On my Mind, Honeymoon Blues, Sweet Home Chicago* o *Kind Hearted Woman Blues*, entre otras, con la colaboración de artistas de la categoría de Paul Rodgers de Free y Bad Company, Roger Cotton o Nigel Watson.

En 2007 Peter Green volvió a la música, en esta ocasión para hacer una gira de tributo al blues que quedó plasmada en el álbum en directo *Live at the Notodden Blues Festival*, en donde aparecieron junto a él nombres de la categoría de Kim Simmonds, Tom McGuinness, Long John Baldry, Gary Fletcher, Bob Hall, Colin Eric Allen y Steve Beighton. En febrero de 2009 el guitarra inició la que sería su última gira por América, Australia y Europa, a la que puso el nombre de *Peter Green and Friends*, donde tocó varios éxitos de Fleetwood Mac, Peter Green Splinter Group y de su carrera como músico en solitario.

Peter Green falleció a consecuencia de un fallo cardiaco el 25 de julio de 2020.

DE CHICAGO A CARNABY STREET (IX): BLUES PROGRESIVO Y HARD ROCK

A partir de 1967 se produjo un movimiento muy profundo de cambio musical tanto en Gran Bretaña como en Estados Unidos, lo que muchos críticos musicales e historiadores del rock definieron como la transición, en términos genéricos y muy amplios, del beat al mundo del *underground*, fenómeno que básicamente se explica a través del cambio que los músicos de rock llevan a cabo empezando a abandonar el arquetipo clásico de composición de *singles* y canciones de 3-4 minutos para que suenen en la radio y apostando por desarrollar toda su creatividad dentro de un contexto musical distinto, más amplio, diverso y sin la limitación del single de 3 minutos.

El LP, el disco de larga duración es la base, el formato sobre el cual se va a desarrollar todo ese nuevo campo creativo, con canciones más largas, más elaboradas, estructuradas de otra manera... es, en otras palabras, lo que se llamó rock progresivo, que pronto adoptaría la forma de lo que se teorizó como rock sinfónico —The Moddy Blues, Yes, Pink Floyd, Génesis, etc.— en una determinada vertiente, mientras que en otra, que es la que se denominó como British blues, o más propiamente blues progresivo, es donde el blues conoce una nueva vida, como hemos dicho anteriormente, una nueva dimensión.

No siendo el objetivo de este libro el de elaborar una obra con pretensiones enciclopédicas, mencionaremos no obstante alguno de los grupos que en la Inglaterra de finales de los años 60 serán los exponentes más claros de esa corriente musical en la que el blues, transformado y convenientemente retocado, es fuente básica de inspiración para esa nueva concepción del rock.

«Traffic fue indudablemente una arriesgada apuesta personal de Steve Winwood tras abandonar el Spencer Davis Group, pero merced a trabajar con músicos de categoría y calidad más que contrastada y entender que la evolución del rock en Inglaterra a mediados de los 60 iba por otro camino, logró dar forma a un proyecto al cual debe muchísimo no solamente el rock más vanguardista de aquel momento, sino el blues progresivo que se desarrolló, gracias entre otros grupos, a Traffic».

The Rolling Stone Encyclopedia of rock'n'roll, *1996.*

Steve Winwood, un talento precoz equiparable en ciertos aspectos al de Eric Clapton, a la edad de 14 años ya era un músico profesional y miembro fundamental del Spencer Davis Group, dejó este grupo para crear Traffic en abril de 1967 junto a Dave Mason, Chris Wood y Jim Capaldi. Aunque en sus comienzos estaban plenamente imbuidos por la psicodelia y participaban activamente de ese espíritu innovador del rock progresivo de la época —incluían en sus composiciones instrumentos como el mellotrón y el clavicémbalo— y sus influencias musicales abarcaban desde el jazz de vanguardia al incipiente rock sinfónico, el blues también estuvo en sus fuentes de inspiración musical, algo que se haría más evidente ya en 1969, cuando Steve Winwood formase Blind Faith con Eric Clapton. Pero ya en su disco debut, *Mr. Fantasy* de 1967 encontramos una de las piedras angulares del blues progresivo inglés de finales de los 60: *Dear Mr. Fantasy.*

Otro de los grandes clásicos de Traffic, incluido en su segundo álbum *Traffic* de 1968, es un blues a medio tiempo de Dave Mason llamado *Feelin' Allright,* canción emblemática de este periodo de la historia del rock y del blues, versionada entre otros por Joe Cocker, Gladys Knight & The Pipes, Grand Funk Railroad, Los Canarios de Teddy Bautista en España e incluso por una de las leyendas vivas del blues negro tradicional: Freddie King.

Esta primera etapa de Traffic fue, como en otros muchos casos, intensa pero breve; tras la separación definitiva de Cream, Eric Clapton decidió montar otro supergrupo en 1969 para el cual volvió a contar con Ginger Baker en la batería, en el bajo Ric Grech, que venía de una de las bandas del rock progresivo británicas, Familiy, y Steve Winwood como teclista y cantante. Este grupo, Blind Faith, fue más breve todavía —menos de un año de duración, un solo álbum y una gira por Estados Unidos en aquel verano—, pero en su histórico álbum de debut, *Blind Faith,* la huella del blues perduraba: se abría el disco con *Had to Cry Today,* un blues progresivo de factura impecable compuesto por Steve Winwood y aunque no se incluyó en el álbum, una de las *outtakes* que años después se recopilaron y editaron de este peculiar disco, que tocaban habitualmente en directo fue una versión de *Sleeping in the Ground*, de Sam Myers.

> *«Fui a ver a John Mayall en el Marquee con Peter Green a la guitarra, y fue un concierto sensacional. Mayall estaba empezando a atraer a la gente hacia el blues tocándolo de una manera como nadie antes lo había hecho y ejerció en mí una influencia fundamental. Tras verle y escucharle, tuve claro lo que quería hacer como músico».*
>
> *Alvin Lee, cantante y guitarrista de Ten Years After,* Rolling Stone, *1970.*

Inexplicablemente, muy poco se ha puesto en valor la aportación a la evolución del blues, la calidad musical y la fuerza creativa de una banda de blues rock de una magnificencia equiparable a la de Cream o el Jeff Beck Group. Estamos hablando, obviamente, de Ten Years After. Una más de las bandas que emergieron del magma del British blues en torno a 1966-67 y en cuyo debut ya encontramos temas que les sitúan en esa corriente de renovación del blues a través de su fusión con una concepción del rock elaborada, progresiva y caracterizada en esos años por un más que notable afán de experimentación.

Ten Years After debutan en octubre de 1967 con un álbum homónimo en el que, por un lado, cultivan el blues más clásico y tradicional con temas de la calidad y la sensibilidad de la versión de más de nueve minutos de duración de *Help me*, un blues de doce compases de ritmo medio grabado por primera vez por Sonny Boy Williamson II en 1963, aunque su autoría está acreditada a Williamson, Willie Dixon y Ralph Bass y su estructura básica se inspira en el famoso instrumental *Green Onions* editado en1962 por Booker T & The Memphis Group. *Love Until I Die,* aunque está firmada por Alvin Lee, es claramente una versión remozada del *Crossroads,* de Robert Johnson, y *Spoonful,* una magnífica adaptación del clásico de Willie Dixon pasado por la psicodelia, pero conservando intacta su naturaleza blues merced a las sensacionales guitarras de Alvin Lee.

Si bien este disco no tendrá un gran éxito comercial, con los años será mucho más apreciado y valorado por los seguidores del blues, como sucederá con su segundo álbum de 1969, *Stonedhenge*, en el que si bien ya no hay más versiones de estándar de blues tradicional, Ten Years After incorporan a sus composiciones ese blues como su base musical más genuina y ello se nota en la práctica totalidad de sus temas, destacando especialmente la sensacional *Hear me Calling*, amén de *Sad Song* o *Woman Trouble*, aun cuando esta está pasada por un filtro jazzístico muy atractivo y sugerente en cualquier caso.

La histórica actuación de Ten Years After en el Festival de Woodstock de agosto de 1969 —inolvidable su magistral versión de *I'm Going Home*— les lanzó a la popularidad masiva en el mundo del rock y revalorizó totalmente su carrera, que en los años 70 conocerá momentos de inmensa grandeza, aunque a partir de la edición de su álbum *Space in Time* de 1971 ya más orientados al hard rock más estándar. Si bien es cierto que no llegaran a los niveles de unos Led Zeppelin o unos Grand Funk Railroad, sí será un grupo que producirá excelentes álbumes en los cuales no faltará el blues, siendo alguna de sus piezas *bluesy* alguno de sus más conocidos *hit-singles*: por supuesto su mítico *Love Like a Man*, de 1970, pero sin olvidar *Two Time Mama* y *I Woke Up this Morning*, de su clásico *Ssssh…* de 1969.

«Yo era un chaval de Middlesborough que en 1967 quería ser músico, era fan de los Rolling Stones y los Who, pero había descubierto ese año a Jimi Hendrix, a Cream, a Traffic, y toda esa música que, sobre todo, en su vertiente más blues, me fascinaba. Así que hice mi equipaje, me marché a Londres y me puse a buscar gente con la que formar una banda de blues. Y entonces aparecieron Paul Kossoff y Simon Kirke… el resto de la historia ya la conoces, ¿no?».

Paul Rodgers, cantante de Free, declaraciones a Eric Dahl en la WZTV FOX 17 News, programa Nashville's Rock & Review.

Siempre se ha dicho, afirmación con la que estoy de acuerdo y que comparto plenamente, que Free fue una de las mejores bandas del British blues de finales de los 60 y primeros 70, que por su calidad musical debió llegar mucho más lejos y adquirir mucho más prestigio y popularidad, sobre todo porque tenía un potencial musical inmenso, que por diversas circunstancias que jugaron en su contra, solo se pudo llegar a desarrollar en una parte relativamente pequeña. Lo cual ha hecho que más allá de su himno *All Right Now*, el resto de su obra musical y de su contribución a la historia del blues contemporáneo apenas se conozca y se aprecie. Es una de esas bandas que muy rara vez han sido mencionadas en las historias convencionales del blues a pesar de lo valioso de su aportación, por ello quiero dedicarles un capítulo en este libro.

La historia de Free en sus comienzos guarda cierta similitud con la de Led Zeppelin; igual que cuando Jimmy Page y John Paul Jones fueron a ver a un club a una banda llamada The Hobstweedle, cuyo cantante, Robert Plant, les había sido recomendado por muchos músicos amigos como un vocalista idóneo para el proyecto que estaban poniendo en pie, en el caso de Free, Paul Kossoff y Simon Kirke, que estaban buscando un nuevo cantante más *bluesy* para su grupo Black Cat Bones, fueron por recomendación de varios amigos una noche del otoño de 1967 al Fickle Pickle Pub en la periferia de Londres para ver a un cantante del que todo el mundo hablaba maravillas, Paul Rodgers, que actuaba allí con su grupo, que se llamaba —¿proféticamente?— Brown Sugar, como el clásico de los Rolling Stones. Rodgers aceptó la oferta y se unió a lo que pocas semanas después se convirtió en Free.

«La voz de pura esencia blues, pero al mismo tiempo con la crudeza y el desgarro del rock más duro que tenía Paul fue mucho más allá de lo que estábamos buscando. Tanto que vimos claro que con Paul Rodgers el grupo se colocaría en otra dimensión y, por tanto, decidimos cambiar el nombre. Además, en ese ínterin se marchó nuestro bajista y elegimos como sustituto a Andy Fraser, que venía de tocar nada más y nada menos que con los Bluesbreakers de John Mayall. ¿Por qué Free? Pues porque esa palabra, esa idea, ese concepto nos definía perfectamente. Unos años de libertad, recuerda, estamos hablando de finales de los 60, un tiempo de cuestionar todo, de romper con todo lo que significaban ataduras, imposiciones, convenciones... y el blues, nuestra música, era libertad por definición». Así explicaba Simon Kirke a la revista norteamericana *Creem* la formación de Free en 1972.

Free fue una derivación directa de la explosión del British blues de la segunda mitad de los años sesenta, pero sus miembros no eran individualmente unos virtuosos como los de Cream de Eric Clapton ni tampoco unos puristas blues como los primeros Fleetwood Mac. Desde muy pronto desarrollaron su propio estilo, aunque el blues y muy especialmente el blues progresivo formó parte de su ADN como músicos.

Ya en su álbum debut *Tons Of Sobs*, editado en marzo de 1969, además de presentarse como un grupo claramente encuadrado en esa corriente de evolución del blues hacia una nueva forma de rock, dejarán para la posteridad una pieza magistral de puro blues clásico, una de las mejores canciones que hicieron nunca como grupo: una sensacional versión del *Going Down Slow*, de James Burke Olden, un estándar del blues más añejo grabado por primera vez por su autor en 1942, de las piezas blues más reconocidas de la historia, grabada en infinidad de ocasiones por muchísimos artistas, destacando en especial la que grabó Howlin' Wolf con la participación de Willie Dixon como narrador.

Si bien es cierto que *Tons Of Sobs* se quedó muy lejos de llegar a ser un éxito comercial, su segundo álbum titulado simplemente *Free* sí que logró una repercusión mucho más amplia, tanto por su sonido duro, directo y que ya había adquirido plena personalidad propia como por la voz de Paul Rodgers, pura voz de *bluesman* que dotaba de una energía fabulosa a canciones como *I'll Be Creepin'*, un single extraído del álbum que no tuvo éxito, pero que ya poseía la marca de fábrica del sonido de Free: la elegancia y al mismo tiempo la dureza de la voz de su carismático cantante, la poderosa guitarra de Paul Kossoff y la sólida base de ritmo del binomio Andy Fraser-Simon Kirke.

Más allá de *All Right Now*, merece la pena descubrir, apreciar y disfrutar de Free. Una banda crucial en esa evolución del blues al rock que caracterizó toda una época en la historia de la música popular contemporánea y cuyos miembros, toda vez desaparecido definitivamente en 1973, nunca dejaron de reivindicar el blues como su fuente fundamental de inspiración y que, como veremos más adelante, se nutrieron del blues para crear alguna de sus obras musicales de mayor calidad y de más éxito a todos los niveles.

«Fuimos una de las primeras bandas con grandes pilas de amplificadores Marshall detrás de nosotros. Hacíamos tanto ruido que podíamos —y lo hicimos— salirnos con la nuestra».
Stan Webb, líder de Chicken Shack, 1980.

Nunca he comprendido por qué un grupo de blues rock como Chicken Shack, de una calidad, un talento y una inspiración como la de Traffic o el Spencer Davis Group, por poner unos ejemplos cercanos en el tiempo y en ámbito musical en el que se movieron, prácticamente son unos desconocidos a los que la historia del blues y del rock ha olvidado. Chicken Shack fueron, razón por la que les quiero reivindicar y mencionar en esta reconstrucción del momento en el que el blues está en el centro de la generación de todo un nuevo estilo en el rock, una formación importantísima en ese proceso más allá de dejar discos para la historia en ese sentido absolutamente fundamentales.

Nacidos en 1965 de los restos de una banda llamada Shades of Blue, Chicken Shack ya desde sus comienzos pueden sentirse orgullosos de poder poner en su hoja de servicios que se curtieron como banda de directo en sus comienzos como banda residente en el Star Club de Hamburgo, sí, exactamente el mismo lugar donde los Beatles se hicieron un grupo de verdad. Desde el primer momento, llamaron la atención por ser un grupo que contaba con la peculiaridad de tener en su seno dos liderazgos que, cada uno a su manera, les proporcionaban un atractivo especialmente singular: el *showman* Stan Webb en la voz y la guitarra y la cantante Christine Perfect, en los teclados compartían un protagonismo que era realmente muy raro de ver en aquellos años —y también en la actualidad— y que funcionaba perfectamente. Si a eso le sumamos que se acompañaban de una sección rítmica extraordinaria, con Andy Silvester en el bajo y Dave Bidwell en la batería —antiguos miembros ambos de los Muskrats de Peter Green—, repito, nunca entenderé cómo Chicken Shack no se convirtieron en estrellas totales, máxime cuando en sus discos encontramos sensacionales versiones de *King of the World*, de John Lee Hooker, *See, See Baby*, de Freddie King y Sonny Thompson, o *I Wanna See my Baby*, de Aaron Walker.

Para Mike Vernon, legendario promotor discográfico y productor, personaje básico en la historia del British blues: «Tenían a la chica de moda del mundo del blues en Inglaterra con Christine Perfect: una joven cantante y pianista tan atractiva como talentosa, pero quizás, y sobre todo, tenían a un auténtico loco del blues en Stan Webb, cuya enérgica y entusiasta interpretación como guitarrista, junto con su enorme personalidad, le convertían en un "performer" sin igual en aquellos años».

Y no era una exageración: Stan Webb es uno de esos guitarristas de blues «malditos», que pese a su estilo —se le puede considerar un híbrido entre Freddie King y Buddy Guy— era un auténtico genio al que quizá lo único que le faltó fue la suerte. Cuando en 1970 Peter Green dejó Fleetwood Mac, la historia es conocida: tras algunos intentos fallidos de mantenerse como grupo fieles al estilo al que se habían consagrado como referentes en la música, optaron por dirigir su carrera en un sentido muy distinto, abriéndose a un género mucho más accesible y comercial, especialmente en la radio americana, que les proporcionó el éxito, la popularidad y el glamour que —tristemente— muy difícilmente habrían adquirido de no haber seguido ese camino. Christine Perfect, ya a partir de ese momento Christine McVie, se había casado con John McVie y dejó

Chicken Shack para unirse a la banda de su marido, a Fleetwood Mac, y a partir de entonces, su anterior banda ya no volvió a ser la misma.

Por supuesto, Stan Webb, tanto en ese momento como a lo largo de toda su trayectoria, mantuvo viva la llama del blues en Chicken Shack y aunque ya a partir de los 70 su trayectoria estuvo muy alejada del glamour, los focos y las alfombras rojas, siguieron haciendo excelente música y, sobre todo, haciendo recordar a toda la gente que iba a verles que existía no solo un estilo de música, sino una filosofía, una mentalidad, una actitud, una forma de ser que solo podía ser definida con una palabra: blues.

«Sigo pensando que las mejores bandas de metal tienen un aire bluesero. El primer álbum de Black Sabbath es una especie de blues eléctrico inenarrable. Deep Purple también empezó como una banda de blues, pero eso se notaba mucho más en Black Sabbath».

Greg Ginn, guitarrista, cantante, compositor y fundador de Black Flag.

Cuando pensamos en Black Sabbath, nos viene a la mente una sensación ominosa y oscura de ocultismo y riffs atronadores, con imágenes clásicas de lo que convencionalmente se conoce como heavy metal, y ello no es desacertado. Al igual que en el caso de Led Zeppelin, fue una de las bandas que sentó las bases del género, en lo estético, en lo visual y, por supuesto, en lo musical. Pero todo ello vino, como en el caso de Zeppelin, del blues.

Black Sabbath nacieron como grupo dentro de ese magma creativo que fue el British blues, sin perjuicio de que en su debut discográfico homónimo de 1970, que presentaba la inquietante imagen de la misteriosa mujer de la portada, los Sabbath evocaron una fascinación por el horror que se apoderó de la contracultura y aportó unos elementos estéticos nuevos a un movimiento que se movía en esa complicada transición entre los 60 y los 70 a nivel musical. Y ya incluso en esos momentos más primigenios en los que buscaban una forma de expresión más fuerte, más heavy —lo que consiguieron con creces—, no cabe negar que Black Sabbath, sobre todo los primeros Black Sabbath, aquellos jóvenes *stoners* que creaban su sonido distintivo, se inspiraron más en bandas orientadas al blues que en otros pioneros del heavy metal de su época. En definitiva, el heavy metal que Black Sabbath concibió fue una forma de blues rock, tal como surgió a través de su influencia y su confesada y abierta devoción por Ten Years After, los Fleetwood Mac originales y los Bluesbreakers de John Mayall.

Esto fue algo que Ozzy Osbourne reveló al hablar con la edición americana de la revista *Rolling Stone* en 2022. «Empezamos tocando jazz y blues como Ten Years After, los Fleetwood Mac originales, con Jeremy Spencer y Peter Green, y los Bluesbreakers de John Mayall. Luego, cuando solíamos ensayar en este centro comunitario, nos dimos cuenta un día de que al otro lado de la calle había un cine que proyectaba películas de terror y siempre había colas para entrar. Entonces Geezer Butler dijo: "¿No crees que es curioso que tanta gente pague dinero para ir a ver películas de terror? ¡Empecemos a hacer música terrorífica!". Y una de las primeras cosas que hicimos fue las primeras estrofas de la canción *Black Sabbath,* que si la analizas musicalmente, no deja de ser un blues clásico, eso sí, aderezado con esa atmósfera inquietante que le quisimos dar».

De hecho, entiendo que cabe afirmar que con la salvedad de Led Zeppelin, la banda que más representa y en gran medida ejemplifica lo que llamamos British blues es Black Sabbath, como mínimo en sus dos primeros discos. Tanto en *Black Sabbath* como en *Paranoid* o si se quiere incluso en *Master of Reality,* el genial cuarteto de Birmingham no versiona, como en casos anteriores clásicos del blues, sino que en todo momento aporta ya canciones propias, pero en las que se constata claramente que el blues clásico es su fundamental fuente de inspiración.

Si nos fijamos en esa excelente pieza de puro blues progresivo de su álbum debut llamada *Warning,* ejemplo paradigmático de blues progresivo, de hecho nos encontramos con que este singular tema, piedra angular de ese estilo tan personal de blues evolucionado que Black Sabbath desarrollaron, es una versión del mismo tema que grabó Ansley Dunbar en 1967 como *single* para la compañía Blue Horizon —la misma etiqueta que grabó a Fleetwood Mac y a Chicken Shack— como adelanto/primicia de su disco debut *The Aynsley Dunbar Retaliation* en 1968. Ansley Dunbar, ya imagino que se lo suponían, había formado parte de los Bluesbreakers de John Mayall.

«Una de las bandas de lo que se llamó British blues más potentes, creativas y originales de ese estilo fueron los Groundhogs de Tony McPhee. Sin embargo, nunca llegaron lejos, lo cual me parece una de las grandes injusticias que se han vivido en el rock'n'roll, porque eran buenísimos».

Robert Plant, cantante de Led Zeppelin, revista Sounds, *agosto de 1979.*

Como bien dice Robert Plant en la cita antedicha, The Groundhogs fueron una de esas muchas bandas surgidas en la Inglaterra de mediados de los años 60 que pese a tener un potencial musical formidable, una concepción del blues en total sintonía con esa progresión que generaría una nueva visión del rock, no lograron en modo alguno ni éxito comercial ni siquiera el status, marginal si se quiere, pero valioso a determinados efectos, de «banda de culto». No, por desgracia The Groundhogs son una de las bandas tristemente malditas del blues rock británico de ese periodo de finales de los 60 y comienzos de los 70 que han sido muy injustamente olvidadas.

The Groundhogs fue una banda fundada en 1963 por Tony McPhee en Londres en un primer momento como los Dollar Bills y más tarde como John Lee's Groundhogs, denominación que revela su devoción por el blues de raíz más clásica, en homenaje a John Lee Hooker. Si bien sus orígenes musicalmente hablando están en una concepción del blues muy purista, a medida que los años 60 pasaban y se evidenciaba un cambio en la evolución musical, su estilo fue renovándose en torno a esa progresión y, de hecho, en su primer álbum de 1968, *Scratching the Surface*, ya es muy notable esa conexión directa con ese nuevo blues en fusión con el rock más avanzado, innovador y experimental. Siguieron más álbumes y la formación cambió, pero la constante fue el espíritu innovador del fundador de la banda, Tony McPhee, que se revelaría fundamental en una serie de discos que desde estas páginas recomiendo sinceramente, tales como su ya mencionado debut *Scratching the Surface, el Blues Obituary* de 1968, *Thanks Christ for the Bomb* de 1969 —sensacional en este disco su clásico *Garden*—, su excelente *Split* de 1971, del que siempre se recuerdan canciones como *Cherry Red*, o su no menos excelente *Who Will Save The World?* de 1972, del que han quedado clásicos imperecederos como su *Earth Is Not Room Enough.*

«El último sueño, además de querer ser un buen guitarrista o tener una buena banda, es que dentro de cincuenta años alguna de mis canciones de alguna manera se convierta en un clásico del blues. Eso sería algo auténtico para mi lápida».

Rory Gallagher, declaraciones a la BBC Radio 1, junio de 1984.

«Desde su primer álbum con Taste hasta su último disco como solista, Rory Gallagher se mantuvo fiel a su propia visión musical. Al igual que los bluesistas estadounidenses que admiraba, creó un sonido instantáneamente identificable. Su voz cruda y sin restricciones se adaptaba perfectamente a los temas de blues que cantaba, y en su estilo de guitarra tenía una fuerza muy original. Al igual que B. B. King y Buddy Guy, sobresalió tocando solos que contaban historias con la guitarra eléctrica. Al igual que Muddy Waters, él era hábil con el slide. Y al igual que Blind Boy Fuller, LeadBelly y Big Bill Bronzy, mostró una destreza asombrosa en la guitarra acústica. Pero a diferencia de muchos de sus compañeros en el Reino Unido, especialmente durante los años 60 y 70, Gallagher no se especializó en copias exactas de las canciones de otros».

José Luis García Fernández, www.culturablues.com, *julio de 2019.*

Taste es considerado uno de los pioneros importantes del blues rock temprano fuera del ámbito británico, llamémosle político: Irlanda. La banda se formó originalmente en Cork en 1966 por Rory Gallagher y tuvo dos versiones; la primera consistía en Gallagher en la guitarra principal y la voz, con Eric Kitteringham en el bajo y Norman Damery en la batería. La segunda versión estuvo compuesta por el bajista Richard McCracken y John Wilson en la batería.

En 1968, dado el enorme éxito que lograron en Irlanda y pensando en ampliar horizontes en todos los sentidos, Taste se mudaron de Irlanda a Londres, donde no tardaron en obtener una fama similar y, por ende, conseguir su primer contrato discográfico con Polydor Records para lanzar su álbum debut homónimo en 1969 y un año más tarde, su segundo y último trabajo de estudio, *On the Boards*. Antes de su desaparición, tocaron un *set* increíble en el histórico festival de la Isla de Wight en agosto de 1970 y a la hora de mencionar su contribución al blues progresivo del que nos estamos ocupando en este capítulo, imprescindible hablar de su versión —o si queremos ser más precisos, su readaptación— del clásico de Leadbelly *Leavin' Blues* en su primer álbum y de la manera en la que el gran guitarrista irlandés siempre mostró a lo largo de toda su carrera su infinita devoción por la música que le enseñó el camino para ser una estrella del rock'n'roll.

A modo de conclusión: El blues, que muy especialmente en la segunda mitad de los años 60 y a lo largo de muchos años perdió en América mucho tirón y mucha popularidad, aunque en esos años sembró una semilla cuyos frutos aún hoy estamos disfrutando, revivió transformándose en rock y más específicamente en hard rock, en rock duro, en los 70 sobre todo, pero también a lo largo de los años 80 del siglo XX con tal fecundidad que dejará para las futuras generaciones un legado musical que hará posible tanto su continuidad como su evolución a partir de una filosofía no endogámica, no cerrada y no sectaria.

Por supuesto que seguirán existiendo propuestas si se quiere más, llamémosle así, «puristas», pero frente a las cuales y sin necesidad de confrontación, seguirá desarrollándose en el blues una evolución musical transversal, abierta a la absorción de nuevas influencias y con vocación de seguir inspirando nueva música, nuevos lenguajes y nuevos caminos de experimentación.

El mensaje del blues a través del tiempo; el legado de una forma de vivir a través de sus versiones

«Hablando con un antiguo bluesman apenas conocido una noche después de hacer un show en Tucson, Arizona, me dijo: "Hijo, si quieres ser Keith Richards, tienes que escuchar a Bo Diddley y Chuck Berry". Entonces pensé: "¿Qué escuchaban Bo Diddley y Chuck Berry?". Me dijo sonriendo: "Escuchaban a Howlin' Wolf y Muddy Waters. Bueno, y ellos ¿a quién escuchaban? Escuchaban a Robert Johnson". Así que me dije: "OK, empezaremos con eso"».

George Thorogood, 1977.

«El blues son las raíces y las otras músicas son los frutos. Es mejor mantener vivas las raíces, porque eso significa mejores frutos de ahora en adelante. El blues son las raíces de toda la música estadounidense. Mientras la música estadounidense sobreviva, también lo hará el blues».

Willie Dixon (1915-1992), músico de blues, vocalista, compositor, arreglista y productor de discos estadounidense.

Una de las peculiaridades más interesantes del mundo del blues es sin lugar a dudas, como sus canciones, sus piezas, por las circunstancias sociales e históricas en las que se desarrollaron, en muchos casos son de una autoría muy difícil de determinar y a menudo en discusión sobre quién fue el que realmente escribió esa pieza por los intereses discográficos, la grabación de una u otra versión en un momento u otro o las adaptaciones con otro nombre de esa misma canción hasta por tres o cuatro músicos diferentes.

A lo largo de su historia, el blues también se ha descubierto a sí mismo como una fuente de inspiración que en gran medida se ha basado en la reelaboración de historias y música con raíces inciertas por parte de muchos artistas contemporáneos. En este capítulo, traemos a estas páginas varias versiones de clásicos de blues que sin embargo han sido versionados por artistas teóricamente muy alejados de tal estilo y que prácticamente nadie conoce, así como temas de blues que seguramente de no haber sido por las versiones que hicieron de ellos otros artistas, se habrían perdido en la noche de los tiempos. Y a modo de coda, de epílogo del capítulo, canciones que merecerían haber sido clásicos tan influyentes y conocidos como *Dust my Broom*, *Love in Vain* o *Rolling Stone Blues*, pero que por la razón que fuera, sus creadores e intérpretes nunca salieron del anonimato mediático.

Abran sus sentidos, cerebros y oídos. Mantengan su cinturón de seguridad abrochado, el respaldo de su asiento en posición vertical y su mesa plegada. Iniciamos el viaje…

NADA MENOS QUE TODO UN HOMBRE

A finales de 1955, Bo Diddley grabó una de las canciones de fusión de blues y rock'n'roll más conocidas de todos los tiempos. Más de cincuenta años después de su lanzamiento, *I'm a Man* sigue tan sigue viva, fuerte y fresca como cuando Diddley cantó por primera vez su letra. El riff que se escucha a lo largo de la canción es simple, en teoría sencillo, pero absolutamente demoledor y no es ninguna exageración afirmar que cientos de músicos lo han utilizado en sus propias versiones, obviamente transformando el tono de la canción, pero manteniendo intactos su sonido y mensaje básicos.

Hay versiones contradictorias sobre los músicos que grabaron junto a Bo Diddley la canción, aunque en la mayoría de versiones que incluso aparecerían en diversas reediciones de sus discos, figuran el propio Bo Diddley en la guitarra y la voz, Frank Kirkland en la batería, Jerome Green en las maracas, Lester Davenport en la armónica y Otis Spann o Henry Gray en el piano, sin que falten discos en los que figure Billy Boy Arnold como armonicista, quien, por otra parte, fue armonicista habitual de Bo Diddley en muchas de sus grabaciones posteriores. La canción está incluida en varios de sus álbumes recopilatorios, incluidos *Bo Diddley*, de 1958, y *His Best*, de 1997, así como en el álbum que grabó con Muddy Waters y Little Walter en su álbum de 1967 *Super Blues*.

Se ha sugerido por parte de algunos expertos —Leroi Jones, Robert Christgau—, lo cual considero que es cierto, que la letra de *I'm a Man* estuvo influenciada por el sencillo de 1954 de Muddy Waters, *Hoochie Coochie Man*, que era a su vez un tema original de Willie Dixon. La respuesta de Waters a la canción de Diddley, la famosa *Mannish Boy* —cuyo título hace referencia a la edad del propio Bo Diddley—, se convirtió en un clásico en sí misma y ha sido versionada por artistas como Jimi Hendrix, los Rolling Stones y Aerosmith entre otros muchos otros, aunque transformándola y dándole un aire muy distinto, como hizo George Thorogood & The Destroyers en su single de 1982 *Bad to the Bone*.

Más aún: The Who, Jeff Beck, Eric Clapton y The Yarbirds, que alcanzaron el puesto 17 en Estados Unidos con su versión de 1965, fueron otros de los más conocidos artistas que incluyeron en su repertorio versiones de *I'm a Man*. Especialmente significativo es el caso de los Yardbirds, cuya exitosa versión de este blues se lanzó cuando aún estaba en la banda Eric Clapton y que al cabo de los años, fue una de las intocables en su *set list* y su éxito comercial resultó decisivo para The Yardbirds, cuya exitosa versión llegó cuando Clapton estaba en la banda, fue una de las canciones favoritas en vivo y ayudó a establecerles como una de las bandas de blues y rock más populares y prestigiosas de Gran Bretaña, tal y como explicamos más ampliamente en otro capítulo de este libro, en uno de los grupos que más y mayor influencia dejó en el British blues de finales de los 60.

HEY, CHICA… QUIERO SER TU AMANTE DE LA PUERTA TRASERA (LED ZEPPELIN, *WHOLE LOTTA LOVE*)

Un *back door man*, en las costumbres y la mentalidad de los negros americanos del sur era un tipo que tiene relaciones sexuales adúlteras con una mujer mientras su marido ha estado fuera trabajando en la fábrica, el almacén o los campos de algodón como un esclavo para poder mantenerla. El culpable si una esposa era sorprendida siendo infiel era típicamente un comerciante que visitaba la puerta de atrás, como el vendedor de hielo, un vendedor de seguros, o si estuviéramos en la España de los años 60 y 70 —perdónese el tópico, rancio y machista, lo sé perfectamente—, el que repartía las bombonas de gas butano por las casas o el fontanero que venía a arreglar una cañería atascada. Era el que salía corriendo por la puerta de atrás para evitar ser detectado cuando el marido entraba por la puerta de principal, una escena muy típica de teatro cómico y vodevil. El tema del *Back Door Man* sería retomado en varias canciones de soul y blues, incluyendo, por ejemplo, *Back Door Santa,* de Clarence Carter.

Back Door Man es otro más de esos casos en los que la versión hecha por otro artista no eclipsa, pero sí deja relegada a la original hasta el punto de que mucha gente considera al grupo que versiona la canción los compositores originales. En su disco debut de 1967, los Doors lanzaron su versión de *Back Door Man,* de Willie Dixon, una canción que paradójicamente se conocía por haber sido grabada originalmente por Howlin' Wolf. Cuando los Doors grabaron la canción, Dixon ya era reconocido como un legendario compositor de blues de Chicago: su larga lista de composiciones incluye clásicos como *Hoochie Coochie Man, I Can't Quit You Baby* y *You Need Love,* una canción que Led Zeppelin reelaboró en su famoso *Whole Lotta Love.*

La versión de *Back Door Man* de los Doors es todo un clásico merced al célebre grito de Jim Morrison al comienzo del tema muy al estilo del *Higher* de *Light my Fire*. Respaldada por el órgano tan característico y singular de Ray Manzarek, el instrumento que actuó como bajo y columna vertebral del sonido del grupo, *Back Door Man* de los Doors es un ejemplo sumamente característico de lo que los anglosajones llaman un *cover*, una canción totalmente transformada y reelaborada con respecto a la versión original y a la que le supieron dar su propia personalidad, tanto como para hacerla suya manteniendo intacto el sentimiento y el *groove* propio del blues primigenio del que venía.

The Doors, versionadores de «Back Door Man» en una instantánea de 1969.

En 2000, los miembros supervivientes de The Doors grabaron un episodio de la serie de la cadena de TV VH1 *Storytellers* con vocalistas invitados que reemplazaban eventualmente a Jim Morrison. El *frontman* de The Cult, Ian Astbury, cantó en esta pista y poco tiempo después se convirtió en el nuevo cantante principal de la banda cuando Robby Krieger y Ray Manzarek volvieron a formar The Doors unos años más tarde. Astbury dijo: «Puedo decir que para mí fue algo auténtico. No fue algo que hiciera como un paso más en mi carrera, como una medalla que añadir a la solapa de la guerrera militar. Fue algo que hice porque era un devoto absolutamente venerado. Los puse en un lugar muy muy alto. Y creo que la magia de *Back Door Man* tuvo mucho que ver con eso».

UN LEAL PERRO DE CAZA

Durante décadas todo el mundo pensaba que uno de los temas de rock'n'roll más famosos y populares de la historia, *Hound Dog*, era una canción escrita por Elvis Presley. No estoy seguro de que en la actualidad mucha gente sepa que la versión original de la canción, cuyos autores originales fueron Jerry Leiber y Mike Stoller, fue grabada y popularizada a determinado nivel por Big Mama Thornton en 1952. La versión de Thornton es puro blues en todos sus aspectos, cuya letra habla de las vicisitudes de una pareja infiel a sus respectivos matrimonios. Cuatro años después de su lanzamiento, que comercialmente resultó muy discreto, Elvis Presley publicó su propia versión, que convirtió en un rock'n'roll clásico de raíz pura de Chuck Berry y que hoy es el clásico del rock'n'roll que la historia recuerda, pero el original blues de Big Mama Thornton es la pieza a partir de la cual comenzó toda la historia.

Hay que señalar que la versión de Elvis de esta canción se basa, según el propio Presley aseguró en más de una entrevista, en cómo la escuchó interpretada por un grupo de Texas llamado Freddie Bell and The Bell Boys, que lanzó la canción en el sello Teen en 1955. En abril de 1956, Elvis fue contratado por dos semanas como artista residente en el New Frontier Hotel en Las Vegas y en una de sus primeras noches de descanso, Elvis y su banda se fueron a tomar unas copas en el Sahara Club de la ciudad norteamericana y allí vieron a Freddie Bell and The Bell Boys tocando este temazo. Cuando interpretaron su versión cómica de *Hound*

Dog, Elvis quedó impresionado y decidió hacer la suya propia en un tono similar.

De todas maneras, Elvis usó la misma letra, que difería de la original de Big Mama Thornton. En este enfoque de la canción, Elvis actúa decepcionado con su amante y repite en la letra: *«Bueno, dijeron que eras de clase alta / pero eso era solo una mentira»*, mientras que en la versión de Big Mama Thornton ella canta: *«Me dijiste que eras de clase alta / pero puedo ver a través de eso»*.

Especialmente en sus últimos años, a Elvis no le gustaba interpretar esta canción en vivo. En muchos de sus *shows*, se apresuraba a cantar la canción o hacía una versión muy corta. Un buen ejemplo se puede ver en su concierto *Aloha From Hawaii* de 1973, aunque a pesar de esta circunstancia, *Hound Dog* fue incluida en el Salón de la Fama de los Grammy en 1988. Igualmente apareció en la popular banda sonora de la película *Forrest Gump* de 1994, en cuya trama un casi adolescente Elvis Presley antes de la fama se aloja en la pensión de los Gump y canta la melodía para el joven Forrest, cuyos movimientos de baile forzados inspiran los famosos movimientos de cadera del cantante. Por su parte, en la película de 2022 de Baz Luhrmann, *Elvis*, se presentaron algunas versiones diferentes, incluida la grabación original de Presley y una versión de Austin Butler, que interpreta el papel principal. También resultaría un papel clave en el éxito que cosechó esta película la interpretación de Shonka Dukureh en el papel de Big Mama Thornton.

SEXO, LEYENDAS E HISTORIAS OSCURAS EN NUEVA ORLEANS

La casa del sol naciente, *House of the Rising Sun*, el clásico por definición de Eric Burdon & The Animals grabado en 1964 y llevado a la cumbre del éxito por esta banda, es una de esas canciones que aportan ese grado de misterio, morbo si se quiere, y curiosidad por rastrear sus orígenes.

Se trata de una adaptación al blues de una canción popular perdida hace mucho tiempo con orígenes desconocidos. Quien fuera que hubiera sido su compositor años antes —se afirma por parte de diversos historiadores que fue grabada por Texas Alexander en la década de 1920—, la canción fue traída a la historia del siglo XX por la familia Lomax en la década de 1930 para incluirla en la colección del Archivo de Canciones Populares Estadounidenses de la Biblioteca del Congreso de los Estados Unidos. Roy Acuff, Woody Guthrie y Leadbelly, así como Josh White y, más tarde, Nina Simone grabaron versiones de la canción, pero no fue hasta que los Animals lanzaron su versión cuando *House of the Rising Sun* alcanzó un rápido nº 1 en las listas oficiales de ventas de varios países.

El historiador de música folk Alan Lomax grabó una versión en 1937 cantada por una chica de 16 años llamada Georgia Turner. En este contexto, y tal y como se adaptó para esta versión, se canta en primera persona, en tiempo presente, y la cantante se lamenta de cómo la Casa del Sol Naciente ha arruinado su vida. En esta versión folk tradicional, el personaje principal es una prostituta o un delincuente en prisión. The Animals la cambiaron por un jugador de póker para que su versión fuera más apta para la radio.

Al igual que con *Back Door Man* de los Doors, parte de lo que hace que esta canción sea tan recordada y haya alcanzado tal popularidad es el tono atemporal del órgano que se escucha de fondo. Aun así, el acorde roto en la menor en la apertura y la voz conmovedora de Eric Burdon es lo que hace que la versión de los Animals sea un clásico absoluto de la historia de la música popular contemporánea, pasado por el tamiz del blues.

Si existe debate sobre su autoría, lo mismo sucede con el sentido y significado de su letra. Existen dos teorías sobre su origen, la primera de las cuales asegura que la canción en sí habla sobre un burdel en Nueva Orleans. «La Casa del Sol Naciente» que supuestamente recibió tal nombre por su regidora, Madame Marianne LeSoleil Levant —que significa

«Sol Naciente» en francés— y que estuvo abierto desde 1862, el año de la ocupación por las tropas de la Unión en la guerra civil americana hasta 1874, cuando fue cerrado debido a las quejas de los vecinos. Se supone que estaba ubicado en el 826-830 de San Luis de Nueva Orleans.

La segunda se refiere a una cárcel en la misma ciudad llamada la Prisión de Mujeres de Orleans Parish, que tenía una puerta de entrada adornada con ilustraciones de un sol naciente. Esto explicaría la mención a la «bola y cadena» en la canción.

La melodía es una balada tradicional inglesa, pero la canción se hizo popular como canción folklórica afroamericana. Nadie puede reclamar los derechos de autor de la canción en tanto en cuanto nunca nadie llevó a ningún registro su autoría, lo que significa que se puede grabar y vender sin pagar derechos de autor. Muchas bandas versionaron la canción después de que se convirtiera en un éxito para The Animals. Todo un patrimonio de nuestra música.

NENA… POR FAVOR, NO TE VAYAS. ¡ESCAPÉ DE LA CÁRCEL POR TI!

La versión original de *Baby, Please Don't Go* fue grabada por Big Joe Williams en 1935 para Bluebird Records. En las nueve décadas transcurridas desde entonces, la canción se ha convertido en un estándar del blues, aunque con el tiempo cada uno de los músicos que se ha aproximado a ella se han sentido libres de interpretar su sonido y su letra de la forma que les ha parecido más adecuada. De Lightnin' Hopkins a John Lee Hooker, pasando por Muddy Waters, Aerosmith, Thin Lizzy o MC5 componen entre otros la nómina de versionadores de este maravilloso estándar del blues, aunque la más conocida sin duda es la que AC/DC lanzó en 1975 a ritmo de rock'n'roll y con algunas variaciones en la letra incorporadas por Bon Scott, quien con su forma de cantarla introdujo un desgarro y un grado de desesperación que la hace todavía más intensa que en la versión grabada por Big Joe Williams.

Nada nuevo bajo el sol: ciertamente Big Joe Williams es reconocido como autor de esta canción, pero con los años se supo que se desarrolló a partir de una canción popular titulada *Long John*, grabada en 1934 por John y Alan Lomax para la Biblioteca del Congreso. En esa grabación, reclusos de raza negra que trabajaban en la Granja de la Prisión Estatal de Darrington en Texas fueron quienes pusieron su voz a esa histórica grabación, una melodía de autor desconocido muy popular allí porque *Long John*, el personaje principal de la canción, narraba la historia de uno de los pocos condenados que logró fugarse de aquella prisión. Williams cambió partes de la canción, pero mantuvo el tema de la prisión en estrofas como *«Creo que hay un hombre que se fue de la granja del campo / con una larga cadena puesta»*.

En cuanto a la letra de la canción que hoy conocemos a través de sus versiones, la historia es la de otras muchas similares. La pareja del protagonista de la canción quiere dejarle y él trata desesperadamente de que se quede y no lo abandone. Ella está planeando irse en el tren de medianoche a Nueva Orleans y él le ruega que no lo haga.

Debido a que los registros de las compañías discográficas de la época no son especialmente fiables, los historiadores no están seguros de cuántas copias se vendieron de la canción. De todas maneras, cualquiera que sea la cifra, fue suficiente para que Williams iniciara una carrera sumamente exitosa y se convirtiera en una de las canciones más versionadas e imitadas de la historia del blues, incluso por su intérprete más primigenio: el propio Big Joe Williams grabó una versión actualizada de la canción en 1941, nuevamente para Bluebird, y una tercera vez en 1947, esta vez para Columbia Records. Muddy Waters la grabó en 1953 bajo el título *Turn the Lamp Down Low*. Esta versión es la que más influyó en las interpretaciones posteriores.

Además de la de AC/DC, sin duda la versión más conocida de este blues es la que grabaron los Them de Van Morrison en 1964 y que lanzó como su primer sencillo con *Gloria* como cara B. Subió al nº 10 en el Reino Unido y se mantuvo en el puesto nº 102 en Estados Unidos. *Gloria* se lanzó más tarde como sencillo de cara A. Esta conocidísima versión se basó en el arreglo de John Lee Hooker de 1949, al que tituló *Don't Go Baby*. Van Morrison asegura que escuchó por primera vez la canción en el álbum *Highway of Blues* de Hooker de 1959 y que en ese estándar es en el que se basó para grabar su propia y exitosa versión.

Jimmy Page, guitarrista y fundador de Led Zeppelin, músico de sesión en ese momento, tocó la guitarra en la versión de Them y aunque el propio Page nunca ha querido pronunciarse abiertamente sobre esta cuestión, se dice que además de grabar las guitarras, participó en los arreglos e incluso comodificó con el propio Van Morrison la versión que los irlandeses grabarían después. En 1992, el Salón de la Fama del Blues incluyó la canción en su categoría de Clásicos de Grabaciones de Blues mientras que el Rock and Roll Hall Of Fame tiene a *Baby, Please Don't Go* en su lista de «500 canciones que dieron forma al rock'n'roll».

¿WHISKY, CUSTOMS O MOSQUETONES?

Black Betty, el famoso *hit* de Ram Jam de 1977, caso prototípico al máximo de lo que en la industria musical se conoce como «One Hit Wonder» —grupo conocido por ser famoso en la historia por una sola canción— es otra pieza de origen muy incierto. Al igual que *House of the Rising Sun*, fue grabada en la década de 1930 por la familia Lomax para su conservación en el Archivo de Canciones Populares Estadounidenses de la Biblioteca del Congreso y fue grabada oficialmente por Leadbelly en 1939, a quien se atribuye, no oficialmente, su autoría.

Igual que ocurre con los detalles sobre su compositor y la fecha de composición, el significado existente detrás de la letra de *Black Betty* es ampliamente discutido. Gran parte de los expertos en historia del blues coinciden en que la canción se creó en Estados Unidos durante el siglo XIX como un canto de protesta contra el trabajo precario y podría contener diversas metáforas sobre el maltrato laboral. Otros citan *Black Betty* como un apodo para el whisky destilado clandestinamente que se usaba no solo en los Estados Unidos en los años de la ley seca, sino también en Londres, e incluso también se ha sugerido que *Black Betty* pudiera ser un apodo para un mosquetón, con la letra «bam-ba-lam» destinada a imitar el sonido de los disparos. En algunas referencias más contemporáneas, *Black Betty* podría ser en argot, la referencia a una motocicleta de diseño novedoso y potente cilindrada.

De todas maneras, muy pocas versiones de *Black Betty* tuvieron una mínima repercusión más allá de la de Ram Jam tanto en América como en Gran Bretaña y Europa. Musicalmente, la adaptación de este oscuro clásico del blues guarda gran proximidad con la versión de Leadbelly en su ritmo y su letra, siendo obviamente muy distinta en su instrumentación, ya que Leadbelly la grabó en su primer registro a capella, aunque en alguna versión posterior agregó un acompañamiento de guitarra.

Sobre Ram Jam, señalar que fueron un grupo neoyorquino que apenas sobrevivió al éxito de su *Black Betty*, que en sus letras siempre se movieron en el terreno típico del folk/blues y que, en el caso de esta canción, contaron con el apoyo en la producción de Jerry Kasenetz y Jeff Katz, quienes fueron los arquitectos del llamado «bubblegum sound» —conocido en España en los años 70 como «música chicle»—, produciendo grupos como The Ohio Express y 1910 Fruitgum Company. Los australianos Spiderbait grabaron una versión de *Black Betty* en 2004, siendo este su primer y único sencillo en alcanzar el puesto número uno en las listas australianas.

QUITANDO EL POLVO DE MI ESCOBA

Con la posible excepción de *Crossroads,* pocos clásicos del blues más primigenio han alcanzado mayor repercusión a través de sus versiones como *Dust my Broom,* cuyo primer título, al menos en la primera grabación que se conoce de esta canción, perteneciente a las históricas grabaciones de Robert Johnson de los años 30 del siglo XX, *I'll Believe I'll Dust my Broom,* que a su vez los estudiosos del género a un nivel más antropológico han situado como una evolución de canciones aún más antiguas tales como *I Believe I'll Make a Change,* grabada por los hermanos Sparks como *Pinetop and Lindberg,* en 1932.

En 1951, Elmore James grabó la canción con el título de *Dust my Broom,* siendo esta versión la que quedaría para la posteridad como la más, llamémosla así, «estándar» y sobre cuya base surgirían todas las demás versiones conocidas, como incluso las que volvió a hacer para Bobby Robinson en noviembre de 1959 y dos veces en febrero de 1963, poco antes de su muerte. Robinson, propietario de una tienda de discos de Nueva York, fundó el grupo de sellos discográficos independientes Fire and Fury y en las que si ustedes las escuchan, apreciarán cómo su guitarra *slide* ocupa un lugar central en comparación con la interpretación en grupo de arpa o saxo en los intentos anteriores.

Dentro del mundo del blues, *Dust my Broom* ha sido grabada entre otros por Robert Lockwood Jr. en 1951, por B. B. King en 1960, Howlin' Wolf en 1964, Otis Spann en su disco de 1965 *Blues Never Die!,* Ike & Tina Turner en el álbum *Get It* de 1966, John Mayall & The Bluesbreakers en *A Hard Road* de 1967 —bajo el título de *Dust my Blues,* al igual que cuando la grabó un año antes el Spencer Davis Group—, Taj Mahal en su disco debut de 1967, Freddie King en *Gettin' Ready* de 1971, Albert King en 1971, en *I'm in a Phone Booth, Baby* de 1984 o Etta James en su álbum de 1994 *Blues to the Bone.*

En el mundo del rock, las versiones más sobresalientes de esta canción emblemática del blues las encontramos en el larga duración debut homónimo de Canned Heat de 1967, en el *Mr. Wonderful* de Fleetwood Mac de 1968, el álbum *Degüello* de ZZ Top de 1979, el *Mad Man Blues* de Dr. Feelgood de 1985, en *I Walked All Night Long* de Carvin Jones en 2000, Sonny Landreth en su disco de 2015 *Bond by the Blues* y en el *Road Chronicles: Live!*, editado en 2019 por la Supersonic Blues Band con la colaboración de Billy Gibbons de ZZ Top. También ha sido seleccionada para formar parte del Salón de la Fama del Blues de la Blues Foundation USA, el Salón de la Fama de los Grammy y el Registro Nacional de Grabaciones de la Biblioteca del Congreso de los Estados Unidos.

Finalmente, *Dust my Broom* posee un valor añadido muy especial en la historia de la música popular contemporánea: cuando el 7 de abril de 1962 Mick Jagger y Keith Richards fueron al Ealing Club de Londres y vieron sobre el escenario a un chico de Cheltenham que se presentó sobre el escenario como Elmo Lewis interpretando entre otros grandes clásicos del blues una electrizante versión de *Dust my Broom*, se quedaron tan impresionados que al terminar el set, le invitaron a tomar unas copas, hablaron con él y se intercambiaron sus números de teléfono. Pocas semanas después Mick, Keith y «Elmo Lewis», que era en realidad Brian Jones, formaron los Rolling Stones… y el resto de la historia ya es conocida.

BAILANDO CON EL GRAN SEDUCTOR (Y NO ES WOODY ALLEN)

Otra canción histórica en el mundo del blues que ha conocido infinidad de versiones es el mítico *I'm your Hoochie Coochie Man*, el clásico escrito por Willie Dixon y grabado por primera vez por Muddy Waters para la Chess Records en 1954. Su letra hace referencia a elementos mágicos del mundo más ancestral de los cultos religiosos de la población afroamericana, referidos especialmente al sexo —existen estudiosos de las culturas negras africanas y de su proyección en América que aseguran que «hoochie coochie» sería un sinónimo de vagina— y con los años se convertiría en una de las piezas más conocidas y características de Muddy Waters, al margen de fortalecer el papel el rol de Willie Dixon como compositor para el sello Chess.

El autor de la canción en su día dio abundantes detalles sobre cómo nació esta conocidísima canción. En declaraciones a *Rolling Stone* y al periodista Paul Zollo para su libro *Songwriters on Songwriting,* Willie Dixon afirmaba: «Muddy Waters iba a tocar por primera vez *I'm your Hoochie Coochie Man* en el Zanzíbar, un reputado club de blues de Chicago. Yo estaba con él y le dije: "Para que este tema funcione, asegúrate de mantener un patrón rítmico, haz lo mismo una y otra vez y mantén las palabras de la estrofa principal en tu mente". Siguió mi consejo, funcionó y un par de semanas después fuimos a los Chess a grabarla».

Uno de los pioneros del blues británico, Long John Baldry, bautizó a su banda en 1964 Long John Baldry and his Hoochie Coochie Men en honor a esta canción, de la cual hizo una de sus primeras versiones en su disco de debut Long John's Blues. Aunque anteriormente otras de esas grandes figuras pioneras a las que nos hemos referido anteriormente, Alexis Korner, ya grabó una de las más intensas y formidables versiones que nunca se han hecho de este blues ya en 1962, más concretamente en su álbum rhythm and blues *From the Marquee,* editado a finales de aquel mismo año. No le fue a la zaga, dentro de los músicos más significados del blues británico de comienzos de los 60 la Graham Bond's Organization, que también grabó *Hoochie Coochie Man* para su álbum de 1965 *The Sound Of 65.*

Más contemporáneamente, ha conocido versiones y aproximaciones desde los más diversos estilos musicales. Entre los coetáneos de Dixon, Junior Wells and his Chicago Blues Band with Buddy Guy la grabaron para su *Coming at you* de 1968, Freddie King la grabó en 1973 en *Woman Across the River* y Big Time Sarah en el recopilatorio de *bluewomen Blues with the*

Girls de 1982. Los músicos de blues de las generaciones posteriores la han hecho suya en álbumes como *Texas Shuffle* de Rocky Hill en 1982, Jeff Healey en la banda sonora de la película de 1989 *Road House* o Billy Branch en su *Bring me Another Half a Pint.* Si nos fijamos en los grandes del rock más convencional, hay que señalar las versiones de *Hoochie Coochie Man* de The Allman Brothers Band en *Idlewild South* (1970), Paul Rodgers en *Muddy Water Blues: A Tribute to Muddy Waters* (1993) y Eric Clapton en *From the Cradle* (1994) entre las más conocidas, sin obviar la grabada por el guitarrista de Guns N'Roses Slash en su último trabajo de 2024 *Orgy of the Damned.*

VOLVIENDO A CASA BAJO LA LLUVIA

En 1929, Kansas Joe McCoy y Memphis Minnie grabaron *When the Levee Breaks* para Columbia Records. Minnie fue quien escribió la letra, hablando desde la perspectiva de un hombre que lo perdió todo en las devastadoras inundaciones producidas por la crecida del Misisipi en 1927, que inundaron alrededor de 27.000 kilómetros cuadrados, causaron la muerte de centenares de personas, destruyeron granjas, fábricas y hogares a lo largo de diversas localidades de Luisiana y Arkansas y provocaron una masiva migración de miles de afroamericanos hacia las ciudades del norte y el medio oeste del país.

Esta catástrofe inspiró varias canciones por parte de los *bluesman* que vivieron más o menos de cerca el suceso, de tal suerte que Lonnie Johnson grabó *Broken Levee Blues* en 1928 y en 1929 Charlie Patton *High Water Everywhere,* también inspirada en la inundación de 1927. *When the Leeve Breaks* fue una de las canciones que narró la desesperación del hombre que mirar con temor al cielo y reza para que la lluvia no desborde el dique y el agua no arrase con todo lo que encuentre a su paso. Esta pieza se mantuvo firmemente enclavada en el canon del blues hasta 1970, cuando Led Zeppelin la descubrieron y la reinventaron como un rock denso, fuerte y duro, aun cuando en ningún momento pierda su esencia blues. Grabada e incluida en su álbum *Led Zeppelin IV*, es la extensa canción que cierra el disco y a pesar de que muy pocas veces la tocaron en directo, se convirtió en uno de los temas más destacados de un disco en el que estaban piezas como *Stairway to Heaven*, *Black Dog* y *Rock and Roll*.

Musicalmente, fue una de las canciones más sorprendentes que Led Zeppelin grabaron nunca. La batería de John Bonham se grabó en una escalera de la Headley Grange, la casa de campo habilitada como estudio con los micrófonos colocados tres pisos más arriba. El sonido de la batería resonó de tal manera aprovechando una suerte de reverberación natural por el hueco de la escalera que descubrieron por casualidad que cuando fue capturado por los micrófonos, era distinto a todo lo que habían escuchado antes en lo que se refiere a sonido de batería.

Esta historia ya era conocida. Lo que no lo fue hasta pasado muchos años fue que ese sonido no se debía solamente a la escalera. El ingeniero Andy Johns hizo pasar la batería por una máquina de eco llamada Binson Echorec, que Jimmy Page había comprado para su guitarra, el cual usaba una cámara de acero muy fino para crear el eco, sonando diferente a otros dispositivos que usaban cinta. «Utilicé dos micrófonos Beyerdynamic M160, puse un par de limitadores sobre los dos micrófonos y usé el Binson Echorec de Jimmy», recordaba Johns en una entrevista concedida a la revista *Music Radar*. «Al tocar a ese ritmo particular en *When the Levee Breaks*, los limitadores funcionaron en otra frecuencia y así fue como Bonzo obtuvo ese sonido «Ga-Gack» tan característico de la canción. Fue gracias al Binson».

Esta canción fue la única de *Led Zeppelin IV* que no fue remezclada después de un trabajo de mezcla supuestamente desastroso que se hizo en Estados Unidos y que motivó que el reto de las pistas tuviera que volverse a mezclar de nuevo en Inglaterra. La mezcla original realizada en esta canción pareció adaptarse muy bien, por lo que se mantuvo en su forma original.

Dos estilos en teoría tan alejados mutuamente y que parten de premisas musicales tan diferentes el blues rock y el rap encontraron años más tarde un punto de conexión gracias a la originalísima batería de *When the Leeve Breaks*. El ritmo de batería del comienzo de la canción es idóneo para ser sampleado y así hicieron entre otros los Beastie Boys en *Rymin' and Stealin'*, que abría su primer álbum, *License To Ill*. Otras canciones relevantes que lo usaron en este ámbito, *Lyrical Gangbang* de Dr. Dre y *Beats and Pieces* de Coldcut.

Otras de las más originales e interesantes versiones de este blues de los años 20, que no lo olvidemos fue escrito por la mujer pionera del blues, Memphis Minnie, el equivalente a lo que fue Sister Rosetta Tharpe en el rock'n'roll. Dos de las más potentes, la que grabó la cantautora americana Kirstin Hersh, conocida también por su trabajo con Throwing Muses y 50FootWave para su álbum de 1994 *Your Ghost* y la que incluyó en su tributo a Led Zeppelin editado en 2022 otra de las grandes voces femeninas del blues actual: Beth Hart.

CAMINANDO POR LA ORILLA DEL RÍO

Otra de las icónicas grabaciones de Robert Johnson, *Traveling Riverside Blues*, un blues tradicional de doce compases, es otra de las composiciones del legendario *bluesman* que debe su vigencia y su permanencia en la actualidad fundamentalmente a Led Zeppelin. Si bien es cierto que Cream en sus conciertos en ocasiones incluían fragmentos de este tema, por ejemplo, en algunas partes intermedias improvisadas de *Crossroads*, nunca la grabaron como tal en estudio. Led Zeppelin sí la grabó en junio de 1969 con idea de que fuera incluida en su segundo larga duración y la tocaron aquel mismo año en una de sus conocidas BBC Sessions, pero por las razones que fueran finalmente no entró en el disco y, de hecho, solo vio la luz en disco dos años después de la separación del grupo dentro del álbum recopilatorio de rarezas y canciones inéditas *Coda*. También formó parte del triple álbum recopilatorio *Remasters* editado en el otoño de 1990.

Como era norma en Led Zeppelin, y ahí residió siempre gran parte de su atractivo y de su talento, no se limitaron a hacer una versión más o menos predecible de *Traveling Riverside Blues,* sino que le dieron la vuelta completamente, la reescribieron y la convirtieron en una joya musical que no se comprende que permaneciera tantos años en el anonimato.

EL ÚLTIMO SUSPIRO DE UNA VIDA EN CADENA PERPETUA

De nuevo la tenemos por aquí. Willie Mae «Big Mama» Thornton no solamente fue la Intérprete cuya versión de *Hound Dog* inspiró a Elvis Presley a incorporarla a su repertorio, sino que fue la autora de *Ball and Chain,* este intenso y desgarrado blues que grabó y editó en 1968. Sin embargo, un año antes de que se pusiera en el mercado la versión original, Janis Joplin hizo famosa en todo el mundo esta canción cuando la interpretó en uno de los momentos más recordados y llenos de fuerza del histórico Festival Monterey Pop en 1967, también un año antes de que se incluyera en el segundo disco de Big Brother & The Holding Company. Según recordaba James Gurley, guitarrista de Big Borther, Joplin escuchó la canción por primera vez durante una actuación de Thornton en un bar de San Francisco y le gustó tanto que convenció al grupo para montarla e incluirla en su repertorio, adoptando la forma de un blues lento en tono menor. Imágenes editadas de la segunda actuación de Big Brother en Monterey tocando *Ball and Chain* aparecieron en la película de D. A. Pennebaker *Monterey Pop,* aunque la actuación completa del grupo sí se recogió en 1993 en la caja recopilatoria de tres discos titulada simplemente *Janis.* La versión en vivo de *Ball and Chain* grabada el 8 de marzo de 1968 en el Fillmore East es la que incluyó en el antedicho álbum *Cheap Thrills.*

En cuanto al sentido de la letra, se podía interpretar tomando la bola y la cadena, el símbolo de la prisión, de la reclusión y del sometimiento al poder de las autoridades cuando uno está en la cárcel, como una metáfora de la relación heteropatriarcal basada en la dominación del hombre sobre la mujer.

Cuando Joplin interpretaba esta canción, a menudo la terminaba con una sección de forma libre cantando «Love is such a pain, love is such a pain», entrando en una suerte de éxtasis que resultaba estremecedor contemplar. Preguntada en más de una ocasión por esa transformación tan catártica, siempre aseguró que esta canción había entrado con tanta fuerza en su corazón, como una especie de éxtasis se apoderaba de ella. Joplin explicó que cuando logró esto, estaba «trascendiendo» la canción, un talento que la convirtió en la leyenda que no tardó en ser dentro de la música y que se la considerase «la reina blanca del blues».

Como ocurrió en otros muchos casos, no en este caso la autoría, sino sus derechos de explotación y los ingresos que generaban, que en virtud de aquellos leoninos contratos que muchos artistas firmaban sin asesorarse previamente y en muchas ocasiones sin ni siquiera leerlos, en más de una oportunidad privaron a sus verdaderos autores de las cantidades que les hubieran correspondido en otro contexto contractual. *Ball and Chain* fue un caso paradigmático y ello le costó a Janis Joplin tener que hacer frente a muchas críticas y acusaciones de todo punto injustas.

Big Mama Thornton había grabado originalmente la canción para el sello Bay-Tone Records a principios de los años 60, aunque no fue editada, sin perjuicio de que por una discutible interpretación del contrato que la artista firmó, Bay-Tone se quedó con la propiedad de la autoría de la canción, lo que significó que Thornton perdió las ganancias que podría haber tenido por derechos de autor cuando Janis Joplin grabó la canción años más tarde. No obstante, en una entrevista fechada en 1972, Thornton reconoció haberle dado permiso a Joplin para grabar la canción y haber recibido pagos de derechos de autor por sus ventas que se dice gestionó en persona Albert Grossmann, el mánager de Janis Joplin y Bob Dylan.

HISTORIAS DE CARRETERAS AMERICANAS

Una de las bandas del blues americano contemporáneo que más aparecen por estas páginas son Canned Heat, cultivadores del blues por definición dentro de la música popular de su país y cuyo cantante, «El Oso» Bob Hite poseía una legendaria colección de discos de blues. Canned Heat llevaron a su terreno y versionaron muchas piezas históricas dentro del blues, pero con toda seguridad una de las más celebradas, una magnífica adaptación del *Big Road Blues* de Tommy Johnson de 1928, que ellos renombraron como *On the Road Again* y que grabaron para su segundo álbum *Boogie with Canned Heat,* puesto en circulación en la primavera de 1968.

No es desdeñable lo que muchos periodistas e historiadores del blues han comentado en el sentido de que *Dark Road* de Floyd Jones fue otra influencia fundamental en la elaboración de este cover y que, de hecho, este tema de Canned Heat bien se puede considerar una mezcla del clásico de Tommy Johnson y de esta misma canción, indudablemente con pinceladas psicodélicas y orientales para acomodarla al estándar de la época.

Recordaba en su libro autobiográfico *Living the Blues* Fito de la Parra, batería de Canned Heat, que entró en la banda justo cuando se grabó esta versión, lo siguiente: «Era más o menos mediados de junio de 1968, y estábamos en nuestro local ensayando temas para lo que sería posteriormente nuestro tercer álbum de estudio. De pronto, entraron excitadísimos y eufóricos nuestros managers, Skip y John, y nos dijeron: "Chicos, ¡tenéis un nº 1 en la radio! ¡No, lo digo en serio, *On the Road Again* pego muy fuerte en Texas! Un discjockey de una emisora de por allí la emitió y no dejaron de lloverle peticiones y peticiones para que la pinchara una y otra vez. Es nº 1 en Texas y está creciendo como la espuma en todo el país". Poco tiempo después fue también nº 1 no solamente en los Estados Unidos, sino en muchos países de Europa, como Alemania, Suiza, Austria, Bélgica, Francia e Inglaterra».

JACK WHITE Y SU ÓBITO EPISTOLAR

No es un secreto para nadie que Jack White es un gran fanático del blues y que este género siempre tuvo una obvia y notable influencia en muchas de las canciones de The White Stripes. En su segundo álbum de 2000, *De Stijl,* Jack y Meg versionaron *Death Letter*, de Son House, una oscura historia de un tipo que descubre que su novia está muerta. *«Recibí una carta esta mañana / ¿Qué crees que decía? / Decía que la chica que amas está muerta».* Jack White toca una guitarra *slide* muy buena en la versión, cabe destacar.

Casi un siglo entero separa el nacimiento de Son House, el titán del delta del Misisipi que fue mentor de Muddy Waters y Robert Johnson, del lanzamiento de la electrizante reinterpretación de su canción más poderosa y conmovedora que la presentó (y a él) a una generación que aún no había nacido cuando murió. Para ser precisos, transcurrieron 98 años entre la llegada al mundo de Son House cerca de Clarksdale en 1902 y el lanzamiento de la versión punk blues del dúo de Detroit The White Stripes de su mítico *Death Letter* como parte de su mencionado segundo álbum *De Stijl* en 2000.

Tal y como se dice en el título de este libro, la historia de *Death Letter* muy pocas veces ha sido narrada en las historias del blues que podríamos considerar más convencionales, sobre todo la de su autor. ¿Les apetece conocerla un poco más en profundidad?

Venga, va. En mayo de 1930, Charlie Patton condujo hasta Los Ángeles desde su base en el delta para una sesión de grabación maratoniana de canciones de blues que le fue encargada por Paramount Records. Con él estaban su amigo

Willie Brown —sí, el mismo Willie Brown mencionado por Robert Johnson en *Crossroads*—, su novia pianista Louise Johnson y un exconvicto alto y delgado llamado Eddie House, más conocido como «Son». La leyenda dice que se puso ese sobrenombre —*son* en castellano es «hijo»— precisamente porque nunca conoció a su padre.

Son House había empezado a tocar la guitarra unos años antes, y había vuelto al mundo de la música poco después de cumplir dos años de lo que originalmente había sido una sentencia de 15 años en la penitenciaría estatal de Parchman Farm por disparar a un hombre en una pelea en un bar. La situación se complicó un poco por una creciente atracción entre Son House y Louise Johnson, pero aun así fue impresionantemente productiva: Brown y Johnson grabaron dos canciones cada uno, Patton cuatro y el propio Son nada menos que siete: seis de las cuales se publicaron como sencillos y la séptima —una versión de *Walkin' Blues*— permaneció sin escucharse durante décadas.

El sencillo que salió al mercado de aquellas sesiones de grabación fue *My Black Mama*, dividida en dos partes. La canción en sí nunca llegó a ser un gran éxito comercial, pero prácticamente todos los versos y frases de este tema aparecen en composiciones posteriores de otros artistas: *Oh Pretty Woman* de Albert King, *Burnin' Hell* de John Lee Hooker y *Milk Cow Blues* de Kokomo Arnold. Esta última fue posteriormente adaptada por Robert Johnson, Elvis Presley y los Kinks, por nombrar solo tres de los más conocidos. Y, por supuesto, el riff de guitarra *slide* de Son fue reciclado sin cesar por Robert Johnson y Muddy Waters.

Son House recibió la exigua suma de 40 dólares por participar en unas grabaciones que con el tiempo se convertirían en legendarias, en especial para los coleccionistas que pagarían auténticas fortunas por hacerse con ellas. Nuestro hombre no tuvo más remedio que volver a tocar en los locales de mala muerte del delta, conduciendo un tractor y oscilando entre la vida del blues y la iglesia que había criticado con tanto desprecio en *Preachin' the Blues*. Doce años más tarde,

Alan Lomax recorrió el sur en una de sus legendarias búsquedas de tesoros musicales y grabó a Son en su casa por encargo de la Biblioteca del Congreso, con una banda de cuerdas en la que aparecía Willie Brown, y de nuevo al año siguiente, esta vez en solitario.

Jack White.

Salvo unos pocos *shows* locales con Brown hasta la muerte de este último en 1957, después de lo cual Son se retiró, aparentemente para siempre, fue todo lo que Son House pudo hacer en su carrera musical hasta 1964, cuando un grupo de coleccionistas de blues liderados por Dick Waterman le localizó en Rochester, Nueva York, donde trabajaba como mozo de estación y cocinero de un restaurante de barbacoas. El resurgimiento del folk estaba en su apogeo en los Festivales de Newport, Bob Dylan y Joan Báez acaparaban la atracción mediática y todo ello traía consigo un renovado interés en los *bluesmen* míticos pero apenas conocidos del delta como Skip James y el propio Son House. John Hammond, contrató a Son para Columbia y lo llevó a Nueva York para grabar un álbum, publicado al año siguiente como *Father of the Delta Blues*, un título al que tenía más derecho que cualquier hombre vivo.

Ahora bien: Son House no había actuado durante años. No tenía copias de los discos que había hecho 35 años antes y probablemente no los había vuelto a escuchar desde que los grabó. De hecho, apenas podía recordar sus viejas canciones. Afortunadamente, había un hombre que podía hacerlo: un joven coleccionista y músico llamado Alan Wilson, que pronto se convertiría en el líder de Canned Heat. Wilson no solo tenía todos los discos de Son House, sino que los había analizado hasta el último trazo de *slide* y se los había aprendido todos de memoria. Así que, con paciencia, le enseñó a Son toda su antigua música y se sentó a su lado durante las sesiones, entrenándolo y, ocasionalmente, acompañándolo con la armónica y la segunda guitarra. El álbum resultante fue un triunfo y su huella perduró durante décadas, como prueba la formidable versión de este *Death Letter* que hicieron The White Stripes.

EL ASESINATO MÁS CÉLEBRE DE LA HISTORIA DEL BLUES

El crimen en todas sus diversas manifestaciones ha inspirado en la cultura popular muchas canciones a lo largo de los años, aunque la mayoría de las veces, las historias en torno a las cuales giran dichas canciones poco o nada tienen que ver con la realidad. Johnny Cash nunca disparó a un hombre en Reno y los eventos relatados en canciones de historias tan famosas como *El Paso* y *I Shot the Sheriff* nunca sucedieron en realidad. Sin embargo, no se puede decir lo mismo de *Stagger Lee,* una canción que, si bien se ha alejado un poco de los hechos a lo largo de sus muchas vidas en los últimos

100 años, de hecho, se inspiró en un asesinato real que tuvo lugar a última hora de la noche del 24 de diciembre de 1895, en un bar de San Luis, Misuri.

Aquella noche se produjo un tiroteo en un bar del norte de San Luis que estaba destinado a ocupar un lugar destacado y permanente en la tradición oral estadounidense. Los participantes fueron dos hombres negros, un peón llamado William «Billy» Lyons y un conductor de carruajes a tiempo parcial y proxeneta a tiempo completo llamado Lee Shelton. En el transcurso de una discusión, ambos hombres se enzarzaron en una violenta pelea que terminó cuando Lee Shelton disparó con su revolver a Lyons, que murió a consecuencia de aquel disparo a la mañana siguiente. Lee fue condenado a veinticinco años de prisión.

Estos son los detalles del caso, sobre los que se han acumulado innumerables cuentos populares, leyendas y mentiras descaradas, que finalmente dieron lugar a lo que se ha convertido en una de las baladas de asesinatos estadounidenses más populares, así como una de las canciones más adaptadas de la historia americana. *Stagger Lee*, también conocido como *Stagolee* o *Stackalee*, ha sido reinventado innumerables veces como canción de góspel, blues, rag, jazz, rock y folk, amén igualmente de ser la inspiración de una de las creaciones del famoso poeta James Baldwin, *Staggerlee Wonders* y es el tema del libro *Stagolee Shot Billy* de Cecil Brown.

En algún momento de su juventud, Lee Shelton había adquirido el apodo de «Stack» Lee, presumiblemente por un barco de vapor, el *Stack Lee*, que entonces navegaba por el río Misisipi. Era dueño de uno de los locales nocturnos más conocidos de Tenderloin, el Modern Horseshoe Club, y presumiblemente utilizaba su trabajo como conductor de carruajes para dirigir a los visitantes blancos que salían de la estación Southern Railroad de Canal Street a su club nocturno, a los burdeles locales o directamente a las chicas cuyas actividades supervisaba personalmente.

Lee pertenecía a un grupo de proxenetas conocidos como *macks*. Se destacaban por su estilo provocador y su ropa llamativa, lo que hace algunos años aquí habríamos definido como unos macarras. Según Cecil Brown, no faltaban oportunidades para encontrar compañía femenina a buen precio en la parte de la ciudad de Lee Shelton. Era un notorio distrito de prostitución, conocido como Deep Morgan, en el que florecía el juego y abundaba la prostitución, así como numerosos clubes de música, especialmente de jazz.

Con la creciente oleada de inmigración de negros pobres del sur en las décadas posteriores a la guerra Civil, los sectores negros de la ciudad rápidamente comenzaron a desbordarse. En la década de 1890, el 85 por ciento de la población negra de la ciudad ocupaba solo el 2 por ciento de su espacio. No es sorprendente que la segregación estuviera viva y coleando, tanto en los hoteles como en los teatros, iglesias y escuelas. En pocos años, la ciudad aprobaría un referéndum que prohibía a los negros vivir en bloques que estuvieran como mínimo en un 75 por ciento habitados por blancos.

Sin embargo, para hombres como Stack Lee Shelton, el negocio estaba en auge. Además de sus propiedades en Deep Morgan, Lee ocupaba una impresionante casa de ladrillos en el 911 de North Twelfth Street, situada en un barrio más exclusivo. Esto no le impidió construir «cunas» en la parte trasera de su casa, donde algunas de sus chicas hacían negocios bajo su atenta mirada.

Al mismo tiempo que seguía las exigencias de su profesión, Lee también era presidente de un organismo social conocido como el Four Hundred Club, que además de ser un círculo «deportivo», apoyaba firmemente al Partido Demócrata de la ciudad. El Four Hundred Club se presentaba en el tono moral más estricto y profesaba promover «la cultura moral y física de los jóvenes de color» y evitar todos los actos de violencia.

Bajo el titular «Disparado en casa de Curtis», la historia que apareció en la edición del día siguiente del *St. Louis Daily Globe-Democrat* comenzaba así: «William Lyons, de 25 años, de color, miembro de la Guardia Civil… recibió un disparo en el abdomen ayer por la noche a las 10 en el salón de Bill

Curtis… por parte de Lee Shelton, también de color». Según el relato del *Globe-Democrat*, Billy Lyons y «Stag» Lee Shelton «habían estado bebiendo y estaban de un humor exultante, cuando estalló una discusión sobre problemas políticos y Lyons le arrancó el sombrero a Sheldon de la cabeza en el fragor de la discusión». Aunque las versiones musicales posteriores de esta historia describirían el incidente como una disputa en el transcurso de una partida de póker, conservarían el detalle clave del sombrero de «Stag» Lee Shelton y de su reacción realista al perderlo: «Shelton sacó su revólver y disparó a Lyons en el abdomen. Cuando su víctima cayó al suelo, Shelton cogió su sombrero de la mano del hombre herido y se alejó tranquilamente».

Las más famosas interpretaciones musicales de esta historia fueron *Stack O' Lee Blues* de Mississippi John Hurt de 1928 y *Stagger Lee* de 1959, un inesperado éxito pop con el que Lloyd Price llegó al nº 1. Sin embargo, también han aparecido versiones de la historia en canciones de artistas tan diversos como Duke Ellington, Woody Guthrie, Bob Dylan, Pete Seeger, James Brown, Ike & Tina Turner, Grateful Dead, The Clash, Amy Winehouse y Nick Cave entre otros.

Existe aun así consenso generalizado acerca de que la versión de 1928 de Mississippi John Hurt (*Stack O' Lee*) la que realmente unió todos los elementos que dieron forma a aquel suceso. The Black Keys hicieron su versión en el álbum *Rubber Factory* de 2004 como *Stack Shot Billy*, y es una versión de blues rock excelente cuya historia también merece ser contada desde una óptica distinta a como se ha contado habitualmente. The Black Keys hicieron una reinterpretación moderna del mito de Stagger Lee que conserva los temas centrales de la violencia y la traición, al tiempo que los presenta en un contexto de rock contemporáneo.

Dan Auerbach señaló al ser preguntado sobre este tema: «Tenía la versión de Mississippi John Hurt y un montón de versiones de otros músicos, pero pensé: "Todos estos tipos escribieron sus propias versiones de esta canción. ¿Por qué no podía hacer yo la mía?"».

Musicalmente, *Stack Shot Billy* presenta el sonido característico de The Black Keys, caracterizado por riffs de guitarra ásperos y crudos y una base de ritmo muy densa, lo cual realza la intensidad de la historia. La combinación de elementos de blues y rock enfatizó las raíces de la canción en las tradiciones musicales estadounidenses y, al mismo tiempo, la hizo accesible a una audiencia más joven.

¿Se han quedado con la curiosidad de saber qué pasó con Lee Shelton? Bien, fue arrestado, procesado y después de dos juicios, sentenciado a veinticinco años de cárcel en la Penitenciaría Estatal de Misuri. Sin embargo, prácticamente todas las distintas versiones de la canción muestran a Stagger Lee ejecutado por su crimen, aunque en realidad, fue puesto en libertad condicional en 1909. Sin embargo, se encontró nuevamente en problemas solo dos años después y esta vez no habría libertad condicional; Stack Lee murió de tuberculosis en el hospital de la penitenciaría a principios de 1912.

Las versiones populares son mucho más dramáticas. En varias variaciones, incluso la muerte en sí no es el final para Stagger Lee. Al intentar entrar al cielo, es rechazado en sus puertas por san Pedro: *«Stagger Lee fue al cielo / y allí conoció a san Pedro / que le dijo: date la vuelta y vete al infierno / ¡Aquí no se admiten jugadores!»*.

No resulta fácil de entender por qué el oscuro asesinato de un trabajador negro de clase baja en un tugurio de mala muerte alcanzaría una notoriedad de tan largo alcance, mientras que las canciones sobre asesinatos igualmente sórdidos como *Ella Speed* y *Duncan and Brady* quedarían condenadas al olvido. *Stagger Lee* se difundió con una velocidad extraordinaria, muy poco después del asesinato real. Pronto, los trabajadores, los convictos condenados en todo el sur, los cantantes callejeros y de tabernas e incluso los niños de las escuelas segregadas empezaron a cantarla en diversas formas, hasta que la versión musical y mítica de *Stack Lee* suplantó al propio autor. Stagger Lee se convirtió en un icono para generaciones que vieron en este personaje popular un desafío a la autoridad, un ejemplo de rebeldía, de orgullo de sí mismos y de fortaleza frente a la adversidad.

Stones in my Passway es una de las míticas piezas que Robert Johnson grabó en 1937 y que no es probablemente de las más conocidas. Tal vez por ese motivo John Mellencamp quiso incorporarla a su disco-homenaje a sus raíces musicales folk y blues de 2003, *Trouble no More*, en el que, por cierto, también grabo *Death Letter* de Son House. ¿Recuerdan algunas páginas atrás?

El periodista y musicólogo Greil Marcus describió *Stones in my Passway* como una «canción de un hombre que una vez pidió poder sobre otras almas, pero que ahora testifica que ha perdido el poder sobre su propio cuerpo y que bien podría ver ese desastre como una apropiada metáfora de la pérdida de su alma».

Todo indica que a pesar de que esta canción sería con el tiempo de las más valoradas de ese álbum y le proporcionó a John Mellencamp una renovada popularidad y prestigio, no estaba en sus planes una versión de esta pieza de Robert Johnson para su próximo disco, en el que ya había empezado a trabajar en el verano de 2002. En octubre de ese año, Mellencamp tocó esta canción en dos conciertos benéficos para su amigo Timothy White, el subdirector de la revista *Billboard*, quien murió de un ataque cardíaco meses antes. Los ejecutivos de Columbia Records, que estaban presentes en estos *shows*, quedaron tan impresionados con las interpretaciones en vivo de Mellencamp de *Stones in my Passway* que le convencieron de grabar un álbum de canciones americanas clásicas, que finalmente se convirtió en *Trouble no More*.

El álbum fue una colección de versiones de folk y blues grabadas rápidamente originalmente por artistas como los mencionados Robert Johnson y Son House, Lucinda Williams y Hoagy Carmichael. *Trouble no More* se lanzó en 2003, dedicado al amigo de Mellencamp, Timothy White, y pasó varias semanas en el número uno de las listas de álbumes de blues de Billboard.

«Aunque la había escuchado varias veces y me gustaba, nunca imaginé las posibilidades que esta canción tenía antes de coger la guitarra y empezar a tocarla. Todo Robert Johnson es magia, magia blanca o negra según el estado de ánimo, te engancha como muy pocos artistas, pero en concreto esta canción siempre me transmitió no la melancolía, sino la rabia que un hombre siente cuando es consciente de que se acerca el final de su vida. Es emoción pura. De esas canciones que te araña el pecho por dentro», declaró sobre este tema John Mellencamp a *Spin* en 2003.

LA INYECCIÓN DEL VENENO: GRANDES CANCIONES DE BLUES DE ARTISTAS QUE NO SON PRINCIPALMENTE DEVOTOS DEL BLUES

«Yo conocí el blues clásico, el de la raíz más hundida en Chicago o en el delta del Misisipi relativamente tarde, cuando ya tenía 17 o 18 años, y fue a través de Cream y Jimi Hendrix. Pero mis referentes a esa edad eran ya Paul Rodgers y Robert Plant que, aunque también venían del blues, ya incorporaban un estilo propio, una forma de cantar que mantenía esa esencia pero que a mí me llevaban a tratar de expresarme como cantante con esa fuerza y esa energía. La emoción, la garra, el sentimiento más profundo para mí en cambio vino de Howlin' Wolf y Muddy Waters. Vino del blues más profundo y enraizado en el dolor de los esclavos y esclavas negras cuyo canto era un quejido, un grito de dolor, una protesta contra la vida que se veían obligados a vivir».

David Coverdale, cantante de Whitesnake, declaraciones a la revista británica Kerrang!, *diciembre de 1982.*

Es lógico suponer que al igual que muchísimos artistas de los más diferentes ámbitos musicales, principalmente el rock, hicieron suyo el blues como una influencia fundamental, como un referente, como un elemento que reforzaba su mensaje y su idea de transmitir, de comunicar algo que les quemaba en el pecho, esos mismos artistas intentaran aprehender lo que el blues tenía de potencia en ese mensaje, de capacidad para entrar en el corazón de la gente que lo escuchaba y lo incorporasen a su música con la idea de llegar más lejos, de hacer más creíble su mensaje al público que lo escuchaba.

Y esto, obviamente sucedió. En muchos casos, con poca fortuna, todo hay que decirlo, porque el blues es algo que no se puede interpretar con convicción si no se siente, si no hiere, si no despierta emociones que conmueven y conmocionan. Dicho de otra forma: Se puede comunicar, transmitir, compartir y vivir ese sentimiento tan especial que el blues puede hacer llegar a quienes lo escuchan si se siente, se suda, se sangra, se disfruta, se sufre, se llora, se ríe, se canta o, en definitiva, se vive desde lo más profundo de las entrañas. Si no es así, se puede interpretar incluso técnicamente de manera brillante, pero… si no contagia ni transmite emociones, no es más que música agradable como fondo para tomar una copa. En este caso, obviamente voy a referirme a los músicos que, sin pertenecer al mundo del blues, sí tuvieron al menos en algún momento determinado de sus carreras esa chispa de genialidad, de inspiración o de magia que les permitió que el blues potenciara al máximo su capacidad de llegar al corazón de sus fans.

EL MAESTRO JUDÍO DEL FOLK ABRIENDO LAS PUERTAS DEL CIELO (MUCHO ANTES DE 1973)

Voy a hacerles una confesión: aunque tenía en la cabeza la idea dedicar un espacio en este libro a los músicos que sin venir estrictamente del mundo del blues, sí habían hecho, deliberadamente o no, canciones o discos que llevaban más allá a través de sus versiones o de sus propias composiciones el blues como estilo, como género musical, como lenguaje o como actitud, este llamémosle si se quiere intento de llevar el blues a su terreno, en muchas ocasiones —todo hay que decirlo: la mayoría— el intento se quedó en eso, en una intentona bienintencionada pero fallida, si bien hay que decir que en otros no solamente fue un éxito sino que se puede decir que marcó tendencia. Sin embargo, hubo excepciones notables. La primera la del primer premio Nobel de literatura que llegó a esa categoría desde el mundo del rock, el folk y la canción de autor: Bob Dylan.

Hagan la prueba: escuchen uno de sus más celebrados clásicos, *Highway 61 Revisited* y descubran, como hice yo una vez que aún a pesar de haberla escuchado miles de veces antes, la volví a disfrutar mientras sintonizaba la KLOS 95.5 Radio de Los Ángeles por internet —justamente una noche de jueves en la que estaba escribiendo este libro— y la redescubrí en esta nueva dimensión de estándar de blues. Más allá de la letra, por supuesto, que de nuevo nos lleva a la vieja historia de Clarksdale, Johnny Winter hizo una versión de la canción. Y luego vi a Dylan en directo en Madrid pocos meses después y percibí a la perfección la esencia blues que desprendía su banda al tocar en directo *Highway 61 Revisited.*

Imagino que nadie que esté leyendo este libro y sea seguidor de Bob Dylan se extrañará. Bob Dylan, aun siendo un revolucionario en el fondo y en la forma de la música popular contemporánea del siglo XX, sin duda venía de un bagaje musical en el cual, por supuesto, el blues no era su influencia fundamental, pero sí está presente en la inspiración de muchas de sus composiciones, en especial en sus letras y en la asimilación a su lenguaje, a su prosa, a su música, de la esencia rebelde y contestataria del blues más primigenio y más enraizado en el espíritu de protesta del blues en sus primeros años.

Esa influencia con más o menos matices, se va a mostrar a lo largo de toda su carrera, y en este caso a modo de cierre del círculo, me quiero detener en su último trabajo de 2020, *Rough and Rowdy Ways.* Al igual que los Rolling Stones hicieron un sentido, sincero y admirable homenaje a sus raíces blues versionando en su último disco *Hackney Diamonds* el *Rolling Stone Blues* de Muddy Waters, Dylan hizo lo propio en ese álbum de manera más difuminada pero inspiradora, si se quiere, en su himno sociológico/poético-generacional *I*

Contain Multitudes, un poema-blues recitado que es toda una enciclopedia de la historia de la América contemporánea, con referencias brillantísimas a William Blake, los hermanos Kennedy, Walt Whitman, los Rolling Stones o Indiana Jones. De igual manera que hizo con esa maravillosa pieza llamada *Goodbye Jimmy Reed*, su sentido homenaje a su particular maestro del blues, Jimmy Reed, otro de esos genios del blues no siempre reivindicados en la medida que se merecen.

CANCIONES DE CÁRCEL, LLUVIA, DESAMOR Y DESPEDIDAS: EL BLUES COMO HILO CONDUCTOR DE VARIAS GENERACIONES Y LENGUAJES

Pero esta aproximación y esta asimilación del blues más allá de su rol como influencia a la hora de mostrar un camino a los grandes músicos no se circunscriben a grandes del rock como Bob Dylan con independencia de que este pueda ser el más paradigmático. Muy probablemente en grupos y artistas mucho menos conocidos encontremos ejemplos tan significativos como atractivos de la huella que el blues ha dejado en muchas de sus canciones. Sin perjuicio de que, por ejemplo, una banda como The Kinks llevó a ese terreno tan personal que cultivaron musicalmente y en el que se daban la mano el pop, el rock y el blues, un lenguaje musical que les permitió hacer piezas de blues tan originales y talentosas como *Gallon of Gas*.

Los apenas conocidos Roomful Of Blues —una excelente formación cuyos inicios se remontan a mediados de la década de los 60 del siglo XX, pionera en la fusión de jazz, blues y swing— de los que se enamoró en su día Pat Benatar y con los que grabó en su día su álbum *True Love*, en el que sin duda tuvo mucho que ver el marido de Pat, el conocido guitarrista de blues Neil Giraldo. Su versión de *Paying the Cost to Be the Boss*, de B. B. King. Merece entrar por derecho propio en los anales de la historia.

En otro contexto, inevitable mencionar a Johnny Cash, quien aunque siempre se movió en un muy personal ámbito de country oscuro y marginal, su *Folsom Prison Blues* suena cuando la toca, sin lugar a dudas, como una pieza puramente country, pero sigue la progresión clásica de acordes del blues. Sin hablar de una de las famosas de sus estrofas que, aunque esté en un contexto country, es blues en su máxima y más cruda expresión: «*Le disparé a un hombre en Reno / solo para verle morir*».

Rich Robinson, guitarrista, fundador y compositor principal de The Black Crowes.

Pero volvamos a momentos más contemporáneos. Tal y como se decía textualmente en su discurso de introducción en el Rock'n'roll Hall Of Fame, «con un estilo confiado y un sonido audaz, los Black Crowes encarnaron la unión del hard rock, el Texas blues y el southern rock en los años 90 para ofrecer un rock'n'roll crudo, alegre y de espíritu libre. Desde el momento en que llegaron por primera vez a la escena ganaron popularidad tanto entre los críticos y como entre los seguidores del rock por igual, lo que los convirtió en una de las bandas más queridas de todos los tiempos».

No cabe discusión. Su estilo de rock clásico pero heterogéneo, capaz de asimilar, absorber y adaptar a su lenguaje musical numerosas influencias, siempre tuvo en el blues una abundante fuente de inspiración, especialmente notables en sus dos primeros discos, *Shake your Money Maker* y *The Southern Harmony & Musical Companion*. Al primero de ellos, que fue certificado cinco veces disco de platino entre 1990 y 1991, pertenecen joyas de pura inspiración blues como *Sister Luck* o *Seeing Things*, mientras que al segundo, *Thorn in my Pride, Bad Luck Blue Eyes Goodbye, Black Moon Creepin'* y *Time Will Tell*.

A lo largo de tres décadas, incluidos cambios de formación, dos prolongadas pausas y diez álbumes de estudio en total, los Black Crowes continúan aportando una pasión totalmente comprometida a todo lo que hacen. Su longevidad y excelencia musical se ejemplifican de manera clara y concluyente con su nominación al Grammy para el Mejor Álbum de Rock 2025 por su último disco *Happiness Bastards*, el primer lanzamiento de la banda en 14 años. A través de su embriagador sentido de la espontaneidad y su radical honestidad, los Black Crowes han creado un rock'n'roll clásico que se ha mantenido fuerte durante décadas y continuará en el futuro. Y en ello, no lo duden, el blues ha jugado, juega y jugará un papel fundamental.

Herederos directos, aunque pertenecientes ya a otra generación, son una de las bandas más inmensas a nivel musical del rock clásico americano contemporáneo como los georgianos Blackberry Smoke. Es una formación que pese a su ya larga trayectoria aún no ha dado el salto a lo que denominamos *mainstream* en el mundo del rock, pero cuyo prestigio, trayectoria e influencia en el rock actual es innegable y de nuevo, el blues tiene una presencia clave en su estilo y su personalidad musical.

Tal vez sea necesario en este sentido hacer mención a los orígenes de este rock entre el retro y el americana en el que se manifiesta tan abiertamente la huella del blues como género y como referente fundamental. Lo que convencionalmente denominamos Southern rock es un estilo que nace a partir de la fusión del country, el blues y el rock'n'roll en el sur de los Estados Unidos entre finales de los años 60 y comienzos de los 70, con un componente a nivel de sonido que se va a caracterizar por una presencia fundamental de guitarras muy fuertes, muy distorsionadas y muy en primer plano, en una sonoridad análoga a la que en otros estilos caracterizan a MC5, Grand Funk Railroad o Led Zeppelin.

Blackberry Smoke en directo, 2021.

The Allman Brothers Band, Lynyrd Skynyrd, Marshall Tucker Band, Atlanta Rhythm Section, Wet Willie, Outlaws, Blackfoot o la Charlie Daniels Band pueden considerarse los grupos más característicos de este género, que tuvo su epicentro, como lo tuvo el blues clásico en los estudios de la Chess Records en la 2120 de la South Michigan Avenue de Chicago, el Southern rock lo encontró en los Capricorn Sound Studios de Macon, Georgia. Fundados por Phil Walden y Jerry Wexler, llegó a ser uno de los principales lugares de grabación del sur y generaron la formación de un sello discográfico, Capricorn Records que publicó varios álbumes en sus años de apogeo en la década de los 70. No es casualidad por tanto que los actuales abanderaos del Southern rock, Blackberry Smoke, grabasen allí, una vez que se reabrieron y rehabilitaron su EP en directo *Live From Capricorn Sound Studios* en 2020, el disco que mejor les define como banda de Southern rock, pero empapados tanto de blues de Chicago como del delta.

Basten dos piezas de este trabajo para poner de relieve esa conexión tan particular de Blackberry Smoke con el blues llevado al rock sureño. Su versión de *Midnight Rider*, de los Allman Brothers, además de estar maravillosamente envenenada de blues, guarda una conexión especial con los Capricorn Sound Studios, ya que Gregg Allman irrumpió en el estudio para grabar la demo original de la canción. Para añadir más conexión con los Allman, el cantante principal Charlie Starr toca la icónica guitarra Goldtop Les Paul de Duane Allman en esta nueva versión de la banda. *Take the Highway*, una de las mejores canciones de todos los tiempos de la Marshall Tucker Band, también llena de esa esencia blues, cuenta con la intervención del multiinstrumentista Marcus James Henderson de la actual MTB, que reemplazó a Jerry Eubanks en la grabación original.

Más allá de su excelente versión de *I Got the Blues*, de los Rolling Stones, para su álbum de versiones *Stoned*, esta banda, que revolucionó el rock sureño contemporáneo de las dos últimas décadas, dentro de su estilo nos ha regalado piezas de blues tan valiosas como *Ain't Got the Blues,* de su álbum *The Whirlpoolwill, Sunrise in Texas,* de *Like An Arrow, Lord Strike me Dead,* de *Find A Light* y, más recientemente, *Watcha Know Good,* de su último trabajo *Be Right Here.*

Siempre recordaré, sin ánimo de pretenciosidad ni de colgarme medallas, pero sí de poner en valor el cierto olfato que años y años de profesión periodística otorgan, en especial cuando se tienen siempre los oídos bien abiertos y la antena conectada, que a través de mi programa de radio en www.mariskalrock.com, *Rock Star,* fui el primer DJ que pinché en España a los hoy afamados Greta Van Fleet, una de las grandes esperanzas de lo que se denomina Retro rock, banda muy joven pero ya abiertamente consagrada a nivel internacional y que si bien es cierto, parece haber cortado su progresión merced al descenso de inspiración y calidad de sus últimas producciones, en 2018 pareció protagonizar una verdadera revolución con su álbum *Anthem of the Peaceful Army,* en el cual se contenían canciones de pura esencia blues como *Mountain of the Soul, Anthem* o *Brave New World,* con independencia de que su tratamiento estuviera más cerca de Led Zeppelin que de Robert Johnson o de que la influencia de la psicodelia y las sonoridades más características de los años 60 también formase parte del bagaje musical de estas canciones.

HABITANDO LA CASA DEL BLUES Y HACIENDO TRIBUTO DE ADMIRACIÓN A LOS MAESTROS

Es ya una de las instituciones más conocidas y reputadas de la escena musical en América. House of Blues, la conocida cadena estadounidense de salas de conciertos y restaurantes de música en vivo, fundada por Isaac Tigrett, cofundador de Hard Rock Cafe y Dan Aykroyd, el famoso escritor, cómico, guionista y actor de cine canadiense coprotagonista del clásico del cine musical más contemporáneo *Granujas a todo ritmo,* dirigida por John Landis.

Su primer local abrió en Harvard Square en Cambridge, Massachusetts, el 26 de noviembre de 1992. El éxito que consiguió en muy poco tiempo tanto por su programación de conciertos como por su calidad como restaurante y bar hizo que entrasen en su accionariado desde los miembros de Aerosmith a la Universidad de Harvard pasando por River Phoenix y John Belushi, así como la multinacional del espectáculo *Live Nation* algunos años más tarde. De hecho en 1993 House of Blues lanzó una organización sin ánimo de lucro llamada International House of Blues Music Forward Foundation, que con la colaboración de la universidad puso en marcha programas de enseñanzas artísticas, un fondo de recursos musicales e incluso el acceso a instrumentos musicales para jóvenes con pocos recursos que en los últimos 20 años ha logrado generar más de 20 millones de dólares para la financiación y la expansión tanto de este como de otros programas similares que ha promovido en todo el país.

Un año más tarde lanzó el programa de radio *The House of Blues Radio Hour* en asociación con la CBS Radio Hour. El programa fue presentado hasta su retirada en 2017 de la parrilla por el propio Dan Aykroyd en el personaje de Elwood Blues, como en la película de *Granujas a todo ritmo,* y se centró en la historia de la música blues y los artistas contemporáneos más destacados del blues actual. Además de haber abierto toda una cadena de locales House of Blues por todo el país y las actividades antes mencionadas, también creó un sello discográfico cuya labor de difusión del blues fue excelente, a pesar de que apenas fuera conocida en Europa y, por tanto, no adquiriese gran repercusión. Para reparar esta injusticia histórica, relatamos aquí ese trabajo que hizo The House of Blues Records en su colección de recopilatorios homenaje a las grandes figuras del blues y del rock.

Dentro de la colección *Ain't No Tribute,* la compañía editó seis magníficos discos recopilatorios entre 1999 y 2002. El primero de ellos fue *Paint it Blue: Songs of the Rolling Stones* y en él descubrimos entre lo más granado de su repertorio a Junior

Wells tocando *(I Can't Get No) Satisfaction*, a Taj Mahal versionando una originalísima adaptación de *Honky Tonk Woman* y a los Holmes Brothers haciendo *Beast of Burden*, Clarence «Gatemouth» Brown dando su toque al mítico *Ventilator Blues* de *Exile On Main Street* y Bobby Womack regalándonos *It's All Over Now.*

Entrada a la sede de la House Of Blues, Nueva Orleans, Louisiana.

Blues Power: Songs of Eric Clapton contaba con figuras del blues como Koko Taylor (*Blues Power*), Buddy Guy (*Strange Brew*), Bo Diddley (*Before you Accuse me*) y Otis Rush (*Old Love*). Joe Louis Walker y Pinetop Perkins también dejan su huella en temas de «mano lenta» como *Roll it Over* y *Too Bad* entre lo mejor de este tributo.

Por su parte, *Whole Lotta Blues: Songs of Led Zeppelin* dedica un excelente elenco de versiones a la banda pionera del heavy metal que hizo carrera tocando blues a un volumen ensordecedor incluso ya en el primer álbum homónimo de la banda, que ya incluía dos versiones de Willie Dixon: *You Shook me* y *I Can't Quit you Baby*, aunque esta no entrase en el álbum. Ahora, las tornas han cambiado. *Whole Lotta Blues* destaca a Alvin «Youngblood» Hart cantando *Heartbreaker*, James Cotton y Billy Branch están formidables en la versión de Magic Slim de *When the Levee Breaks* y la colaboración de Eric Gales y Derek Tricks haciendo *Custard Pie*.

Blues Down Deep: Songs of Janis Joplin, el homenaje a la diosa blanca del blues de la House of Blues Records, nos regala maravillas como Etta James versionando *Ball and Chain* o Lynne Jordan en *Turtle Blues* junto a Koko Taylor recreando *Get it While you Can*, Otis Clay en *Piece of my Heart* y Cathy Richardson con Sugar Blue haciendo *Try (Just a Little Bit Harder)*, además de Syl Johnson con su versión de *Me and Bobby McGee*.

Finalmente, las canciones de Dylan nunca sonaron mejor, excepto quizá la versión de Jimi Hendrix de *All Along the Watchtower* que en *Tangled Up in Blues: Songs of Bob Dylan*. Mavis Staples se atreve con *Gotta Serve Somebody* e Isaac Hayes canta con auténtico sentimiento *Lay Lady Lay*, mientras que Leon Russell se recrea con *Watching the River Flow* y John Hammond se supera a sí mismo con si versión de *I'll Be your Baby Tonight*.

Los álbumes tributo suelen ser una mezcla de todo tipo de temas. Algunos se toman con seriedad, rigor y respeto, como *The Blackest Album: A Tribute to Metallica*, otros con un toque exagerado y demasiado heterogéneo, como *Kiss my Ass: A Tribute to Kiss* y otros que nunca deberían haberse hecho y que no mencionaremos aquí. Pero los discos de esta colección de la House of Blues merecen realmente la pena.

El blues a caballo entre milenios: una mirada a la escena actual

El blues sufrió una caída comercial evidente durante la década de los 70 y aunque el género todavía era fuerte en términos creativos durante la década y muchos de sus nombres más reconocidos siguieron editando muy buenos discos y haciendo giras de cierto éxito abriendo nuevos mercados como Japón o América Latina, la creciente popularidad del rhythm and blues, el funk y el hard rock, combinada con el avance de las edades de los artistas de blues de la era moderna como Muddy Waters, Howlin' Wolf y John Lee Hooker, disminuyó la potencia comercial del género. Fue la llegada del guitarrista Stevie Ray Vaughan a principios de la década de 1980, como ya hemos señalado, lo que impulsó el renacimiento y el resurgimiento del blues contemporáneo, insufló nueva vida a las carreras de artistas establecidos y permitió a los músicos jóvenes la oportunidad de ganarse la vida y dejar su propia huella en el blues.

Desde los años 1980, ese resurgimiento del interés por el blues entre cierta parte de la población afroamericana, particularmente en Jackson, Misisipi y otras regiones del sur profundo se transmutó en el soul blues o el llamado Southern soul merced al éxito de discos como *Down Home Blues* (1982) de Z. Z. Hill y *The Blues Is Alright* (1984) de Little Milton, ambos de su sello independiente ubicado precisamente en Jackson. Entre los intérpretes afroamericanos contemporáneos que trabajan esta corriente del blues se encuentran Bobby Rush, Denise LaSalle, Sir Charles Jones, Bettye LaVette, Marvin

Sease, Peggy Scott-Adams, Mel Waiters, Clarence Carter, Dr. «Feelgood» Potts, O. B. Buchana, Ms. Jody, Shirley Brown y docenas de otros, que crearon entre los 80 y los 90 una escena renovada de un nuevo blues evolucionado.

Es el momento en el que comenzaron a distribuirse publicaciones en Estados Unidos especializadas en blues como *Living Blues* y *Blues Revue*, las grandes ciudades comenzaron a formar sociedades de blues, los festivales de blues al aire libre se volvieron más frecuentes y habituales y surgieron más clubes nocturnos y locales para conciertos de blues. A partir de los años 90 y en las primeras décadas del siglo XXI, la grabación multipista digital y otros avances tecnológicos y nuevas estrategias de marketing que incluyen la producción de videoclips han aumentado los costos y desafiado la espontaneidad y la improvisación que son un componente importante de la música blues.

En esta década tanto los veteranos como los nuevos intérpretes de blues exploraron una variedad de géneros musicales, como se puede ver, por ejemplo, en la amplia gama de nominados a los Blues Music Awards anuales, anteriormente llamados W. C. Handy Awards o de los Premios Grammy al Mejor Álbum de Blues Contemporáneo y Tradicional. Hasta que las plataformas de *streaming* y la música en internet coparon la oferta musical y transformaron radicalmente el mercado e incluso en la actualidad, aún existe una nutrida escena de sellos especializados que mantiene viva la producción del blues actual. La música blues contemporánea se ha nutrido de varios sellos discográficos como Alligator Records, Ruf Records, Severn Records, la nueva Chess Records (MCA), Delmark Records, NorthernBlues Music, Fat Possum Records y Vanguard Records (Artemis Records). Algunos sellos son famosos por redescubrir y remasterizar rarezas del blues como Arhoolie Records, Smithsonian Folkways Recordings —heredero de Folkways Records— y Yazoo Records (Shanachie Records). Gracias a estos sellos hemos podido conocer a alguno de los nuevos valores más relevantes del blues del siglo XXI.

Los 80 consagraron no solamente a Stevie Ray Vaughan sino que en 1986, el álbum *Strong Persuader* reveló a Robert Cray como una de las grandes nuevas revelaciones del blues contemporáneo. Este excepcional músico texano que creció en el noroeste, escuchó el góspel de los Five Blind Boys of Mississippi, el soul de Bobby Bland, la guitarra rock de Jimi Hendrix y las melodías de los Beatles, conformando con esas influencias su personal estilo. «En los primeros días de la banda, volvíamos a O.V. Wright y prestábamos atención a mis músicos de blues favoritos; Buddy Guy, Otis Rush, Albert King y, especialmente, Albert Collins», señaló en varias entrevistas.

Robert Cray en directo.

Desde el lanzamiento del debut del grupo en 1980, *Who's Been Talkin'*, la popularidad de la Robert Cray Band comenzó a extenderse por todo el país y a establecer una sólida cantidad de fans, muchos de ellos gente muy joven tanto blancos como afroamericanos y latinos, aunque entre los admiradores de Robert Cray también había otros músicos. «La primera vez que tocamos con Hooker fue en Montana. Estábamos abriendo el *set* y él tocaba en solitario», recuerda Cray. «Nunca le habíamos conocido antes, pero simplemente se subió al escenario y empezó a tocar con nosotros. Nos gustó mucho y después de eso nos hicimos amigos». Los dos siguientes lanzamientos del grupo, *Bad Influence* y *False Accusations* entraron en las listas de éxitos y llevaron el nuevo blues americano a unos niveles de popularidad que se mantendrían a lo largo de los años 90 y hasta la actualidad. Además de *Strong Persuader*, uno de los álbumes más a destacar de la carrera de Robert Cray es *Showdown!*, en el que pudo contar con la colaboración de Albert Collins y Johnny Clyde Copeland.

El guitarrista Lonnie Brooks forjó un estilo distintivo que a menudo se describe como «blues vudú», mezclando elementos de rhythm and blues, blues de Chicago, soul de Memphis y música cajún en una mezcla embriagadora. Brooks, uno de los intérpretes más populares de la escena del blues de Chicago, también sigue siendo muy solicitado en el circuito de festivales. Los dos hijos de Brooks, Wayne Baker Brooks y Ronnie Baker Brooks, son músicos a tiempo completo con sus propias bandas de blues y a menudo aparecen en el escenario con su padre. Los tres músicos también han actuado juntos como The Brooks Family.

Por su parte R. L. Burnside se ha ganado un importante lugar en la escena contemporánea como máximo representante del conocido como «blues de Mississippi Hill Country». Un estilo de blues estridente, rítmico y contundente en el que se pueden identificar claramente también influencias de Muddy Waters y John Lee Hooker y Mississippi Fred McDowell, por lo que su sonido de blues eléctrico está firmemente arraigado en el campo más que en la ciudad.

Incluso cuando el blues estaba siendo eclipsado por el crecimiento comercial del rhythm and blues y el funk y, más tarde, el atractivo de la música disco para las pistas de baile, Frank «Son» Seals, de quien ya hemos hablado anteriormente, siguió siendo fiel a su visión tradicional del blues y manteniendo viva la llama del género. Sus riffs de guitarra han fascinado siempre a los seguidores del blues rock clásico de los años 60, impulsados sobre todo por la guitarra. Un vocalista áspero y un intérprete crudo y electrizante, el arma de Seals siempre ha sido su dominio del poderoso riff de guitarra, que atraía a un público acostumbrado al blues-rock de los años 60.

Joe Bonamassa en una de sus siempre intensas actuaciones en vivo.

Nacido en Woodlake, California, en 1951, Robben Ford es otro nombre clave en la evolución del blues en las últimas décadas. Ford y sus hermanos Mark (armónica) y Patrick (batería) crearon una banda y la llamaron Charles Ford Blues Band en honor a su padre logrando muy pronto hacerse lo suficientemente populares como para que Charlie Musselwhite les eligiera como su banda de apoyo y teloneros en algunas giras. A partir de ese momento su carrera no dejó de crecer y en su currículum aparecen colaboraciones y proyectos con Jimmy Witherspoon, Tom Scott y L. A.

Express, Joni Mitchell e incluso Miles Davis, así como con George Harrison, Greg Allman e incluso los *meavymetaleros* americanos Kiss. Todo esto le llevó a ser nombrado uno de los «100 mejores guitarristas del siglo XX» por la revista *Musician* en 2000.

Si bien nombres como los de Gary Clark Jr., Carvin Jones, Walter Trout o el tristemente desaparecido Jeff Healey son nombres inexcusables a la hora de señalar los músicos de blues más relevantes de los últimos años, sin duda, el que más éxito, repercusión y prestigio ha logrado sin duda es Joe Bonamassa. Nacido en Hartfrod, Nueva York, en 1977, hijo de matrimonio propietario de una tienda de guitarras en su ciudad natal, desde su más tierna infancia tuvo clara cuál sería su vocación.

Considerado un niño prodigio de la guitarra, Bonamassa perfeccionaba los riffs de Stevie Ray Vaughan cuando tenía 7 años. A los 10, ya había captado la atención de B. B. King y Eric Clapton y, a los 12 años, Bonamassa era telonero de King y realizó giras con artistas como Buddy Guy, Foreigner, Robert Cray, Stephen Stills, Joe Cocker y Gregg Allman. Su carrera discográfica comenzó a principios de los años 90 con el grupo de rock blues Bloodline, aunque su debut en solitario llegaría en 2000 con un álbum titulado *A New Day Yesterday*.

«Escuché el material inglés antes de escuchar el blues estadounidense. Stevie Ray Vaughan fue más bien algo pasajero. Sí, lo escuché, pero ciertamente no fue mi principal influencia», dice Bonamassa hablando de sus referentes musicales. Artista de una extraordinaria capacidad de trabajo, edita una media de dos discos por año y en lo que se refiere a su actividad en directo, su promedio es de 200 *shows* al año en todo el mundo, agotando progresivamente las entradas en lugares cada vez más grandes. Sin lugar a dudas, un nombre fundamental en el blues actual y cuya carrera todavía tiene que darnos grandes discos tanto en directo como en estudio.

Si tuviéramos que hablar del desarrollo y evolución del blues en otros muchos lugares del mundo, obviamente tendríamos que dedicar tal cantidad de páginas a ese particular que sería ineludiblemente necesario hacer otro libro de igual o mayor cantidad de páginas que este. Pero en cualquier caso Javier Vargas es alguien que ineludiblemente tiene que formar parte de un libro como este en tanto en cuanto siendo la máxima estrella internacional del blues hispano y latinoamericano y no habiendo sido por parte de los medios de estos países su labor lo suficientemente valorada, al menos en mi opinión, como auténtico estandarte del blues hecho por músicos latinos en todo el mundo.

Javier Vargas, la gran estrella española y latinoamericana de nuestro blues a nivel internacional.

Javier Vargas y su Blues Band, siempre con su inseparable Luis Mayo como bajista y la mayoría de las veces en formato de trío, lleva más de 30 años siendo el más conocido, reputado y respetado músico de blues del ámbito español y latinoamericano en todo el mundo. Tras haber vivido muchos años en Estados Unidos en su etapa de formación como músico y haber conocido las raíces más profundas de nuestra música, también en países como Venezuela y Argentina, en los años 90 consolidó una banda que hoy es auténtico patrimonio de la música popular contemporánea española en el ámbito del blues.

Sin duda, haber trabajado al lado de muchos de los nombres más grandes de la música nacional como Miguel Ríos o Javier Gurruchaga, de la Orquesta Mondragón, le proporcionó un bagaje lo suficientemente grande como para conseguir que a lo largo de su extensa y prolífica trayectoria, pueda contar en su hoja de servicios con colaboraciones como las de Bobby Alexander, Jim Gaines, Larry Thurston, de los Blues Brothers, Carlos Santana, el pionero del blues, el rock y el metal argentino Pappo, Devon Allman, Glenn Hughes, Jack Bruce, Frank Marino, Carmine Appice, John Shortino o David Byron *Jagger* —sobrino de Mick Jagger—, entre otros muchos. Un talento de una capacidad como compositor e intérprete de una calidad extraordinaria, un auténtico orgullo de nuestra música, insisto, nunca suficientemente valorado en su verdadera dimensión en nuestro país.

MUJERES EMPODERADAS EN EL BLUES DEL SIGLO XXI (I): DULCE Y AMARGA COMO EL MEJOR CHOCOLATE DE CACAO PURO

La tradición de la lucha de las mujeres del blues del delta de hace muchas décadas, como hemos visto en capítulos anteriores, con más o menos presencia o repercusión, nunca se detuvo y, en gran medida, ha sido precisamente en los últimos años cuando más se ha autorreivindicado y se ha vuelto a poner en el mapa de la música popular contemporánea con fuerza.

Recogiendo el testigo de aquellas heroicas pioneras de los primeros años del siglo XX, la gran Koko Taylor es, sin duda, una de esas mujeres prácticamente invisibilizadas en el mundo de nuestra música, pero que merece el tributo, la admiración y el homenaje del mundo del blues y, por supuesto, de quienes hacemos este libro.

Como muchos de sus compañeros, Koko Taylor llegó a Chicago desde el sur. Nació y se crio en Tennessee, donde creció cantando góspel y canciones de Memphis Minnie. Cuando ella y su futuro marido Robert «Pops» Taylor llegaron a Chicago en 1953, ya conocía bien el blues, a pesar de que trabajaba como empleada doméstica durante la semana, pero... cuando llegaba el fin de semana, los dos iban a pequeños bares de blues. Con frecuencia, los artistas la invitaban a subir al escenario para cantar algo, y así fue como la descubrió Willie Dixon. El mítico *bluesman* trabajaba como A&R de Chess en ese momento y, al oír su voz gigantesca, se acercó a ella. «Dios mío, nunca escuché a una mujer cantar blues como tú», dijo. «Eso es lo que el mundo necesita hoy: una mujer como tú para cantar blues».

Dixon consiguió que Taylor firmara con Chess y grabara *Wang Dang Doodle* para el sello Checker, pieza que Howlin' Wolf había grabado previamente, pero, al parecer, la odiaba. Estaba basada en una canción de fiesta lésbica llamada *Bull Dagger's Ball*, y en la versión de Dixon, *Fast Fuckin' Fannie* se convirtió en *Fast Talkin' Fannie*. Es una canción en la que un grupo de personas son invitadas a una cena de pescado para beber, divertirse, pelearse y romper ventanas. «Habrá jugo de tabaco por todas partes», canta Taylor en un momento dado, lo que es tremendamente desagradable: la gente va a divertirse tanto en una habitación que apesta a pescado que habrá vidrios rotos y saliva de tabaco marrón por todas partes. El blues de Chicago se había abierto camino en la música de adolescentes blancos y veinteañeros de toda la ciudad, pero ningún hombre, ni siquiera el gran Howlin' Wolf, podía llevar a cabo una juerga bacanal como Koko Taylor lo hizo. Fue el último disco de éxito de Chess y se convirtió en la canción insignia de Taylor. Consolidó su posición como reina del blues de Chicago. Inspirándose en leyendas como Bessie Smith, Memphis Minnie y Ma Rainey, Koko Taylor dejó su propio sello en el blues contemporáneo de entonces.

Blues crudo, dinámico y electrizante de la reina reinante del género.

Su estilo vocal, fuerte y desgarrado que recordaba a Howlin' Wolf y Mama Thornton fue lo que hizo que el icónico músico de blues, productor y artista de Chess Records, Willie Dixon, se enamorara de su música. En 1975 editó una de sus obras cumbres *What It Takes*, que la va a consolidar como auténtica nueva diosa del blues, aun cuando en ese momento sus dotes como compositora estuvieran muy en entredicho. «En cuanto a las canciones de *What It Takes*, Koko no era una compositora muy segura en ese momento de su potencial», escribe el productor del álbum y jefe de Alligator Records, Bruce Iglauer, en las notas del álbum. «Así que nos basamos principalmente en versiones «kokoizadas» de canciones que habían sido grabadas previamente por otros artistas. El único original de Koko fue *Voodoo Woman*, la última canción que grabó, ¡en una sola toma!, para el álbum».

El legado de Koko —nacida Cora Anna Walton, que recibió su nombre por su amor por el chocolate— aún permanece: hasta el día de hoy, ganó más premios de blues W. C. Handy que cualquier otra artista femenina en la historia. Su música fue sampleada por artistas como RZA, KRS-One, Harry Fraud y el productor brasileño Papatinho. Y con tantos tesoros en su catálogo de cuatro décadas, estamos seguros de que los productores seguirán dándole la vuelta a su blues durante muchos años más…

MUJERES EMPODERADAS EN EL BLUES DEL SIGLO XXI (II): BONNIE RAITT, SUSAN TEDESCHI, BETH HART, SUSAN SANTOS, SAMANTHA FISH, LARKIN POE, SHEMEKIA COPELAND…

Bonnie Raitt es considerada la reina del blues de la era moderna, en especial la de los años 70 y 80. Su forma de tocar la guitarra *slide* y su destreza vocal han influenciado a una gran cantidad de músicos desde principios de los años 70. Raitt ha sido incluida en el puesto n° 50 en la lista de los mejores cantantes de todos los tiempos de la revista *Rolling Stone*, así como en el puesto n° 89 en su lista de los mejores guitarristas de todos los tiempos.

Bonnie ha tocado junto a muchas de las figuras masculinas más importantes del blues, entre ellas B. B. King, Buddy Guy y John Lee Hooker. Sin quedarse nunca atrás, siempre ha demostrado que, cuando se trata de tocar blues, las mujeres pueden hacerlo tan bien como los hombres, o incluso mejor, y a ella se deben muchas de las mejores versiones de blues clásico llevados a la sonoridad contemporánea que hoy conocemos y disfrutamos.

Con su voz ardiente y llena de espíritu y su habilidad para tocar la guitarra de blues, Susan Tedeschi ha demostrado ser una de las mayores salvadoras del blues contemporáneo, cuya inspiración también proviene del góspel, el soul y el jazz. Tedeschi comenzó en el coro de una iglesia y, desde entonces, ha sido nominada a varios premios Grammy al mismo tiempo, que al igual que otras muchas divas del blues, compatibiliza todo esto con las composiciones de canciones y las giras por todo el mundo con su marido Derek Trucks en la Tedeschi Trucks Band.

Durante casi 25 años, la voz conmovedora y llena de *vibrato* de Beth Hart ha dejado al público rendido de admiración y ha visto a varios de sus 20 LP encabezar las listas de éxitos de todo el mundo. Su carrera comenzó cuando ganó el concurso Star Search de Ed McMahon en 1993. En 1999, Hart tuvo su gran oportunidad con el álbum *Screaming for my Supper*, mientras interpretaba simultáneamente el papel principal en el musical *off-Broadway, Love, Janis*.

Hart no solo es una de las cantantes más talentosas del mundo, sino que también es una multiinstrumentista que puede tocar el piano, la guitarra, el violonchelo, el bajo y la percusión.

Shemekia Copeland ha estado cantando blues desde que tenía 10 años.

Como hija del guitarrista de blues de Texas Johnny Copeland, fue alimentada con el blues y se la animó a seguir una carrera a tiempo completo en la industria de la música a los 16 años. En 2011, la hija de Koko Taylor la aclamó como la nueva «reina del blues». A lo largo de sus más de 25 años de carrera, la atrevida cantante ha sido nominada a cinco premios Grammy y ha ganado varios premios de la música.

Larkin Poe en vivo en Barcelona, en una de sus más vibrantes actuaciones de su gira europea de 2023.

Es muy probable que, si usted que está leyendo estas páginas sea fanático del blues, haya escuchado el nombre de Samantha Fish en repetidas ocasiones en los últimos años. Desde que tomó la guitarra a los 15 años, esta gran artista ha hecho verdaderas maravillas por el blues contemporáneo.

Samantha Fish no solo es una talentosa guitarrista, sino también una cantautora ampliamente galardonada que ha tocado en innumerables festivales en todo el mundo junto a leyendas del blues y ha encabezado las listas de éxitos de blues. Trabaja incansablemente para mantener vivo el blues y en su repertorio, en constante cambio, rompe con todos los arquetipos y estándares de los géneros preestablecidos y nos honra con blues rock, blues de Mississippi Hill Country, jazz, soul y rock'n'roll.

Desde 2010, el dúo femenino Larkin Poe ha estado ayudando a mantener vivo el blues con su versión del género impregnado de raíces. La banda, liderada por las hermanas Megan y Rebecca Lovell, tiene siete álbumes y seis EP en su haber, y ha realizado giras por todo el mundo tocando en festivales de gran prestigio en el mundo del rock y del blues y convirtiéndose en la actualidad en referentes absolutos de la música popular contemporánea de raíces hecha por mujeres. Con sus armonías vocales y de guitarra casi perfectas, estas dos hermanas de Georgia se han ganado a pulso estar entre las intérpretes de blues más respetadas y prestigiosas de la industria actual. Cabe afirmar con contundencia que, con mujeres como ellas, el futuro del blues está en buenas manos.

Quiero terminar este último capítulo del libro, en el que estamos reivindicando el papel de las mujeres empoderadas contemporáneas herederas de aquella valentía, coraje y arrojo de Ma Rainey, Bessie Smith o Memphis Minnie con la mujer española que más lejos ha llegado y mejor ha representado el valor, la voluntad, el compromiso, la capacidad de trabajo y el esfuerzo por conseguir hacer realidad sus sueños que existe en la actualidad y que con toda seguridad, considero que es ya un autentica diosa del blues contemporáneo.

Susana Santos Merino, conocida ya en todo el mundo como Susan Santos, es la artista de blues más grande que ha dado nuestra música al mundo, una mujer cuya voluntad de hierro y su vocación por ser guitarrista y compositora de blues y rock la llevó a dejar su hogar en Badajoz para irse a América con el objetivo de aprender y hacerse un hueco entre los verdaderamente grandes, pasando obviamente, como las emigrantes del delta 50 años antes, momentos difíciles y teniendo que trabajar muy duro para salir adelante, pero merced a esa voluntad de hierro, a esa fortaleza y esa fe en sí misma y en su música que la ha caracterizado siempre, logrando ese objetivo.

Hoy Susan Santos es un ejemplo de superación, un espejo en el que se miran muchísimas mujeres para las que es un referente por su valentía, su creatividad y su entusiasmo para seguir desarrollando una carrera que ya la ha llevado a ser una artista de prestigio internacional, que cada año recorre el mundo en giras por Europa, América Latina o Estados Unidos regalando a toda su ya inmensa audiencia lo mejor de su cosecha creativa plasmada en álbumes como *Shuffle Woman, Electric Love, Skin & Bones, No U Turn* o su más reciente *Sonora.*

La gran dama de nuestro blues, que todavía tiene muchas satisfacciones que darnos a todos, todas y «todes» los amantes de esta música que tanto ha significado, significa y significará en nuestras vidas.

Susan Santos en Los Ángeles, 2022.